「涵化语文」
——教育实践探索

荀以勇 ◎ 著

吉林出版集团股份有限公司

图书在版编目（ＣＩＰ）数据

　　"涵化语文"教育实践探索 / 荀以勇著． -- 长春：吉林出版集团股份有限公司，2020.5
　　ISBN 978-7-5581-8648-6

　　Ⅰ．①涵⋯ Ⅱ．①荀⋯ Ⅲ．①小学语文课—教学研究 Ⅳ．① G623.202

　　中国版本图书馆CIP数据核字（2020）第 092540 号

"涵化语文"教育实践探索
HANHUA YUWEN JIAOYU SHIJIAN TANSUO

出　版　人：吴文阁
著　　　者：荀以勇
责任编辑：张　杰
装帧设计：树上微出版
开　　　本：787mm×1092mm　　1/16
印　　　张：20.25
字　　　数：400千字
版　　　次：2020年5月第1版
印　　　次：2020年12月第1次印刷
出　　　版：吉林出版集团股份有限公司
发　　　行：吉林音像出版社有限责任公司
地　　　址：吉林省长春市净月区福祉大路5788号出版大厦A座13层
电　　　话：0431-81629679
印　　　刷：武汉市卓源印务有限公司

ISBN 978-7-5581-8648-6　　　　　　　　　　定价：88.00元

自序

走在路上

我是一名普通的教育工作者，谈起选择"教师"这个职业，还真有点"命中注定"的感觉。出身寒门的我，在家排行老三。母亲生我后，积极响应国家计划生育的号召，做了结扎手术，却落了"老病"，从此每年都有大半年时间卧病在床。全家五口的生计，全靠身为农民的父亲勉强支撑。我清楚记得，幼时每到腊月，家里的米缸就见底了，然后母亲拿着米袋向邻居借米……尽管生活异常艰难，但大字不识的母亲思想却非常开明——忍饥挨饿也要想方设法让我们兄弟俩上学。当然，大姐做出了巨大的牺牲，小学毕业就辍学务农了。

"穷人的孩子早当家"，我目睹家庭的艰辛，深知父母的不易，唯一能做的就是用优异的成绩报答他们。那时，中考之前有预考，我的综合成绩名列前茅，被盐城中学提前招录（恒济中学全校唯一）。但考虑到家庭负担，我毅然放弃了。中考时，我选择了盐城师范学校，因为当时国家免费培养师范生，几乎不需要家中的开支。

1995年，我走上了工作岗位。25年来，我一直任教小学中高年级语文等学科，先后担任班主任、教研组长、办公室副主任、少先队大队辅导员、校区办公室主任、集团办公室主任、校区副校长等职。先后被表彰为建湖县优秀教育工作者、建湖县水乡教坛新秀、建湖县交流工作先进个人、盐城市优秀辅导员、盐城市优秀教育工作者、江苏省未成年人思想道德建设先进个人、江苏省教科研先进教师、江苏省优秀教育工作者等。

斗转星移，几度春秋，在数九寒天的日子里，我第一次拿起笔回顾我从教以来的风雨路途、行走岁月。此时，往日的片段海水决堤般涌向心头，那令人难以忘怀的一幕幕、一桩桩，再次在心底掀起波澜。真是回首往昔岁月，历历犹在心头。

一、教学生涯——行走之路

1995年7月，我跨出了盐城师范大门。和所有同学一样，做过留城工作梦的我，在"从哪里来，到哪里去"大政策的一刀切下，回到了家乡恒济镇，后被分配到恒济镇孟庄中心小学工作。和大多数教育工作者一样，走上神圣的讲台后，我就爱上了这份职业。自拿起粉笔，我的心中便燃烧起不灭的火焰。我勉励自己：默默耕耘，踏实工作，把对学生的终极关怀和自己青春的豪情、梦想，融入三尺讲坛，把知识的种子撒向孩子柔嫩的心田。

一学年下来，我的工作态度和教学实绩得到学校领导的充分肯定。第二学年开学初，分管教学的扬校长找我谈话，说学校意向让我任教毕业班语文。那时小升初都要进行毕业会考，当时我心里很是忐忑，为此几天睡不着觉，感到压力山大。从此，我刻苦学习，虚心求教，精心备课、上课……在毕业会考中，我所任教班级的语文学科取得了全镇第一名的好成绩。之后连续六年，我一直任教毕业班，每一届毕业班的毕业会考成绩都在全镇名列前茅，从而赢得了家长信任和社会肯定。

回顾在孟庄小学工作的八年，我遇到了工作生涯中的第一位贵人——孟明中校长。是他，在我们几个小青年，吃住无着落，到处"流浪"的时候，想方设法帮助我们解决生活上的困难。尽管条件艰苦，但无粮草之忧，便可以安心工作了。是他，每星期都组织我们这些青年教师参加业务培训。他亲自主讲，向我们传递最新的教育动态和教学理念。是他，对我们严格要求，教导我们在追求教学实绩的同时，要多读书、多学习、多反思……

在学校领导的鞭策和自己的不懈努力下，我个人取得了一些成绩：荣获县作文优质课竞赛一等奖、县教学基本功竞赛二等奖；被评为"建湖县课改先进个人""建湖县小学语文教学能手"；先后十多次被表彰为镇、县优秀教育工作者和优秀辅导员，2001年被评为"盐城市优秀辅导员"和"盐城市优秀教育工作者"。

回顾孟小八年，一个又一个的场景，记忆犹新：上班第一天，第一次面向全体师生进行自我介绍，校领导投来赞许的目光；第一次走进教室给孩子上课，孩子们热烈的掌声萦绕在耳畔；第一次用铁笔和钢板为孩子们出试卷，蜡纸戳破了十几个小洞；第一次期末调研考试，任教的班级获得全镇第一名，胸戴大红花在表彰大会上领奖；第一次参加全镇师德演讲比赛获得第二名；第一次参加县教学基本功竞赛，懵懵懂懂获得二等奖；第一次指导孟爱同学的习作《爸爸妈妈，我想对你说》在《盐城晚报》上发表，她那兴奋的笑脸；第一次任教的六年级孩子们，毕业典礼之后，在落日的余晖下，围在我的宿舍门口，久久不愿离开的情景；第一次帮参加县级赛课的崔老师制作课件，赤裸上身，汗流浃背，一连熬了23个夜……

乡镇八年的工作经历奠定了我成长的基础。2003年，看着一天天长大的儿子，伴随着妻子的激励和岳父的鞭策，我一头扎进了书堆，近一个暑假足不出户，积极备战"农进城"的选调考试。功夫不负有心人，我以全县第一名的成绩顺利地成为建湖县实验小学大家庭中的一员。

在这里，我遇到了工作生涯中的第二位贵人——金加锦校长。记得才到实小报到的那天，金校长和我亲切交谈，在初步了解我的情况之后，征询我的任教意向。我也是心血来潮，直接提出：自己在乡镇一直任教毕业班，来实小也想教毕业班。金校长没有表态，也没有拒绝。后来，直到接手建湖实小首届双语班六（1）班一个多月之后，分管六年级教学工作的吴勇主任找我谈心，才得知我是建湖实小有史以来"第一人"——初进实小就任教毕业班，史无前例！此时，我心怀感恩的同时，再一次感到了肩上的责任重大。城乡毕竟是有差别的，再加上当时小升初的巨大压力，尽管我夜以继日、废寝忘食，但仍然明显感觉到自己心有余而力不足。于是，我开始自我调整，虚心向吴勇、胡玉友、赵恒益等经验丰富的同志学习，取长补短；认真阅读教育教学杂志，把握教改新动态；刻苦钻研《课程标准》，找准教学着力点；积极投身教育教学改革，以学生为中心，给学生以更多的关心、尊重和信任，让每个学生都发出"我能""我会""我行"的自信心声。一年下来，我和丁加华主任任教的班级在毕业会考中取得了优异的成绩：全班34名学生，32人考入实验初中。

教师的最大成功是"成就孩子"，只有成就孩子，才能成就自我。在狠抓教学质量的同时，我积极投身教育教学改革，实践大语文教育观，根据学科特点开展丰富多彩的活动，以文化人，以文育人，注重培养学生的语文综合素养、创新精神和实践能力，促进学生德、智、体、美、劳全面发展。结合学校教育教学的实际，我积极探究课堂改革的新路子，并加以归纳、总结和提炼，提出涵化教育理念下"四段八步"课堂教学范式，并在全县推广。在平时教学工作中，我坚持认真严谨的作风，紧扣两个"有效"，精心设计每一节课，抓好每一个教学环节，践行"让学引思"理念下的小组合作学习，充分发挥学生主体作用，引导学生合作探究，让学习真正发生，让学生的语文素养在课堂上开花结果。多年来，在市、县、集团组织的数次质量调研中，我任教的语文学科成绩一直名列前茅。

我努力践行"为学生的一生奠基"的教育理念，积极构建儿童成长的"立交桥"。为了激发学生的阅读兴趣，创建阅读课程体系，推进家校阅读共享工程。自费为学生订阅报纸杂志，购买课外书，通过晋级阅读、评选"读书明星"等方式不断激励学生与好书交友。任教班级的学生知识面广，视野开阔，思维活跃。近年来，指导学生数百人次参加省市县作文竞赛、课外阅读竞赛获奖，指导学生习作200多篇发表，个人也多次荣获"优秀指导奖"和"园丁奖"。

多年来，我努力向书本学习，向实践学习，与同行切磋，博众家之长，不断完善自我，夯实为师之基石。2006年参加县电教课会讲获一等奖，2008年参加县优质课竞赛获一等奖，2010年市优质课竞赛一等奖，2011年省"杏坛杯"优质课展评一等奖，2014年省"蓝天杯"优质课竞赛一等奖，2017年获全国录像课竞赛一等奖，2018年"一师一优课"网上晒课分获省优、市优，2019年"一师一优课"网上晒课获部优；制作的《田忌赛马》《精彩的马戏》等教学课件获国家一、二等奖……

在成绩面前，我没有骄傲，相反陷入了沉思：教育的真谛到底是什么？为了孩子的终身发展，我们到底要教给孩子什么？抛开功利之心，静心而修，我用那纯粹的师爱唤醒一个又一个孩子。工作中，我把孩子视为有独立人格的人，不用分数的高低、名次的先后划分等第；把孩子当作成长中的人，以宽容的心态去接纳他们的错误，以无限的耐心陪伴他们，静待花开。还原师爱之本真，我学会了站在孩子的立场思考问题，结合孩子的状态反思自己的教育教学行为，立足于孩子终身发展的需求，改进自己的教育教学方式。"我们要做知识的传播者、灵魂的塑造者、思想的引领者，我们更要做杏坛上最美的领舞者！"这就是我的追求。

二、教研历程——成长之路

人生有许多转折点。1996年，我第一次参加县局组织的教育教学论文竞赛。说实话，那时不是备课、上课，就是出试卷和改不完的作业，除了教学还是教学。自以为"论文"是专家教授的事情，小学老师怎能搞论文，又如何搞得出来？在孟校长的催促和指导下，我们几个青年老师开始尝试撰写。没想到我的处女作《谈小学生求异思维能力的培养》一文，参加县赛居然获得二等奖，镇文教办专门奖励我200元（当时月工资357元），这在全镇引起了轰动。初尝甜头的我，对论文产生了兴趣。当然，更多的是功利的驱使——又有名，又有利，何乐而不为？于是，我在教书的同时，不断反思自己的教育教学，及时总结，并付诸文字，之后多次参加各类论文竞赛，屡屡获奖。

自从2003年来到实小，我才真正感受到什么是教科研，什么是个人专业成长，同时更深地认识到环境对一个老师成长的重要影响作用。在实小工作的十多年，就个人的专业成长，可以用几句名言概括。

第一句话：天无绝人之路。

鲁迅先生说："其实地上本没有路，走的人多了，也便成了路。"但作为凡夫俗子的我们，又有几人能创造路？如果无路可走，又何必鸡蛋碰石头，偏要往绝路上走呢？为什么不能"曲线救国"——换一个路线继续前进呢？更何况，自己的人生之路是要靠自己走的，其他再多的人去行走，也于事无补，与你无关。

记得2004年，踌躇满志的我申报县电教课会讲比赛，《长征》一课以高分顺利通过校级初选，满怀欣喜的我连夜积极备战县赛。可到了第二天，风云突变，和我同轨的一位主任找到我，满脸堆笑地和我商量：小勇子，我年纪不小了，今年准备申报高级职称，就差上课积分了，你看这次电教课能否谦让一下？我二话没说，欣然应承。可接下来，他的话让我很不是滋味，感觉就是蓄谋已久：根据学校领导的安排，你把《长征》的教学详案和制作的课件借我用一下……最后，电教课竞赛结果是该主任的课堂教学和课件制作均获得一等奖第一名。有点心态失衡的我当晚将自己的《长征》教学案例投稿知名期刊《小学教学设计》。2005年3月，全文刊出。从此，我找回了自信。

第二句话：环境造就人。

"学习是智慧的源泉，科研是不竭的动力"。在实小工作，我有幸很快地融入教改的热潮之中，在金加锦、周志高、唐广泉校长的引领下，先后主持的省、市教育科学规划课题6个，其中4个结题，2个正在研究。作为核心组成员参与的《涵养化育，自然天成——小学涵化教育实践研究》等4个省级规划课题都顺利结题。2019年底，我主持申报的省十三五规划课题《名师工作室助力乡村教师专业发展的实践研究》顺利立项。科研成果《"涵化教育"理念下小学语文阅读教学模式实践研究》获全国中小学优秀教学成果一等奖，《涵化教育实践研究》获江苏省基础教育教学成果二等奖，《构建"四生"文化课程实践研究》获盐城市基础教育教学成果一等奖。在专家和领导的引领下，我积极参与研究，大胆实践，勤于思考，不断总结，先后在《教学与管理》《语文教学通讯》《小学教学研究》等期刊发表论文40多篇；《课堂，我们诗意地栖居》入选"2016年江苏省小学教学改革与创新现场观摩研讨会"书面交流；出版专著《小学语文课程教学法》。另有数十篇论文获省市竞赛一、二级奖。个人先后被评为"建湖县小学语文学科带头人""盐城市小学语文教学能手""盐城市小学语文学科带头人""建湖县小学语文名师工作室领衔名师""建湖县'139'教师发展共同体领衔名师""江苏省教科研先进老师""全国四项全能优秀教师"等。

第三句话：善于捕捉机会者为俊杰。

2011年，周志高校长在省教育厅的统一安排下，赴美国学习考察。期间有江苏省"杏坛杯"优质课竞赛的通知，因为联系不便，申报名额一直没有上报。就在截止日期的前一天，我获知这一消息，主动向当时分管教学的颜红华校长请缨，同时立下军令状，确保取得优异成绩。之后的一个星期，埋头苦干，积极备战，誓师出征。清楚记得，4月11日下午，我坐着亲戚的私家车，独自一人来到宿迁市实验小学参加江苏省"杏坛杯·苏派青年教师课堂教学竞赛"活动。第一次参加如此层次高、规模大、影响深远的省级竞赛活动，我诚惶诚恐。还好，发挥正常，最终也如愿以偿，获得了可喜的成绩。

如今，作为分管教学教研的我，一直关注青年教师的个人发展，积极为他们创造脱颖而出的机会和条件。凡是我把关的所有竞赛，必须遵循公平竞争的原则，在自主报名的前提下，进行公开选拔，选出最优秀的老师参加比赛。简单地说，就是克服一切阻挠，形成竞争机制，真正地让能者上。在能者获得成功的同时，发挥其引领的作用，激发更多的青年教师主动参与，发展自我。作为学科带头人和名师工作室领衔人，我率先垂范，积极发挥榜样示范作用，尽心尽责，用自己的热情与智慧激活一池春水。

三、管理启航——发展之路

从中心小学副校长到实验小学一名普通的教师，再一步步走到今天，我要感谢我工作生涯中的第三位贵人——周志高校长。2004年到2014年，十年夜以继日的磨砺，尽管心力交瘁，但我坚定不移，日趋成熟。是他，给我创设了一个成长的空间，搭建了一个发展的舞台。

千磨万击，坚守心中的信念

2005年，在陶天浩和赵恒益主任的推荐下，我进入办公室，在任教毕业班的同时，从事文字工作；2008年，双语实验小学新校区建成，我全面负责新校区的办公室工作；2010年，建湖县实验小学教育集团成立，我担任集团办公室主任。办公室工作的八年生涯，酸甜苦辣，味味俱全。一年365天，没有一天是8小时工作制；八年中，头脑里从没有过寒暑假的概念；每年的新春佳节来临之际，都是年三十的傍晚才匆匆回家扫除、贴对联……多少个严寒，身裹大衣；多少个酷暑，袒身露乳；通宵达旦，咬文嚼字……

深知：没有磨炼就没有成熟，从来都没有简简单单的成功。在彷徨中挣扎，在坚守中拼搏，一路前行，一路走来。苦难和挫折是人生的一笔财富，也是人生的必修课。办公室工作的八年，是我人生经历最丰富、工作最充实、成长最快的一段时光。

挂职锻炼，修筑成长的道路

2011年，在周志高校长和群众推荐下，我被列为校级干部后备人选。同年8月，在局党委的安排下，我挂职副校长到宝塔小学支教一年。自从踏入宝塔小学的第一天起，我就下定决心：认认真真学习，踏踏实实工作，尽自己所能，发挥自己所长，创造性地开展工作，出色地完成交流工作任务。

一年，漫长而又短暂：漫长——一家三口，一个宝塔镇小学，一个沿河镇农业中心，一个建湖县实验小学，三点一线，贯穿建湖南北中，生活诸多不便。而且大多情况下是白天在宝小，晚上回到实小继续加班。短暂——党委找我亲切谈话，吴局长冒雨将我送进宝小，历历在目，犹如昨日。

一年，平凡而又厚实：平凡——一样平凡的岗位，做着一样平凡的工作；厚实——宝小唐修田校长兄长般的关爱，宝小老师的淳朴、拼搏、争先，学校教育教学工作取得长足进步，这些在我心中永远积淀。

一分耕耘，一分收获。在上级领导的关心和指导下，在宝塔小学全体教职工的辛勤耕耘下，学校各项工作取得新业绩：在全县小学"抓规范、精管理、上质量"常态督导评比中，宝塔小学"一举脱贫"，被评为"优秀"等次；在县局教育教学督导随机听课中，优课率达60%；在县局期末调研中，各学科成绩大幅提升。一年中，周艳娟、罗学春、徐娟三位老师参加县优质课竞赛均获一等奖；在县"英语之声"比赛中，学校课本剧获一等奖；在县美文诵读竞赛活动中获二等奖；在县"思者足音"教研活动中，数学、语文分获一、二等奖。一年中，学校有46人次在各级各类论文竞赛中获等级奖。在市、县小学生课外阅读征文等竞赛活动中，学校20多位同学获等级奖；在县"六一"文娱节目比赛中，3个节目分获一、二、三等奖；在县"世纪之星"比赛活动中，10多位同学书法作品获一、二等奖。学校先后被评为"江苏省书法水平等级证书考试优秀学校""特色建设工作（书法）先进集体"。用宝小老师的话讲：这一年取得的成绩，远远超过过去的十年。一年中，我个人的管理能力、业务能力、协调能力等也都得到了提升，分管的教育教学工作得到县局领导和联盟龙头校的充分肯定。撰写的《小学生课外阅读的误区及对策》《义务教育均衡化目标下的城乡教师交流探析》发表于核心期刊《教学与管理》。教师节期间，被县政府表彰为"交流工作先进个人"；2011年年度考核记三等功。

2012年，挂职期满的我回到实小集团，继续从事着集团办公室主任工作，同时任教毕业班。

破茧重生，风雨过后的彩虹

2013年8月，因工作需要，我来到建湖实小东校区任副校长，分管教学工作，踏上了新的旅途。在东校区工作三年，自认为用心尽心，问心无愧。2016年，集团内交流，我到实小西校区任副校长，分管教科研工作……作为一个管理者，要学习的东西有很多，要走的路还很远。

走上工作岗位25年，回顾自己的行走之路，深深感到我的人生并没有什么大志，自己一贯以来也就只有一个信念：做任何事情、任何工作都要专注和投入，力求做得完美；要么不做，要做就把它做好！当然，追求完美的性格也会使自己比别人更累，但是我信奉：有爱有得，用心得心，投入深入，付出杰出。

走在路上，一路欢歌笑语，一路烦恼忧伤，悲欢离合，苦辣酸甜，丰富了人生。最后我用冰心老人的散文名句结束我的自序，也与各位同仁共勉："爱在左，情在右，走在生命的两旁，随时撒种，随时开花，将这一径长途，点缀得香花弥漫，使穿枝拂叶的行人，踏着荆棘，不觉得痛苦，眼里有泪，却不是悲凉。"

目录 Contents

涵化教育——理论探索

涵养化育 自然天成——小学"涵化教育"实践研究 3

涵养化育有大美 自然天成显大气 19

涵化教育，构建师生共享的精神家园 25

涵养与化育：成就校本管理的精致品质 30

涵养化育 自然天成——推进学校品质管理的实践探索 34

涵化教育：教师专业成长之源 38

名师，名校生长和超越的强力推手 43

"涵化教育"成就学生未来 47

挚情涵养心自然，才德化人语天成 52

"涵化教育"理念下学生综合素养评价的思考与实践 57

"涵化教育"理念下小学语文阅读教学实践研究 63

"涵化教育"理念下小学语文教学实践探析 74

基于涵化教育理念的语文教学策略 81

融合涵化思想，优化语文核心素养培养策略 86

涵化教育理念下小学语文阅读教学的操作策略 91

涵化语文——教改实践

涵化课堂的课前预热方法浅探 ... 97

优化教学策略 提升学生学力 ... 103

学思结合，让语文核心素养在课堂落地生根 ... 110

追寻小语课堂的"最佳路径" ... 115

践行合作探究 打造生长课堂 ... 121

古诗教学要点亮"四盏灯" ... 128

链接课内阅读，推开语言生命之门 ... 131

打造"经典阅读"特色 建设书香诗意校园 ... 135

涵化教育理念下经典阅读的操作策略 ... 140

涵化教育理念下快乐阅读操作体系 ... 143

童书阅读，点亮孩子阅读世界的明灯 ... 150

小学生课外阅读的误区及对策 ... 154

涵化教育理念下小学课内外阅读有效衔接与整合 ... 159

涵养化育 自然成文——生活体验作文策略摭谈 ... 163

涵化教育理念下习作教学策略浅探 ... 166

猎取 体验 探究 想象——"涵化教育"理念下生活作文教学案例评析 ... 169

精彩"美拍"：让生活作文融入"故事情趣" ... 172

涵化课堂——教学案例

自读 自悟 自能——《七律长征》教学案例及评析 177
发现美 体验美 拓展美——《嫦娥奔月》课堂教学设计 181
读中感悟 辩中明理——《山谷中的谜底》课堂实录及评析 186
以读悟情 以情品人——《夹竹桃》第二课时教学实录 194
质疑探究 读中感悟 实践明理——《田忌赛马》教学设计 202
"语文素养"与"立德树人"和谐共生——《凡卡》第二课时课堂教学实录 ... 205
读出语言文字的生命——《海伦·凯勒》第一课时教学实录 211
《自相矛盾》第一课时教学实录品评 217
追寻精神的憩园——《我和祖父的园子》第二课时教学设计 225
生命创造奇迹——《天鹅的故事》第二课时教学设计及反思 229
激趣 导法 融情——《安徒生童话》整本书导读教学实录 236
立足课堂 巧妙整合 让阅读更美丽——"母爱三部曲"课内外统整阅读教学设计 242
点亮更加灿烂的生日烛光——《让生日过得更有意义》语文综合实践课堂教学实录 247
关注生活 表达生活——《纸和我们的生活》习作指导教学设计 254

涵化随笔——生活点滴

"人文管理"疗治教师"心理疲惫" 259
交流之"痛"——浅谈义务教育均衡化目标下的城乡教师交流 263

让孩子站在网课最中央——疫情宅家期间的网课怎么上更有效 ············ 268

走出"迷雾" 远离"奢侈"——学生奢侈浪费现象成因及对策 ············ 273

旁敲侧击 因势利导——班级中棘手事件的处理策略 ················· 276

与大师对话——初遇"凤凰语文" ······························ 278

凤凰语文,爱你没商量——写在凤凰语文"课堂进阶"研修之后 ·········· 279

"抓壮丁"主持——我与"凤凰语文"不解之缘 ···················· 281

学习中体验 思考中前行——写在校级后备干部跟岗研训之后 ·········· 284

教师节获奖感言——写在被评为"江苏省优秀教育工作者"之后 ·········· 289

感谢青春——写在建湖县纪念五四运动100周年主题团日活动之后 ········ 291

成长,真好!——写在参加全国小学语文名师展示暨新教材教学研讨会之后 ··· 295

甜蜜,酸涩……——参加学生升学宴随感 ······················· 298

孩子,我愿意做你的朋友 ··································· 300

分班后 ·· 302

儿子分班——写给亲爱的儿子,希望他能理解爸爸的心 ·············· 304

陌　生 ·· 305

成人礼 ·· 306

故地重游 ·· 307

涵化教育

理论探索

涵养化育 自然天成[①]

——小学"涵化教育"实践研究

一、课题研究的背景

  基于我们的教育价值取向——随着新课题改革的深入推进,当前的小学教育取得了长足的进步与发展,但不可否认的是教育的功利色彩仍然较浓,教育的行为依然表现出浮躁不安、急功近利,功利性的价值取向始终影响着学校的整体发展和学生综合素养的全面提高,也约束着教育改革的深入推进。我们教育的本义是什么?韩愈说:传道、授业、解惑也。今天,我们培养21世纪的新人,不能只重"授业",淡漠"传道""解惑",应该做到传为人之道,解人生之惑,美化其心灵,陶冶其情操,丰富其头脑,崇高其精神。基于此,江苏省建湖县实验小学在全面推进素质教育的基础上,结合学校自身发展的需求,提出了涵化教育的实践研究。

  基于我们的教育关乎孩子的生命成长——教育是一种科学行为,我们应该把我们的基础教育办成关怀学生一生成长的教育,规范行为,优化方式,让我们的教育成为儿童一种本能的生命需要。那么,怎样让我们的教育走向科学、贴近科学呢?我校涵化教育在这方面进行了有力的尝试,我们将我们的教育行动看作一种播种爱、收获爱的科学行为,让我们的教育成为推动儿童生命成长的教育。

  基于我们的学校文化建设纳入我们教育生活——涵化教育是建构校园文化特征的校本行为,我校已有近百年的发展历史,积淀了丰厚的文化底蕴。如何在丰富校园文化、发展校园文化的过程中,实现对人的熏陶、滋养、品质提升,一直是我们致力研究的问题。在实践的过程中,我们意在通过建设和谐校园,让学生在美的环境、乐的课堂、欢的活动中懂得尊重自己、尊重别人、尊重自然,从而实现人的和谐发展。涵化教育也正是朝着这个方向发展,为学生的幸福一生奠定坚实的基础,让涵化文化成为我们的教育生活。

  基于我们的课堂建设成为一种自然而然的生命活动——涵化课堂倡导以儿童作为生命体,尊重儿童的个性,尊重儿童的差异,尊重儿童的思想,注重激发孩子的主体性、

[①] 该成果系周志高、苟以勇合作科研成果,曾获江苏省首届基础教育成果奖二等奖。

创造性，强调关怀儿童的独特个性，扬长避短，成就特色儿童，成就每一个儿童生命的卓越。涵化课堂要成为师生心灵的约会，具有品味意蕴悠远的禅味；相信每一个生命都具有超越性和创造性，相信每一个生命都蕴含着无限的可能；欣赏每个生命的唯一性，使不断发展的素养成为孩子生命的独特符号。

综上所述，《涵养化育，自然天成——小学涵化教育的实践研究》是顺应基础教育时代发展的要求，以《国务院关于基础教育改革与发展的决定》和《中共中央国务院关于深化教改，推进素质教育的决定》为指针，以推进课程改革深入运行为主旨。在"涵养化育，自然天成"的教育理念指导下，以行动研究为基础，我校将用五年左右的时间，通过大量具体的理论与实践的探索，构建科学性、普及性、实用性较强的涵化教育实践模式、途径、方法等，从而促进学生全面健康地发展。

二、涵化教育理念界定

涵养："涵"的本义是说自然界里丰饶的水滋养万物生长发育，哪里有水滋养，哪里就有鲜活的生命。"涵养"指教育要像丰饶的水滋养万物那样对人实施教化、养育，从而使受教育者能在潜移默化中健康成长。

化育：《说文解字》释云："化，教行也。""教行"就是"教化"的意思，"化育"是指教育者以超然的心境、博大宽宏的胸襟、悄然无声的教育技艺"涵化"学生，使学生自主成长，达到"润物细无声"的境界。

涵养化育：指我们的教育要像春风涵煦、春雨涵浴、溪流涵潆、清泉涵润一样，追求教育手段的无痕，以自然的本色唤醒教育的自觉，以生活的真情润泽生活的真知，以心灵的高尚滋养心灵的纯真。

自然天成：指水之滋养万物与文明之教化人类的过程要顺应事物自身发展的客观规律，即在不抑不张、不纵不压、不紧不缓、不雕不饰的平静恬淡中自然化成。老子云：我无为也，而民自化。"无为"即顺应自然，遵循客观规律，在涵养化育中无为自化，自主建构生成。

"涵养化育，自然天成"是一种比喻的说法，是说教育应似水的载歌载舞——她似水之轻盈、灵动，带给我们美的享受，教育的轻盈与灵动是我们美好的追求；她似水之温润、柔韧，喻指我们教学需讲究艺术，教育的温润、柔韧不就在我们每天与孩子们相遇的课堂里吗？她似水之无形、丰满，告诉我们应关注孩子生命成长，教育的无形与丰满让我们更加敬畏生命，告诉我们如何在有限的生命里绽放无限的精彩。通过构建有意义的生活，滋养儿童生命的成长，达到"春风化雨，润物无声"的境界。

作为教育理念，这是道家的教育主张。老子云：凡事要遵循客观规律，涵化天下，自然天成，无为而治，无痕而治。实质上强调教育要遵循儿童身心发展规律，通过具体生活情境的铸造，潜移默化地影响学生，达到促进学生发展的目的。这一教育理念与新课程理念是一致的，体现了"以人为本"、为学生服务的思想，是素质教育思想和新课程理念的校本表述。

涵化教育是以"涵养化育，自然天成"为核心理念的学校教育理论与实践模式，它是当代素质教育的一种校本探索。涵化教育以培养"有敬、有执、有容"的人格品质为目标，从儿童发展的实际出发，培养学生——有敬：敬畏自然，敬崇生命，敬重生活；有执：执求真理、执扬个性、执追理想；有容：悦容自我，宽容他人，善容社会。

涵化教育在强调生活滋养、文化熏染的同时，通过主体的合理交往与对话，引导学生自主体验，促进学生主动整体建构，实现学生的素质全面发展。涵化教育的系统思考与实践包括目标体系的构建，学科教学模式的变革，师生关系的重塑，校本课程的开发，以及管理与评价方式的创新等。

涵化教育试图透过研究和实践，形成学校的教育特色，培育体现童年精神的儿童文化，实现学校文化的自觉。近几年来，我校把涵化教育系列实践活动作为实施素质教育的"助推器"，以"有敬、有执、有容"为育人目标，夯实基础，放眼未来，为学生创造生动活泼、自由丰富的发展空间，实现儿童素质全面和谐的发展，为孩子一生的幸福打上亮丽的精神底色。

三、研究内容

涵化教育背景下校园文化的建构研究。加强校园环境文化建设，构建人文和谐的童话校园；加强校园师生行为文化的建设，努力形成"有敬、有执、有容"的阳光教师与阳光学生；多渠道多方位地开展综合实践活动，打造"生命践旅"主题综合实践活动品牌；加强师德师风建设，以"师德推进年"为契机，在提高教师专业素养的同时，提升思想道德素养。

涵化教育课堂教学实践的研究。课堂教学是实施涵化教育的主阵地，精心构建涵化文化课堂范式，把双师双轮备课推向深入，形成重自主、重多元、重拓展的新语文文化课堂。

涵化教育校本课程开发的研究。从学生的需要出发，为学生的个性发展服务，进行订单式校本课程的开发与研究，真正为学生拓展出一片自由、自主发展的校本课程学习平台。

涵化教育实践评价体系的研究。在涵化教育理念的观照下，形成科学的校本评价体系，完善"阳光少年"系列评选制度，以"我是漂亮实小娃"为平台，努力实现以优秀的评价方式引领学生健康快乐地成长。

整合学校、家庭与社区有效资源，形成涵化教育合力的研究。努力拓展涵化教育实践的区域，不断开掘有效资源，形成学校、家庭、社区教育的互补互惠，构建和谐校园、和谐家庭、和谐社区，实现三者紧密联通的和谐教育共荣圈。

主题德育教育活动的实践与探索。从学校的实际出发，从学校教育的特点出发，探索涵化教育背景下的德育教育的有效途径与实践模式。在活动模式、评价方法等方面，形成具有学校特色的德育教育模式。

信息技术教育的实践研究。开发信息技术校本课程，开展"信息与未来"信息技术教育活动，提高学生的信息素养。

四、研究重点

1. 涵化教育背景下，小学涵化课堂文化和模式构建的实践研究
2. 菜单式校本课程的研发
3. 校园文化生活的实践与研究

五、研究的过程

以涵化教育为核心，确立学校五年发展规划。围绕"涵养化育，自然天成"，通过项目引领、课程开发、文化建设等方式培养学生有敬、有执、有容的人格品质，为学生一生幸福奠基，让教师充分享受职业幸福。

本课题研究分三个阶段，2008年9月至2014年10月，历时六年。

1. 准备阶段（2008年9月—2009年3月）

对我校素质教育及新课程实施现状进行经验总结和反思，在此基础上形成我校涵化教育五年发展规划，邀请专家对课题进行论证、修改，完善课题研究方案。

2. 实施阶段（2009年3月—2013年3月）

第一阶段：2009年3月—2010年3月

制订实施计划，健全组织机构，通过宣传、动员、培训等方式，做好实验起步工作。进行有关"涵养化育，自然天成"教育思想及实践的文献研究，把"涵养化育，自然天成"

作为核心价值对涵化教育进行系统思考和理论建构，进一步完善涵化教育的内涵和策略，制订涵化教育实施纲要，提升我校教育理念，形成我校教育哲学。

第二阶段：2010年3月—2012年3月

加强涵化教育的实践探索，形成具有我校特色的素质教育模式。"小学生活课堂的实践""定单式校本课程的开发""涵化教育理念关照下，教师团队精神的建设"等各子课题分类研究，注重实践过程性资料的收集、整理和理论提炼，撰写阶段性研究总结报告。同时通过调查、访谈、个案分析等方法，了解学生、教师发展状况，及时调整研究策略。

第三阶段：2012年3月—2014年3月

研究与实践相结合，改进学校教学行为，全面提高学生素质，促进教师专业成长。聘请专家对我校"生活课堂实践""定单式校本课程""亲近自然、快乐生活"主题综合实践活动等重点子课题进行评价与指导，通过普查、抽样、分析等研究方法，对第二阶段的感性认识进行理性升华。对学生、教师进行个案跟踪调查，对取得的成果进行科学的总结。

3. 结题阶段（2014年3月—2014年10月）

对实验过程中的资料进行整理和经验总结，形成研究与工作报告，整理汇编当代小学涵化教育的理论与实践研究论文集、小学涵化教育实施案例集等，在此基础上继续丰富内涵，完善结构，并拟定继续实验的计划。

六、涵化教育的核心思想

涵化教育是关乎孩子身心自然发展的教育实践。旨在通过有意义的生活滋养学生的成长，它强调教育要遵循儿童身心的发展规律，促进学生适切发展（目标层面），提供广阔的发展空间（价值取向），倡导潜移默化的文化滋养（教育方式），追求润物无声的教育智慧（教学艺术）。

涵化教育是关乎孩子生命成长的教育实践。它的本质是对当代素质教育的一种校本探索，倡导以人为本的理念，是观照儿童生命成长的一种教育实践。涵化课堂追求"春风化雨，润物无声"的教育境界，相信每一个生命都蕴含着无限的可能，欣赏每个生命的唯一性。

涵化教育是关乎孩子生活滋养的教育实践。涵化教育者在强调教育应该向自然开放，向生活开放，通过生活滋养、文化熏陶的同时，进行主体的合理交往与对话，促进学生素质的全面提高。

涵化教育是关乎师生精神与智慧文化建设的教育实践。引导儿童探寻、体验和理解蕴涵在教材文本中的真、善、美、圣、爱，把文化本身的精神、人文内涵脱胎于一个个鲜活的主体，激活、唤醒和培育孩子的价值感和人生情怀；引领孩子在哲学思辨中"参悟"，在有意义的对话中获得心灵的启示和感悟；通过搭建儿童文化培育的平台和学校文化积淀濡染的活动探索，用圆融的品质文化促进教师专业成长。

七、研究成果

（一）"主题式"德育文化体系构建

德育文化是学校管理中最具向心力和凝聚力的部分，是学校的核心价值观。它直接影响着学校的发展方向和速度，对学校的内涵和特色发展起着决定性的作用。实施涵化教育的前提条件是构建学校的文化体系，这一体系以办学思想和理念为中心，使之成为师生成长成才的目标，成为思想的生长原点和价值追求，进而使涵化教育成为师生现实及未来教育的使命和责任。

实施项目：开展主题德育活动，孕育孩子道德之魂

1. 理论连缀

骆宾王有句名言："情蓄于中，事符则感；形潜于内，迹应斯通。"好的教育活动必定能够使学生感动。厚德载物，道德品质是儿童素质发展的灵魂。我们坚持育德为先，育人以德，倡导大爱无言、教育无痕，通过开展系列主题德育体验活动和品质文化的熏陶，让孩子的情感、心灵、人格，在潜移默化中受到感染、感动和感化。

2. 实践架构

（1）用高位的文化熏陶。首先，用高位的文化引领师生前行。最终决定教育高度的，不是阳光下教学楼的物理高度，而是学校师生的精神高度。未来学校的竞争，其实就是人才文化素养的竞争。我校以"追求卓越，永创一流"的实小文化来引领师生前行，提升教师的精神高度，这种文化就是学校的一个符号。学校在具体可感的办学目标上建立学校的美好愿景，并将其深深根植于教师心中，让每一位教职工时刻都能明确个人的价值追求和学校群体的价值走向。其次，开展"书香校园"活动。用经典的文化引领学生，用高位的文化提升学生，给孩子的成长奠定坚实的文化底蕴。从每天的晨读中辟出15分钟，在老师的引导下，孩子们潜心诵读《三字经》《千字文》《大学·中庸》《论语》《千家诗》等古代经典之作，观看《百家讲坛》；每年举办"校园读书节""阅读暑假天"

等读书汇报活动;通过开展"牵手名作家,好书伴成长"活动,让学生与名作家"零距离"对话,激发学生读书的热情。名家的风范、大师的智慧,熏陶着我们禀性淳良的孩子,也感染了我们善良的家长们。校园里,到处都充盈着丰厚的文化韵味:宽敞的校门前的电子显示屏,教室前的"德育墙",学生创作的经典童话想象画、名人名言、电脑绘画等,引领着学生迈向健康的生活;现代化的图文中心、立体式绿化、充满童趣的雕塑,引发了学生的童心、童真、童趣,给学生以智慧的启迪;科普长廊里的航模、车模、宇宙奥秘等激发了学生的科学兴趣和创新精神。

(2)用精彩的活动锤炼。深入开展民族精神代代传教育活动,借助"西塘少儿电视台""红领巾广播站"、升旗仪式、班会、晨会等活动阵地进行德育教育。通过听讲座、办演讲、看影片、发布新闻等活动对学生进行爱国主义教育。开展"我是漂亮实小娃""小助手在行动""习惯成就美好未来""美德伴我行"等主题教育活动,加强学生的养成教育,培养学生的良好习惯。从说话轻轻、走路轻轻、开门轻轻等小事做起,低起点,高标准,严要求,常抓不懈,逐步培养学生健康的人格、优良的个性,逐步使学生成为生动活泼而又不失规范的文明学生。"童心放歌""情牵九龙""淮剧唱童谣""娃娃足球节""公民教育""生命践旅"等丰富多彩的体验活动为孩子们清纯的童年打开了多彩的生活之窗。为了加强学生与长辈的情感沟通,在三八妇女节还组织"亲子互动体验活动",孩子在这特殊的节日里向母亲吐露了心声。通信中,孩子体会到了父母工作的艰辛、母爱的慈祥与博大;家长在孩子的真情叙说中感受到了童心的呼唤、童言的纯真和童爱的炙热。在以"飞翔的风筝·飞翔的梦"为主题的"亲子放飞"实践活动中,众多的家庭亲密合作,将象征亲情挚爱的风筝放飞高空。风筝飞翔,童心飞翔,亲情飞翔……

(3)用灵动的环境熏陶。用儿童的环境孕育品德,苏联著名教育家苏霍姆林斯基曾说:"每个集体都应该开辟自己的'审美角'——一丝蔷薇或一架葡萄,一棵小桃树,一片小柞木林等,如果没有这个及其重要的环境因素,那么,我们的道德教诲——要爱护生物和美好事物,要做善良和富有同情心的人等,都会变成空洞无用的词句。"校园文化环境建设,已经成为提高师生人文素养的重要手段。我们联系实际,认真研究新时期学生思想道德状况,大力推行学生德育案例研究,形成切实有效的德育工作措施,通过生活滋养、文化熏陶,加强交往与对话,引领学生走进生活自主体验,促进学生生命的主动建构,实现学生素质全面发展。加强德育课程的开发和建设,构建生活涵化、情感涵化、榜样涵化的德育工作范式。一是让校园里的"花草含情"。在校园里创设了充满诗情画意的"童话园",为学生提供了放飞梦想的空间。学生们种植大片绿地,美化小花园、植物角,在每片绿地上设计有创意的童话乐园,里面有充满童趣的想象画;在绿地里设置了警示牌,上面写着"有了绿色,你的生命才显滋润""爱护我,让我和你共成长""小草睡了,请别打扰他"等充满人情化的话语;给校园里的花草树木等配上了童趣化的自述……学生徜徉在童话般的校园里,怎么忍心去破坏这份情趣、这份雅致呢?二是让"教室增辉"。首先,从审美的角度去重新规划、美化,让室内环境既有春天般的"绚丽",又有夏天般的"火热"、秋天般的"成熟"和冬天般的"冷峻",让学生一年四季都沉浸在大自然的怀抱中,感受着自然美的熏陶。其次,要求各班级设立生物角、图书角。让学生在自己种植花草树木、喂养小动物的过程中,感受人类的爱心;让学生在富有书香气的环境里自由读书交流,感受人间真情。最后是建立两版一刊。即"冲浪"专版,"生活浪花"专版和"行知诗篇"专刊。

3. 实践结论

王阳明说:"大抵童子之情,乐嬉游而惮拘检,舒畅之则条达,摧挠之则衰萎。今教童子,必使其趋向鼓舞,中心喜悦,则其进自不能已。"传统的道德教育,用枯燥的讲解和空洞的说教,导致孩子的天性被遮蔽,童年的生态被破坏。主题德育教育活动,寓教育于活动之中,极大地顺应了儿童的天性,努力让儿童成为自然的宠儿,让儿童成为余裕的天使,让儿童成为本能的缪斯,让孩子的道德在品味书香、主题活动和灵动的环境中获得体验、提升,向幸福童年的深处漫溯。

(二)"对话式"课堂教学体系构建

课程是素质教育的主要途径,课堂是实施涵化教育的主阵地,涵化教育理念应该在课程和课堂上得以实现。涵化教育理念下的课程模式构建,应以促进学生基础性发展为目标,为学生的终身发展奠基,让课堂成为孩子主动、全面发展的舞台。

实施项目:打造涵化课堂,点亮师生智慧之光

1. 理论连缀

庄子说:"大人之教,若形之于影,声之于响。有问而应之,尽其所怀,为天下匹。"这实际上描绘了古代教育中进行生命对话的理想图景。而涵化教育的课堂,不仅是知识的传授,更是情感的交流,心灵的沟通,生命的对话。涵化课堂倡导教学活动回到真实的情境中,回到孩子真实的生活中,打破书本与生活的藩篱,填平学科与学科间的鸿沟,让教与学充满奇妙的感觉、想象、思考、领悟,在丰富的文化熏陶、传承、感悟和建构中进行精神的塑造,感受真善美,形成正确的价值观和世界观,培养高尚的人生情怀、高雅的审美情趣和高贵的心灵境界。近几年来,我们的课堂教学在"涵养化育,自然天成"教育理念指导下,积极打造涵化课堂文化,用高尚的文化引领师生从容行走在有效的课堂中。目前"对话式"涵化课堂已成为我校课堂教学的特色。我们以"有效课堂教学改革"为抓手,积极开展"155课改工程",以改革教师的教学方式与学生的学习方式为切入点,以促进学生发展和教师发展为生长点,不断优化课堂教学,点亮师生的智慧之光。

2. 实践架构

（1）构建"生命对话"的涵化课堂。涵化教育的课堂，不仅是知识的传授，更是情感的交流、心灵的沟通、生命的对话。在实施涵化教育过程中，我们积极构建涵化课堂范式，形成"本真高效"的风格和"大道至简"的教育智慧。我们坚守"一个改革理念"：涵养化育的情景，简约有效的结构，自然天成的效益。在平时的常态课堂教学中，积极落实"五大改进行动"：将自己独立思考、认真琢磨的文本讲学稿带进课堂；将适用的教具和学具带进课堂；将"涵养化育，自然天成"的校本理念和教学情景带进课堂；将"自主、合作、探究"的学习方式带进课堂；将学生完成的课堂作业带出课堂。同时实施"五大保障工程"，即：教师阅读工程；级部"磨"课工程；"教学五认真"质量督查和评议工程；课堂教学达标认定工程；基本功培训与考核工程。我们在构建"情境引入—感知体验—对话探究—建构生成"的涵化课堂教学范式的同时，深入挖掘文本资源，加大课堂文化的含量，提高课堂文化的厚度，用文化浸润课堂，依课堂养育学生，在课堂教学理念、形式、师生关系方面落实"涵养化育，自然天成"的思想，追求无痕的教学艺术，达到"春风化雨，润物无声"的教学效果。教师在涵化课堂教学过程中做到顺学而导并遵循三项原则：一是民主教学原则。只有民主化的课堂教学，学生才敢问、敢议、敢说，学生才能找到放飞自己思想的天空。实施民主教学，教师要率先垂范，做学生心语的忠实聆听者，以自身的良好言行教育学生，从而真正实现对每位学生的人文关怀。二是微笑教学原则。教师把微笑带进课堂，改变生冷严肃的面孔，对学生不责备、不谩骂、不侮辱，让温馨、慈善、和蔼的笑容走入学生的心灵。三是阳光教学原则。课堂教学也应该像阳光一样，让温暖照到每个孩子的身上，特别是把人文素养的缕缕阳光照到学困生、心理存在问题的学生身上，使他们树立学习的信心，重找做人的尊严；使他们积极向上，乐观进取，拼搏自信。涵化教育的课堂中弥漫着宽容、平等，师生关系和谐、融洽；涵化教育的课堂不仅是知识传授的过程，更是师生"对话"的过程，学生对生活体验的过程；涵化教育的课堂蕴涵着浓烈的生命意识，把童趣、童心、童真作为起始点和落脚点，关注独特的生命个体；涵化教育的课堂重视孩子创造精神和创新能力的培养与生成……我们根据涵化教育的理念，制定了各学科实施项目，在教育教学实践过程中，以实施项目为抓手，开展涵化教育实践活动，培养"有敬、有执、有容"的阳光学子。如语文学科的项目指标：一是大大方方说好话；二是恭恭敬敬写好字；三是开开心心读好书；四是真真切切作好文；五是堂堂正正做好人。同时我们进一步深入开展"双师双轮"集体备课。为了推进有效教学，建立了新集体备课运作模式，强化了校长、学科带头人、教学能手在集体备课中的管理与引领作用。新的集体备课成为教师交流教学策略、展评教学资源、化解教学难点、养育教学风格、碰撞教学智慧的对话场。要求教师在备课时把自己当学生,评课时把自己当专家,实现教材的二度开发,三维立体备课,努力提高涵化课堂效益,让课堂真正成为孩子幸福成长的精神家园。

（2）锻造高品质的教师团队。课堂的涵化,素质教育的实施,最终离不开中流砥柱——教师。我们努力从教师的内在需求入手,从精神世界着手,以"有敬、有执、有容"作为教师人生境界的追求。倡导大爱无言,根据教师个体发展的需求,用文化涵养教师,培育积极的动力文化,丰厚教师人文底蕴,养育教育智慧,锻造优质的教师团队,努力形成涵化背景下的教师文化共同体。要求每一位教师要有一个设身处地为他人着想的良知,一个无须他人提醒的自觉,一个承认约束的自由,一个终身学习的追求。确立"菜单式"的校本教研活动,推进教师的专业成长;通过开展"行知论坛""青年教师研习会""教学反思""一人一课"主题教研、"三人行教学论坛""读书汇报会""学术沙龙""教学体验""思者足音"等教研活动,举行"我与涵化课堂同行"教学展评活动,举行家长开放日和教育开放周活动等,为教师搭建专业成长的舞台,不断展示涵化教育实践成果。首先为教师专业成长搭建平台。一是开展"师徒结对"活动,将骨干教师与非骨干教师结合成一个"共同发展体",举行"名师课堂开放周""名师大讲堂"等活动,让老师们互帮互助,共同提高。二是实施"名家引路",采取"走出去"的方式,让一批骨干教师走进省内外一流专家名师的课堂,感受、汲取他们高超的教学艺术;同时采取"请进来"的形式,让名师与我校教师"面对面",使广大教师产生自主成长的内驱力。三是成立青年教师研习会,为青年教师制订三年成长计划,举行系列主题研讨活动。其次,为教师专业成长增添后劲。积极开展"读书提升素养"活动,引领教师广泛阅读,在阅读中开阔视野,用阅读丰富自我、修炼自我。一是精读一本经典。人们常说"半部论语治天下",每学期要求教师精读一本经典书籍,反复读,掌握精神实质,简单地说,也就是读一本看家的书。从经典中汲取精华,丰富自己的人文内涵,修炼自己的德行,完善高尚人格。按照读书计划,组织教师阅读了《给教师的100条建议》《不跪着教书》《静悄悄的革命》等,教师根据所读内容撰写心得体会,学校组织教师读书交流会,交流读书感悟。在学校的网站上开辟"每周一读"专栏,倡导老师与同仁"对话"、与名师"对话"、与大师"对话",并跟帖发表自己的感言。老师们在交流中碰撞智慧,在碰撞中提升阅历,在博览中形成书卷气和教学才智,丰厚了文化底蕴。教师们都说:"我们在读书中读出了工作的美丽,读出了个人的价值,读出了人生的力量。"二是精研一位名家。作为教师要做到"博学而笃志,切问而近思"。我们要求教师在博众家之长的基础上积淀自己的教育智慧。例如,班主任重点研究魏书生、任小艾、丁榕等;小学语文教师重点研究李吉林、于永正、贾志敏、窦桂梅、王崧舟、薛法根、孙双金等;小学数学教师重点研究邱学华、华应龙、陈惠芳等。要根据自己的兴趣爱好、工作需要、任教学科、性格特点等来确定一位重点学习和研究的对象，掌握其最基本的教育教学思想，并在实践中应用。让老师站在成功者的肩膀上，看得更远，走得更快。三是主攻一个专题。作为一线教师要研究的专题很多，我们读书时可以选其中的一个方面进行专题研究。美国当代管理学家托马斯·卡林经过研究表明："在任何一个领域里，只要持续不断地花6个月的时间进行阅读、学习和研究，就可以使一个人具备高于这一领域的平均水平的知识。"要做到短期速成，就必须目标专一。最弱的人，集中其精力于单一的目标，也能有所成就。六个月到一两年，甚至用更短的时间，你就会成为这方面的专家。教师的专业能站多高，取决于教师触摸过多少文字；教师的专业能走多远，取决于教师品味过多少书香。最后，用行动研究引导教师走向教育幸福的阳关道。研究是对生命的终极关怀，研究既可以给人带来幸福，也可以点燃激情。这些年来，我校积极开展"教师年度小课题研究"，通过行动研究催生教师的"幸福美感"。这不仅是对生命的滋养和回馈，而且标志着生命价值的升华。我们把教科研工作立足"为了行动，基于行动，在行动中开展微格研究"，围绕有效教学主题，制定学科微格研究菜单，如语文学科：确定"课堂问题设计策略""师生对话策略""文本解读方法""小组合作有效性"等问题进行研究。为了解决这些问题，一要困惑聚焦，开展"一人一课"主题教研活动；二要示范引领，开展名师"导航课"活动；三要业务竞赛，开展"成才杯"教学基本功竞赛和青年教师"亮相课"展评活动，在竞赛活动中促进青年教师的专业成长。老师们根据涵化教育的理念，结合自己的教学实践，开展行动研究，使研究指向我们的课堂，指向我们的实践，教师在行动中体验成长的幸福。

（3）用经典阅读润泽孩子的生命。涵化教育，倡导用经典阅读去铺陈生命、积淀生命、滋养生命、丰盈生命；倡导在阅读中体验他人，在阅读中感受幸福，在阅读中提升文化品位、审美情趣和人文素养。我们强调根据儿童生命的成长节律适时阅读，我们将童话、童谣、寓言、诗歌、小说和中外所有经典名著精心地散落在孩子生命成长的要道上，引领孩子适时与经典相遇，让孩子在最旺盛的生命花期里尽情吸纳，获得心灵的滋养和精神的沐浴，培养孩子良好的个性、健全的人格和丰富的精神世界，并在这个过程中体验生命的律动，收获审美的愉悦快乐。我们通过积极开展经典阅读工程，厚积学生的底蕴，为学生的成长打下亮丽的底色。一是构建了家校共享式"亲子阅读"模式。"阅读暑假天""缤纷寒假日"成为家庭亲情升温的催化剂，"百佳书房"评选、"亲子故事会""亲子美文诵读"等优化了家庭阅读环境、实现了家校阅读的共享，实现以校园文化提升家庭文化，以家庭文化推动校园文化的"人文阅读"理想境界。二是开设经典阅读课。要求学生每天至少用30分钟的时间进行经典诵读活动，利用语文阅读课的时间让教师进行经典阅读训练或指导欣赏。教师积极为学生提示阅读范围，传授阅读方法，提高学生的阅读质量。并建立了学生的阅读档案，记录学生阅读成长历程。三是开展各种形式的阅读比赛。如经典著作朗诵、诗文表演、诗文书画、讲故事、演讲比赛等，以活动促发展，以活动促提高。

3. 实践结论

涵化课堂通过引导儿童探寻、体验和理解蕴含在教材文本中的真、善、美、圣、爱，把文化本身的精神、人文内涵脱胎于一个个鲜活的主体，激活、唤醒和培育孩子的价值感和人生情愫；引领孩子在哲学思辨中"参悟"，在有意义的对话中获得心灵的启示和感悟；通过搭建儿童文化培育的平台和学校文化积淀濡染的活动探索，用圆融的品质文化促进教师专业成长。通过经典阅读，让孩子吸收优秀的文化营养，培养孩子向善的心向，探寻人类人文精神的亮点，沐浴人性的光辉，使孩子对人生充满理想，富有激情。

（三）"菜单式"实践活动课程体系构建

综合实践活动课程是新课程改革的一大亮点。实施涵化教育的路径非常广泛，除了学科课程和环境课程外，开展"菜单式"实践活动也是一条极其重要的实施渠道。通过开展丰富多彩的实践活动，引导孩子走进生活、走进自然去体验感悟，使孩子人格得到生成与完善，促进学生素质的提升。

实施项目：开展"菜单式"综合实践活动，拓宽学生素质发展之路

1. 理论连缀

庄子追求"逍遥于天地之间而心意自得"的境界，追求精神的自由和心灵的充实。"若夫乘天地之正，而御六气之辩，以游无穷者，彼且恶乎待哉。"他对于逍遥境界的追求为我们实践活动的开展提供了一定理论依据。"游历自然"，"读万卷书，行万里路"。古代的老师重视将学生带到野外，通过体悟大自然万事万物的玄妙，让那些富于灵性的感悟真切地从孩子的心田流淌出来，这为我们的实践活动指明了前进的方向——我们的学校教育应该向自然开放，成为窗外的教育，移动的教育，蓝天下的教育。

2. 实践架构

叶澜教授说："生命需要唤醒。"我校在探索素质教育有效实施形式的过程中，把"为学生的幸福一生奠基"作为学校工作的核心，把促进人的全面发展，关注生命各方面品质的协调发展，培育完满的生命作为根本。从关爱学生生命出发，在生活的体验中，在无痕的教育中逐步"天成"。我校在涵化教育理念的指导下，积极开发涵化教育实践校本课程，让实践活动课程成为孩子主动全面发展的载体。

（1）"生活作文"教育实践为孩子生活撑起一片艳阳天。生活作文，倡导将儿童作文变成一部童年生活嬉游记，让作文教学顺应儿童的自然天性与表达冲动，让孩子即时倾吐、直抒胸臆、自由写作，让每个孩子用作文记录独一无二的自己，用文字留住美丽的童年。生活作文崇尚自然，汲取"天人合一"的理念，倡导打开大地之窗，让孩子尽情嬉乐自然，在细数泥土的呢喃、聆听花开的静响、观赏落叶的缤纷中感受生命的神奇，并对自然中一切的生命肃然起敬。生活作文把丰富多彩的嬉游活动纳入童年生活，纳入课程。"生活作文"注重引领学生走进生活去体验——猎取、拥有丰富的素材；"生活作文"转变了教学观念，构建先"生活"，后"作文"的教学形式；"生活作文"倡导作文即生活实践；"生活作文"立足于学生现实生活的同时鼓励学生创造生活。通过生活实践，丰富表达内容，积淀写作素材，让写作生活变得灵动，记载孩子生命成长的历程。《生活浪花采撷》、优秀习作展示台、班级作文集、班级生活作文博客、校刊《冲浪》《盐城晚报》等阵地激发了学生习作的内需。每年，学生在各级各类报刊发表习作近1000篇。学校举办"生活作文"教学研讨会，面向省内外教师和专家展示了生活作文的成果，受到与会领导和老师的高度赞誉。该课题被评为江苏省教科研成果一等奖；《江苏教育》"独家策划"栏目对该课题研究进行了长达万字的报道。

（2）"生命践旅"实践活动演绎孩子童年的精彩。为了培养"有敬、有执、有容"的阳光少年，让学生学会求知、学会做人、学生生活、学会创造，我校制定了"菜单式"主题实践活动内容，每年都举行春、夏、秋季"生命践旅"实践活动，让孩子们快乐地行走在四季的星空下。根据年级学生特点，春天组织各年级学生走进大自然踏青，祭扫烈士陵园，走进实践基地、龙冈桃花园、农林生态园，参观盐城海盐博物馆、盐城科技馆、瞻仰周总理纪念馆、吴承恩纪念馆、乔冠华故居、陆秀夫纪念馆等人文景观；暑假，组织学生参加"科技之星"竞赛夏令营、信息奥林匹克竞赛夏令营、"情牵九龙"教育游学夏令营、韩国文化交流之旅夏令营、澳大利亚经典英语体验夏令营等活动。一系列校外实践活动的开展，丰富了孩子们的暑假生活，拓展了他们的国际视野，锻炼了独立生活、和谐相处、友好交往的能力。近年来，每年秋季学校都组织五年级的全体师生前往冈西、冈东、宝塔、恒济、沿河、九龙口、颜单、高作等边远乡镇进行生命体验活动。学生第一次离开温暖的家，自带生活用品，睡乡村小学简陋的木板床，每天按时起居、上课、活动，自褶被褥，自洗衣袜，自扫居室，自洗餐具……看露天电影，与乡村小学生同台献艺，挖山芋、做野炊、摘棉花、学栽菜、看捕鱼，进行农民生活状况调查……生命践旅活动为孩子们的童年注入了酸甜苦辣、喜笑忧乐；生命践旅让孩子们意识到环境保护刻不容缓，体验到农民生活的不易；生命践旅让孩子们发生了可喜的变化，他们少了一份随意，多了一份责任，少了一份浮躁，多了一份思考；生命践旅活动让孩子们学会了理解、尊重、宽容和感恩。活动中，孩子们走进自然，领略了乡村风光，体验了乡村生活，激活了成长成才的动力。省教育厅《基础教育课程改革通讯》对此做了专题报道，该实践活动被省教育厅评为优秀实践活动项目。

（3）"公民教育"为孩子搭建生命成长的平台。公民教育实践活动是新时期学校德育活动的创新途径，学生们在活动中形成了丰满的个性和富有创造性的思维。学校的德育活动天地得到拓展，德育支撑力更加丰厚，德育实效更加显著。近年来，我校被省教育厅确定为中美合作项目"公民教育实践活动"实验学校，我校五年级学生开展的《烟花爆竹燃放与安全》的课题，成为全市小学组唯一获得参加省中小学公民教育实践活动听证演示会的课题，《盐阜大众报》《盐城晚报》和省卫视频道进行了专题报道。《烟花爆竹燃放与安全》《生活小区缺少消防通道和消防设施》两篇活动案例参加省公民教育实践活动优秀案例评选获得一、二等奖，《在行动中孕育责任》《心愿的放飞，智慧的绽放》参加市评选获得一等奖，相关活动案例多篇在报刊上发表；《老村庄的保护与开发》听证演示活动方案报市参评获得一等奖。在开展公民教育实践活动中，师生们积极参与，获得了许多前所未有的情感体验，学生参政议政的意识增强了，良好的社会道德行为习惯逐步形成，学生的表达能力、合作能力、耐挫能力以及自信心、同情心、公益心等素养提高了。孩子们在活动中社会责任感越来越强，对自我素养要求越来越高，他们渴望进入更广阔的社会实践天地。公民教育实践活动是一项极具意义、充满魅力的活动，它使学校德育活动的触角延伸到校外，使传统的封闭式的德育教育实现了新的跨越，让我们从中感受到了许多自由和民主的气息，学生也真正成为社会实践的小主人，在实践活动中体验到成功的快乐。孩子在活动中提高了研究性学习和社会实践能力，树立了胸怀天下、关注社会的理想。我们的孩子正从这里扬帆起航，快乐地探索，一路高歌奋进，留下一路精彩。

（4）科技、艺体教育为孩子插上飞翔的翅膀。我们的教育活动就是要创造一个有助于儿童生命安全、生命舒展、生命涌动、生命创造的环境，让每个孩子的心灵更为自由，让每个孩子的创造潜能得到充分的开发，让每个孩子觉得每天都有新的进步，让创造性的实践活动成为孩子超越自我、超越生命的过程。我校根据"儿童是最具有多种发展可能的人"这一理念，围绕科学观念、科学精神、科学方法和科学实施能力等素质目标，我们有计划、有重点、有特色地开展科技教育实践活动。利用科技节、科普长廊、科普兴趣小组等活动，为学生搭建展示科技才能的舞台，培养学生的科学素养。抓实航模、车模、火箭、电脑绘画、信息奥林匹克等多个科学社团建设。学校为每个社团准备活动室，每周安排一次集体辅导与练习，每学期进行一次成果展示。每年举办一届科技节，以"用大脑去思考，用双手去创造"为口号，组织学生观看图片展和"神舟"飞天的录像，进行科学幻想画比赛、科技创新大赛、机器人比赛等。听院士报告，逛科技超市，放亲情风筝，看航模表演，为学生探索科学、发现奥秘、展示自我提供了广阔空间。学校在活动空间紧张的情况下，辟出专地建立植物园，为学生的学习、生活开拓一片乐园。全校学生在浓烈的科技氛围与常态的科技活动中把爱科学、学科学和用科学结合起来，提升了自身的科技素质。日积月累，孩子们在接触科学的过程中，擦出了一朵朵耀眼的火花：省计算机奥林匹克联赛连续五年获团体一等奖，省"金钥匙"科技竞赛连续三年获金奖，省科技航模夏令营竞赛连续十年勇夺团体冠军……学校也先后被评为省、市"科技教育特色学校""省青少年科技教育协会团体会员""全国少年宇航技师江苏省活动基地"。2011年暑假，我校还成功承办了江苏省"信息与未来"夏令营竞赛活动，我校有50多名小选手在竞赛中获奖。

我校始终坚持为学生发展负责的策略，学生艺体教育精彩纷呈。一是校内抓实艺体教学和艺体社团建设。组建了学生社团十余个，学生兴趣小组三十多个，通过这些社团活动组织开展丰富多彩的活动，落实素质教育全面育人目标。二是举办校园文化艺术节。学校每年举行一次校园艺术节，进行书法、绘画、声乐、器乐、舞蹈、讲故事、主题演讲等项目竞赛，在活动中普及，在竞赛中提高，确保班班有项目，人人有特长，有力地推动了艺体教育的深入开展。三是积极开展阳光体育活动。打造阳光校园生活，努力减轻学生的课业负担，保证学生的课外活动时间，让学生拥有健康的体魄学习、工作一辈子，提高学生幸福生活指数。学校还把学生特长、健康体魄与优秀系列少年的评选挂钩，激励学生发展兴趣爱好，增强身体素质，提高特长水平。

（5）主题教育教学开放活动为孩子搭建展示综合才艺的舞台。学校制定了"学生素质发展十条标准"和"十佳少年、风采少年、阳光少年"等系列少年评选标准，用十项素质标准发展孩子的综合素养，对孩子发展实施综合评价。学校每学期对学生家长举行一次主题教育教学开放活动，通过课堂教学展示、学生作品展览、家庭教育展谈、师生才艺展演等活动的开放，向家长和社会展示每个孩子的综合素质，让每个孩子在实小留下成长的印迹。学校还建立了家长委员会，建立了家校E通信息平台，设立了家访日，邀请家长进校做义工等活动，让家长参与学校管理、参与学生的教育活动、参与到学校育人活动中。

3. 实践结论

生命是独特的，充满个性的。近几年来，我们在课程资源建设方面，大力加强了社会实践活动资源、家长资源、社团资源的开发与利用。我们的涵化教育实践活动提倡以儿童为主体，尊重儿童的个性，尊重儿童的差异，尊重儿童的思想，注重激发孩子的主体性、创造性，强调关怀儿童的独特个性，扬长避短，成就特色儿童，成就每个儿童的生命卓越。我们的教育活动就是要创造一个有助于儿童生命安全、生命舒展、生命涌动、生命创造的环境，让每个孩子的心灵更为自由，让每个孩子的创造潜能得到充分的开发，让每个孩子觉得每天都有新进步，让创造性的实践活动成为孩子超越自我、超越生命的过程。

八、推广价值

"涵养化育，自然天成"的教育实践是一次思想的绽放，一种精神的映照，一场文化的礼赞。涵化教育实践是一种教育的大气度、大智慧！其来源于我们对教育本真的把握；来源于教师丰厚的修养和教学的艺术；来源于对教育生活的热爱和教育理想的追求。

"涵化教育"实践研究，有效地促进了孩子综合素质的提高，推进了学校的内涵发展，提升了学校的办学品位，我们的孩子有爱心、有学力、有特长、有品位，充满了阳光。学校先后被评为江苏省教科研先进集体、江苏省德育工作先进学校、江苏省文明单位、江苏省模范学校、全国学校艺术教育工作先进集体、全国教科研先进集体、全国绿色学校等。涵化教育成果在省内外推广应用。较为突出的有：《涵养化育自然天成——小学语文涵化教育实践研究》获江苏省教学成果奖二等奖，《涵化教育自然天成——构建"四生"文化课程实践研究》获盐城市第二届基础教育教学成果评审一等奖，《语言文字报》"名校风采专栏"对建湖实小涵化语文教学实践探析进行整版专题报道，《新语文学习》对学校承办的省"名师名校"小学语文主题观摩研讨活动及"涵化教育"成果展示进行报道，《涵化教育：教师专业成长之源》《实施"涵化教育"铸造"四生"文化》等20多篇经验论文发表于省级以上期刊，编印小学涵化教育实践研究文丛《语文新视野》和《涵化教育印象》，省教育电视台对该课题的成果和推广进行了专题报道。

涵化教育照亮了孩子奔跑的童年，让每个孩子真正生活在"童年"里。

涵养化育有大美　自然天成显大气

近年来，建湖县实验小学教育集团秉承"追求卓越，勇创一流"的实小精神，以"涵养化育，自然天成"为办学理念，以培养"有敬、有执、有容"的阳光教师与阳光学生为育人目标，开拓进取，大胆实践，实施精致化管理，拨动全校师生的"兴奋点"，实现学校管理科学化、规范化、人文化，促进学校、教师、学生的共同成长，使学校各方面工作呈现出一派生机勃勃的景象。

一、重建现代学校制度，打造精干化行政管理，让每一个校区都优质

1. **立足集团，完善管理机制**。一是集成化管理模式。面向集团确立共享教育理念、共享教育资源、共享教育过程和共享教育成果的"四共享"办学原则，实行集团内统一行政管理、统一教师管理、统一后勤管理、统一课程设置、统一教学活动、统一质量管理的"六统一"管理模式。二是集约化考核评价机制。首先制定"杏坛杯"双百绩效考核评比方案。设立了全面考核学校办学水平与业绩的"发展奖"和"质量奖"。"发展奖"包含学生素养发展奖、教师素养发展奖、特色文化发展奖；"质量奖"包含学科教学质量奖、常规管理质量奖、校本教研质量奖、后勤服务质量奖。其次，设立了学生综合素养的全面评价机制。实行考试与考核相结合，持之以恒地改革考试评价的方式、方法。三是集体化校本教研机制。成立集团教学和研究部，明确一名集团副校长，负责统筹、协调和管理整个集团的教科研工作，本着"同异并存，抓同放异"的原则，制订并落实集团学期教科研工作计划，指导各校区的教学教研工作，带领各校区研究教育教学理论、走在教科研理论前沿，掌握教育教学规律，运用科学教育方法，培育阳光少年。同时构建校区教学教研网络，以校区教科室为龙头，以校区课题组、学科教研中心和"教科研沙龙"为主力，构建"三位一体"的校区教育科研管理网络，根据各校区的教科研工作计划组织开展教科研活动。四是校区相对独立灵活的办学机制。坚持校区相对独立办学。实行岗位目标管理，构建以校区校长室为龙头，以各科室和年级部为主力的"三位一体"校区行政管理网络。在"涵化教育"校本理念的引领下，尊重各校区的历史和文化，鼓励各校区求同存异、百花齐放。最终在总校与分校的互动中实现文化的共融、品牌的共创及合作的共赢。

2. **突出重点，实施项目管理**。一是签订办学责任状。每年初，集团与各校区负责人

签订《办学目标责任书》《学校安全工作责任书》。年终，结合"杏坛杯"评选，对责任书落实情况进行全面考核，结果作为校区主要责任人考核、评先的重要依据。二是加强目标管理。各校区寻找切入点，瞄准发展点，设计好师资队伍、学生素质等优先发展的项目，制订三年发展规划和年度工作计划。以学校总体目标为发展平台，每月制订月工作计划，每周都有周工作安排，确保各项工作按时保质完成。三是优化管理结构。采用"线块结合"的方式，实行集团管理与校区管理相结合。集团副校长兼任各个校区的校长职务，在面上统筹一条，在块上兼管一片。精简、扁平化的管理结构责任明、效率高。

　　3.缔结联盟，促进教育均衡。坚持以"质量"为盟，以"研训"为联，全力提升教学质量与管理水平。一是举办学校"联建"论坛。定期组织集团和联盟成员学校的校长进行教育论坛；每月召开联盟学校月工作例会，进行管理工作、教育教学工作、读书汇报等互动互研。二是开展"联动"体验实践。组织联盟成员学校的中层管理人员到集团进行"一日管理"体验。组织教师开展城进乡和乡进城的"一日教学"体验活动。三是举行"联片"主题教研。定期举行联盟教学观摩活动。集团组织的暑期培训、集体备课、学科主题教研活动等，邀请联盟成员校老师来校同学同研同成长；县内赛事联盟先行，通过层层选拔决定人选。系列活动的开展使联盟校教师的素养得到了提升。

二、优化教学方式，提高育人水平，让每朵花儿都开放

　　1.聚焦课堂，追求高效"无华"。一是聚焦重点人群。认真落实《盐城市中小学课堂教学评价指导意见》精神，对45周岁以下的青年教师逐一进行课堂教学水平测试评价。对评价结果认真反馈、追踪。积极实施课堂教学"三尖"工程，即新进教师"冒尖"工程，青年教师"拔尖"工程，骨干教师"顶尖"工程。二是聚焦重点环节。首先，提高集体备课的效度。实行备课组长负责制，强化校长、中层干部、学科带头人、教学能手在集体备课中的管理、引领作用。创新集体备课的模式，关注课前准备。在"三轮备课"的基础上实施"三步走"，即"评议一人一课；中心发言及集体研讨交流；围绕备课主题阅读推荐的优秀文章"。面向全县举办了集体备课现场会。其次，抓实教学重点环节。用心规范课前备课，精心设计课内训练，细心落实课外反馈。三是聚焦重点问题。针对教师平时教学中存在的共性问题和困惑，每周五下午在各校区举办各学科主题教学研讨活动。如"引导学生科学记录"为主题的科学课、以"同伴互助"为主题的体育课、以"优化过程方法"为主题的美术课、以"促进学科教学发展"为主题的信息课、以"有效训练"为主题的数学课、以"表达真情实感"为主题的作文教学等。通过课堂教学、评课研讨、

专家讲座，老师们在具体的示范和理论引领下不断进步。

2. 创新德育，追求生动"无痕"。一是现实生活塑造人。通过召开主题班会，开展"争当文明小使者""人人都是美德少年"等主题教育活动，从"管住自己的口——不随地吐痰，不说脏话""管住自己的手——不攀枝折叶，不乱抛杂物""管住自己的脚——走好路，上好厕所"等抓起，低起点，高标准，严要求，使学生养成良好习惯。每月召开一个年级部的学生养成教育总结表彰大会，激励先进，树立典型。向全校学生发出"小手拉大手，文明齐步走"的号召，通过"给爸爸妈妈的一封信""把文明礼仪带回家"等活动，力求"培养一名学生、带动一个家庭、影响一个社区、文明整个社会"。同时，积极统筹协调社会各种德育工作力量，构建"三位一体"的德育工作网络。二是传统活动培育人。举办"我让妈妈露笑脸""红歌班班唱""品味端午，传承文明""童心系明月，巧手绘中秋"等主题传统文化教育实践活动，增进学生对传统文化、历史文化的了解。三是创新实践磨砺人。深入开展"生命践旅"实践活动，定期走进社区开展志愿者服务活动，举办"情牵九龙"中国香港游学夏令营等活动。同时强化班集体建设，开展班级自主管理，加强小干部队伍建设，实行队干部竞聘制、轮值制，提高自主管理水平。

3. 完善课程，追求适切"无求"。一是丰富选择性课程。运用现有教学特色及师资优势，开设菜单式选修课程及学校艺体社团活动。如合唱、舞蹈、器乐、淮剧、魔术、绘画、书法、航模、足球等60余个选修项目，满足不同层次学生的学习需要，为每一个孩子搭建了提高素养和展示才能的舞台。二是全方位优化艺体教育。巩固江苏省艺术教育特色学校的成果，正常开设"娃娃足球""乐器进课堂""淮杂进校园""儿童电脑绘画"等校本课程。全校每个学生至少参加一个艺术兴趣小组活动，每个学生都掌握了1-2项艺术表演才能。创新大课间活动，将体育与德育相结合，突出规范化与趣味性；将体育与艺术相结合，自编娃娃足球韵律操。举办体育节、冬季运动会，增强学生体质。三是突显全面素质评价。制定技能学科素养考核方案，由集团外聘专业教师组成考核小组，采用整班抽取和学生个体抽样考核相结合的方式，对学生音乐、体育、美术、写字、信息技术等学科素养，进行口试、笔试和操作相结合考核。完善《建湖县实验小学教育集团"校长杯"优秀少年评选方案》，突出形成性评价、学科素质评价和展示性评价。

三、实施砺师工程，完善教师素质结构，让每位教师都成长

1. "源于爱心"，铸崇高师德。一是榜样感召。深入开展以"做一个纯洁高尚的人民教师"为主题的教育活动，深入学习"职业道德规范"和"师德禁令"，签订"师德

承诺书",观看于漪老师先进事迹报告录像,举行师德演讲等,引领广大教师拥有师者的尊严、学人的风范和童心的纯真。二是管理规范。正视座位排定、违规收费、有偿家教、体罚学生等热点问题,做到防微杜渐。进一步增强反应机制,对有违师德规定的行为,即报即处。学期初,开展"三拒绝"活动,邀请家长参与学生座位的排定;家长会上,教师面向家长做师德宣誓承诺;学期结束,开展家长评教师活动,将测评结果作为师德考核的重要依据。三是阅读提升。打造书香校园,给教师专业成长以储备。每学期,除了规定教师阅读20本以上的教育刊物和2本教育专著外,还大力鼓励教师自我提升,通过读书拓宽知识面,改善自己的知识结构。定期开展读书汇报会、读书沙龙、行知论坛等活动,让他们在阅读中丰富思想,提升境界,不断擦亮生命底色。

2. "基于行动",锻精湛师能。一是抓实基本功培训。完善教师个人发展规划,认真贯彻落实《盐城市中小学教师基本功训练与考核意见》,组织教学设计、教学表达、教学测评、教学研究、学科专业技能、教学资源开发与利用六方面基本功培训与考核。二是架设发展平台。发挥学科带头人、教学能手的传帮带作用,签订"骨干教师示范作用承诺书""学期个人发展承诺书"。邀请著名专家、学者走进校园,与教师"面对面";每年派出200余人次赴全国各地学习。充分运用"省教学新时空""市名师网上答疑互动平台"、教研论坛、教师博客和教研组为单位的QQ群等教学研究新阵地,努力打造学习型、研究型教师团体。三是做实课题研究。坚持以"科研管理规范化,课题研究实用化"为主导思想,推行精品课题招标制,实行课题研究全员制。学校将需要"招标"的精品课题公示,任何一个小团体可以拿出自己的实施方案参与竞争,一旦赢得实验课题,学校便给予课题实验经费,同时还聘请专家、名师担任课题实验指导,并进行课题实验跟踪督查,确保让课题实验走进课堂,走进教师和学生的生活。同时,课题研究注重全员化、群众化,推行课题研究"1+1"的机制。即每个教师必须参与团体申报一项课题,根据主课题,衍生出自己所任教学科的"应用型"课题。一方面引导教师积极参与全校课题研究的"大会团"作战,从面上推动课堂教学的整体改革;另一方面鼓励了教师耕作好自己的"责任田",实现了全员动起来的指导思想。

3. "臻于卓越",打造优秀团队。一是深入开展"创先争优"活动。开展优秀年级部、优秀教研组、优秀备课组评选,打造积极向上的团队文化。学校领导率先垂范,在全校教职工大会上,学校领导庄重承诺:"向我看齐,从我做起!"桃李无言,下自成蹊。全体教师都自觉追求高尚的精神境界。二是开展丰富多彩的团队活动。举办教工运动会、演讲比赛、元旦迎新歌会、远足踏青等一系列活动,增强团队凝聚力和战斗力。"一种承认约束的自由,一种无须他人提醒的自觉,一种设身处地为他人着想的良知"的团队文化日趋成熟。

四、践行文化立人，彰显学校教育特色，让每一段历史都厚重

1. **在理论体系上创树。**在办学品位和教育教学水平不断提升的同时，学校围绕"有敬、有执、有容"的育人目标，拓展"涵养化育，自然天成"的宽度，培育体现童年精神的儿童文化，实现学校文化的自觉。初步建构了"水一样浸濡"的教育观，"没有一种花不绽放"的儿童观，"春风化雨，润物无声"的教师观，"学校文化背景广阔性，教育目标儿童性，教育模式适切性，教育方式无痕性"的涵化教育主要价值观。

2. **在特色项目上升华。**一是阅读积淀美丽。举办"读书节"，开展"班级图书角评比""读书心得征文""读书交流会""课外阅读知识竞赛""作家进校园""家校阅读共享"等活动，引导学生在阅读中积淀人文素养，点染人生底色。二是作文绘就精彩。多年来，学校深入开展生活作文教学研讨活动，倡导"我手写我心"生活作文理念，立足于学生现实生活的同时鼓励学生创造生活。大力推广生活作文教学成果，充实生活作文陈列馆，开辟优秀作文展示长廊，组织儿童文学作家与学生面对面，邀请《新语文学习》《马小跳》杂志主编举办现场改稿会。"生活作文"课题被评为江苏省教科研成果一等奖，《江苏教育》"独家策划"栏目对该课题研究进行了长达万字的报道，学校被评为"江苏省作文教育特色学校"。三是墨香润泽校园。加强写字教学与研究，正常开设写字课，提倡"恭恭敬敬写字"，充分挖掘写字"育德、育智、冶美"等功能。学校被省教育厅表彰为"规范汉字书写教育特色学校"；《七彩语文》杂志将学校写字教育的成功做法进行报道推广。四是科技放飞梦想。围绕科学观念、科学精神、科学方法和科学实施能力等素质目标，我们有计划、有重点、有特色地开展科技教育实践活动，利用科技节、科普长廊、科普兴趣小组等活动，为学生搭建展示科技才能的舞台。学校每两年举办一次科技节，每次突出一个主题。科技节上，听院士报告，逛科技超市，放亲情风筝，看航模表演，为学生探索科学、发现奥秘、展示自我提供了广阔空间。同时学校在活动空间紧张的情况下，辟出专地建立植物园，为学生的学习、生活开拓一片乐园。全校学生在浓烈的科技氛围与常态的科技活动中把爱科学、学科学和用科学结合起来，提升了自身的科技素质。学校也先后被评为省、市"科技教育特色学校""省青少年科技教育协会团体会员""全国少年宇航技师江苏省活动基地"……

3. **在教育服务上践行。**牢固树立以人为本、服务师生、服务教学的理念，坚持健康第一、安全第一，扎实做好后勤服务工作，实践服务文化。一是抓实安全卫生工作。健全安全工作网络，加大交通安全、消防安全、网络安全、师生活动安全等宣传教育的力度，特别加强学生交通安全教育，通过发放告家长书，对乘车学生进行彻底摸底，杜绝学生

乘坐非法营运车辆。对食堂卫生加强制度管理和日常监督检查，保证供应的饭菜卫生可口、营养丰富。食堂随机抽检合格率 100%。二是做好校务公开工作。坚持召开教职工代表大会，讨论、通过学校规章制度和重大决策。坚持财务公开制度，严格预算，精打细算，提高资金的使用率。学校装备、大宗物品、食堂食品等原材料采购，根据"公开、公平、节约"的原则，在纪检部门的监督下，通过公开招标的方式运作。保证物品质量的同时取得了明显的节省开支效果。另外，学校严格报账制度，财务公开做到月月清、项项明。通过民主理财小组，按照经审的规定认真审议学校经费，坚持每学期向教职工大会报告。

在"涵化教育"校本理念的引领下，学校的各项工作扎实有序、高位运行。学生的素质不断发展，教师的专业素养不断提升，学校的办学水平不断提高，社会影响力不断扩大；集团化办学更加成熟，联盟校带动战略有重大创新，素质教育在更高层次、更广领域取得丰硕成果。

涵化教育，构建师生共享的精神家园

学校文化是凝聚和激励学校全体成员进行教育教学改革的重大精神力量，是素质教育深入实施的一种激励机制，是学校发展的内驱力。在现代学校建设的过程中，学校文化以其潜在而又巨大的教育功效越来越被人们重视。我校是一所百年老校，积淀了深厚的文化底蕴。近年来，在"追求卓越，争创一流"的精神招引下，我们创新思维，努力实践，以"涵养化育，自然天成"为育人理念，把涵化教育作为推进素质教育的模式，以"有敬、有执、有容"为育人目标，努力加强校园文化建设，突出校园文化内涵，体现育人本色，全力为师生创建一个优美、舒适的生活和学习环境，营造一种积极、向上的发展氛围。

一、营造原生态的绿色文化，尽显自然品质

学校是传播文化、塑造灵魂的家园，校园环境文化是学校文化的重要组成部分，它作为一种环境教育力量，对学生的健康成长起着熏陶感染、潜移默化的作用。我校根据涵化教育的要求，积极构建雅致、润物的童心校园环境，突出涵化育人功能，力求让校园自然环境和人文环境体现出学校文化的特有底蕴，润物无声，让学校的一草一木、一砖一瓦都成为知识的载体，使墙壁说话，花草发声。让学生在诗情化、艺术化、哲理化、人性化的校园人文空间中提升人生境界。

营造生态的自然环境。 走进建湖实小，"高标准、全方位、多层次"的校园立体绿化会让你耳目一新。花草树木高低有序，层次分明，异彩纷呈；假山喷泉，相映成趣，山上绿意盎然，山下泉水环绕，水中鲤鱼嬉戏；人造草坪、塑胶跑道气势如虹，满足了孩子嬉戏的天性；教学楼前冬青与侧柏相依，高竹与矮树相融……这里春有花、夏有荫、秋有果、冬有青，置身于这样的环境中你会感到树在风中，楼在绿中，人在景中。

营造高位的文化氛围。 学校十分注重用文化推动学校的发展，处处营造高雅的文化氛围。教学楼上，悬挂着学生创作的经典童话想象画、名人名言等，引领学生积极向上；别具匠心的太阳羽等雕塑激发了学生童趣、童心与创新精神；教室里图书

角的好书推荐，科艺楼走廊、阅览室悬挂着学生的书画作品，无声地表达学生们的自信和喜悦；科普长廊里的航模、车模、宇宙奥秘、人体结构图等，极大地激发了学生的科学兴趣；学校的文化墙春风化雨般地陶冶着学生们的性情；智能楼前的太阳系全景图，把学生带进了无尽的宇宙遐想之中；学校大门旁的校训、校风、学风，激励着学生奋发向上，不断进取……

强化班级文化建设。班级是学生在校生活的重要场所，营造良好的班级文化环境对学生的成长尤为重要。在班级文化建设过程中，一是确定班风。各班学生在班主任的引领下，经过合议确定一个有针对性的班风，贴在黑板上方，激励同学们奋发向上。二是建好黑板报。每月围绕一个主题自行组织材料、自行设计，与《小学生守则》《小学生日常行为规范》等成为班级内部的德育板块。三是建立班级图书角。每班同学把自己的藏书带进班级，进行资源共享，快乐阅读，自我提升。四是开辟展示专栏。学生的习作、书法、绘画、手工等优秀作品在全班展示，相互交流。教室的设计富有个性并形成稳定形式，成了学生成长的乐土、享受的家园。

二、完善充满人本气息的管理文化，提升管理品格

我校在建立制度、规范管理的过程中，重视人文精神的发挥，努力构建"以人为本，以教师、学生、家长共同发展为目标，以服务教师、学生、家长为宗旨，以教师、学生、家长共同成长为价值观，发展至上"的学校管理文化。

建立科学的决策制度。制度不是束缚人，而是倡导人的发展，尊重人的权利需求。学校建立健全了和谐的管理制度，包括教育、教学、科研、人事、财务、课堂、学生等方面，覆盖学校各项管理内容，确保学校管理的和谐统一。在决策的过程中，加强与教师、各级主管部门的沟通，尽量取得各方面的理解和认同，在此前提下再做相关决策。为切实保证学校行政决策的透明、公正，每年召开教职工代表大会，广泛征求大家对学校管理的意见和建议，讨论学校教育教学改革的重大事项，审议通过各项规章制度等。赋予教职工对学校管理的知情权，既维护了他们的合法权益，又极大地激发了全体教师参与管理的意识和积极性，管理的力度得以提升。

重心下移，实行扁平化管理。我们大胆创新，建立了"校领导班子—部门—年级部—教师—学生"的管理模式，公开竞聘年级部主任，实行年级部管理。平时各项工作的布置、检查、评比以年级部为单位，部主任传递学校的具体工作要求，布置工作任务。每周下来以书面形式总结本年级部各方面的情况，同时进行反思，提出不足，

拿出改进措施。实施年级部管理，管理重心下移，管理层次细化，学校各项工作更加系统严密，运转正常而快速。实行了"月工作明示制度"。每月结束，由办公室牵头，各年级部、教导处、教科室、总务处等部门写成书面总结，对一个月来的各项工作中取得的成绩进行表扬，对存在的问题进行剖析、指正，对下阶段的工作提出具体要求，从而有效地克服了以前管理模式中出现的疏漏与拖拉现象，保证学校各项工作健康、持续地稳步向前。

实行"学校—社区—家庭"一体化管理。 建立学校与家庭良性互动的制度，及时从家长那获得对学校教育的反馈，及时调整学校教育与管理。如家长听课、评课，参观制度，问卷调查制度，家访制度等。坚持利用家长会、家长学校加强学校与家庭的联系和沟通，成立"家长委员会"，定期请家长委员会成员来校评议、指导学校工作。建立学校与社区和谐发展的制度，努力通过自身的优势，为社区发展提供支持，同时获得学校发展的社区资源。

三、充盈师生的精神文化，丰厚文化品位

我校在实践涵化教育的过程中，注重用高位的文化涵化学生，用多样的活动涵化学生，在积极实践中锻炼学生，为学生一生幸福奠定坚实的基础。

文化熏陶，奠定学生的文化底蕴。 在继承学校优秀德育工作方法传统的同时，为学生的健康成长设立高位的文化氛围。为了给孩子一生的成长奠定厚实的文化底蕴，我校每天的晨读辟出15分钟，在老师的引导下，孩子们潜心诵读《三字经》《千字文》《大学·中庸》等古代经典之作。举办"校园艺术节""阅读暑假天""百佳书房"评选、"亲子故事会""亲子美文诵读"等阅读推进活动。先哲的风范、圣贤的智慧，熏陶着禀性淳真的孩子，也感染了我们善良的家长。同时，进一步构建涵化教育课堂范式，加大课堂文化含量，提高课堂文化厚度，依课堂涵化学生。在课堂教学理念、形式、师生关系方面落实"涵养化育，自然天成"的思想。

常规推进，优化学生的个性特征。 培养学生健康的人格、优良的个性，要从学生日常行为习惯入手。我校以塑造学生良好的人格为中心，大力推进"常规月"活动。首先，我们把抓学生常规教育当作一种文化来建设，针对学校自身特点，制定了学生素质标准，让工作有目标可追，让学生有榜样可循。一是结合文明礼貌月进行"学规范、做文明实小人"系列活动。活动中，学校从大处着眼，小处入手，重点解决知与行的统一问题，努力把工作做实、做平、做真；从学生的生活入手，从走好路、写好字、上好厕所等做起，低起点、

严要求。二是开展"我是漂亮实小娃""文明礼仪伴我行"等系列活动,从"心、口、手、身"四个方面对学生行为进行规范,日日检查,周周公布,月月总结,培养学生健康的人格、优良的个性,逐步使学生成为生动活泼而又不失规范的优秀学生,保证每一个学生都成为实小品牌的形象大使。

实践活动,开发学生的潜能。我们着眼于学生未来的发展,通过创设各种情境,以丰富多彩的活动为载体,让学生深入体验、自我锤炼、不断提升。借助"红领巾广播站"、升旗仪式、班会晨会等阵地进行德育渗透。办好"西塘"少儿电视台、红领巾广播站之外,每年两次请法制副校长来校作报告,组织学生观看交通安全与青少年违法犯罪图片展。与《建湖声屏》合作建起了建湖实小校园系列小说连载专栏,与县广播电视台联办"928"直播室节目,以全新的形式对学生实施教育。校园中频频开展的"体育节""文化艺术节""英语节""经典阅读节"等活动为学生搭建了展示才华的舞台;"西塘少儿艺术团""西塘少儿足球俱乐部"等特色项目,成为学校文化的窗口、学生展示自我的舞台;"三八母子通信"加强了学生与家长的情感沟通;以"飞翔的风筝·飞翔的梦"为主题的"亲子放飞"活动中,风筝飞翔,童心飞翔,亲情飞翔;"生命践旅"让孩子们少了一份随意,多了一份责任,让孩子们学会了理解、尊重、宽容和感恩;科技教育,提升了学生的科技素质,为孩子们的梦想插上了翅膀;"童心放歌""情牵九龙""淮剧唱童谣"……孩子们在丰富多彩的体验活动中,锻炼了才能,提升了品位,放射出灿烂的光华。

在构建富有内涵的教师文化的过程中,我们本着以人为本、以发展为本的教师专业发展理念,倡导教师有自己的思想,做一个思考者、实践者、反思者、勤学者,努力为教师创造和谐、民主、宽松的工作环境,为提高教师专业化素质创造条件。

创设深厚的文化氛围。浓郁的人文气息,是教师专业成长的空气。我们尊重老师的需要,支持他们的追求,想方设法创造丰富的物质文化和精神文化,把学校建设成为学习的乐园、精神的家园。作为教师学习发展场所,我校积极地在建设学习型组织上动脑筋、下功夫,力争让每一位老师成为教者、学者、思者。我校努力打造书香校园,给教师专业成长以储备。除了规定教师每年阅读20本以上的教育刊物,2本教育专著外,还大力鼓励教师自我提升,成立青年教师研习会,定期开展读书汇报会、读书沙龙等活动。创办"行知诗篇",让教师教学中的反思与随感有发表的空间、交流的平台。在《建湖声屏》报纸上专门开辟"涵化教育故事"栏目,让广大教师讲述真情、表达心声。全体教师掀起了读书学习的热潮。老师们在阅读中、反思中丰富了思想,提升了境界,成就了事业。

务实课题研究。我们把课题研究作为教学教研的一项重要任务来抓,坚持以课题带动课改,以课题促进教研,提升教师的教学能力和教研水平。新确立了"涵养化育,自然天成"——小学涵化教育的研究，数学教育生活化研究，各课题组能围绕主题，有计划地开展课题研究，解决工作中出现的新情况、新问题，提升课题研究的内涵，使课题研究真正落到实处。小学综合实践活动课程校本化研究这三个省级课题。每一位教师参与一个课题研究，每个成员在开展课题研究时，既要注意方式方法的积累，做好课题研究记录，又要注重研究方法的升华，及时总结研究中的收获，提出困惑，相互切磋，共同提高。

扩大对外交流。 教师成长的过程是一个知识更新、终身学习的过程，实践和创新是教师发展的基础和生命。我校在充分调动教师工作积极性的同时，加强培优、培训，努力为他们的发展创造机会。最近两年，我校先后派出数百人次奔赴全国各地参加教研活动，通过汇报、交流的方式把先进的教学理念、教学方式传递给每一位教师。先后邀请省、市教育专家数十人次来校讲学、指导。组织了两届"香港—建湖"两地小学教育交流活动。举行了"成才杯"青年教师赛课活动和新进教师"入门课"展评活动。定期进行教学沙龙——行知论坛活动。老师们通过自主学习，自我锻炼，自我反思，提升了自己的综合素养。

学校文化是学校的灵魂，学校文化是保证学校持续发展的最重要、最基本的资源，它体现着学校的个性和魅力。我校以涵化教育为主题，努力构建师生的精神家园、学园、乐园，在这座精神的殿堂里，全体师生愉悦地工作和学习着，幸福地生活着，执着地创造着……

涵养与化育：成就校本管理的精致品质

精致管理，是追求完美、实现卓越的过程。它是一种长期文化的引领和积淀，其核心精髓是它的文化内涵。近年来，我校围绕"有敬、有执、有容"的校训，践行"涵养化育，自然天成"的办学理念，建构了以"'水一样浸濡'的教育观，'没有一种花不绽放'的儿童观，'春风化雨，润物无声'的教师观"为特征的涵化教育主要价值观，初步形成了文化立校的管理之路。学校先后荣获"全国绿色学校""全国学校艺术教育工作先进集体""全国教科研工作先进集体""江苏省模范学校""江苏省文明单位""江苏省文明学校""江苏省艺术特色学校""江苏省写字教育特色学校""江苏省科技教育特色学校"等数十项殊荣。在江苏省教育厅主办的首届小学教育论坛中，学校素质教育成果《开拓创新铸特色，内涵发展谱新篇》在大会上交流。

一、注重细化，优化教学方式，追求高效"无华"

一是**狠抓备课效度**。实行备课组长负责制，强化校长、中层干部、学科带头人、教学能手在集体备课中的管理、引领作用。创新集体备课的模式，改革备课形式，经历了"统一使用电子备课""双师双轮备课""文本讲学稿""备课手记"四大改革历程。在"三轮备课"的基础上实施"三步走"，即"评议一人一课；中心发言及集体研讨交流；围绕备课主题阅读推荐优秀文章"。

二是**打造魅力课堂**。重视学生课堂素养的培养，构建了"情境引入—感知体验—对话探究—建构生成"的涵化课堂教学模式。涵化教育的课堂上弥漫着宽容、平等，师生关系和谐、融洽、平等，把童趣、童心、童真作为起始点和落脚点，关注独特的生命个体。开展青年教师课堂教学过关考核、"一人一课"主题教学研讨等活动。积极实施教学"三尖"工程，即新进教师"冒尖"工程，青年教师"拔尖"工程，骨干教师"顶尖"工程。

三是**严格过程管理**。努力实践每一节课都有效，每一次作业都有用。力求训练目标明确，训练内容精练，训练形式灵活，训练效果明显。以教学"六认真"为抓手，严格管理教学过程中的每一个环节。集团督导室进行随查备课本、随堂听课、选查作业本等过程管理，进行教学常规定期、不定期检查与教学督导；及时通报问题，及时反馈情况，不断提高检查实效。

二、注重常化，促进儿童成长，追求适切"无痕"

一是优化个性习惯。扎实开展"文明礼仪伴我行""我是漂亮实小娃"等活动，从"管住自己的口——不随地吐痰，不说脏话""管住自己的手——不攀枝折叶，不乱抛杂物""管住自己的脚——走好路，上好厕所"等抓起，低起点，高标准，严要求，强化学生养成教育，培养学生良好习惯。每月召开学生养成教育总结表彰大会。加强班集体建设，开展班级自主管理，实行队干竞聘制、轮值制，营造"自主、开放、立体"的班级精致化管理环境。

二是促进全面发展。运用现有教学特色及师资优势，开设菜单式选修课程及学校艺体社团活动。合唱、舞蹈、器乐、淮剧、魔术、绘画、书法、航模、足球等60余个选修项目，满足不同层次学生的学习需要，为每一个孩子搭建了提高素养和展示才能的舞台。巩固"全国足球特色学校""江苏省艺术教育特色学校"的成果，正常开设"娃娃足球""乐器进课堂""淮杂进校园""儿童电脑绘画"等校本课程。全校每个学生至少参加1个艺术兴趣小组活动，每个学生都掌握了1—2项艺术表演才能。不断优化技能学科素养考核方案，采用整班抽取和学生个体抽样考核相结合的方式，对学生音、体、美等学科素养，进行口试、笔试和操作相结合考核，对学生素养进行综合评定。完善《建湖县实验小学教育集团"校长杯"优秀少年评选方案》，将形成性评价、学科素质评价和展示性评价有机结合。

三是力行实践体验。举办"我让妈妈露笑脸""红歌班班唱""品味端午，传承文明""童心系明月，巧手绘中秋"等主题传统文化教育实践活动，增进学生对传统文化、历史文化的了解。深入开展"生命践旅"实践活动，定期走进社区开展志愿者服务活动，组织"情系九龙""韩国风情""科技航模""信息未来"等十多个夏令营活动。学生自愿报名组团赴外地学校学习、旅游。系列活动，拓展了孩子的视野，锻炼了他们生活自理能力和与人和谐相处、友好交往的能力。

三、注重内化，历练教师群体，追求卓越"无限"

一是铸造崇高师德。开展以"做一个纯洁高尚的人民教师"为主题的教育活动，深入学习"职业道德规范"和"师德禁令"，签订《师德承诺书》，观看模范教师先进事迹报告录像，举行师德演讲等，强化"爱与责任"教育，引领广大教师拥有师者的尊严、学人的风范和童心的纯真。正视热点问题，开展面向社会的"拒绝家长馈赠，拒绝有偿家教，拒绝体罚和变相体罚"的公开承诺活动。对有违师德禁令造成不良影响的人员，在评选先进、职称晋升、表彰奖励时实行"一票否决"。

二是砥砺精湛师能。认真贯彻落实《盐城市中小学教师基本功训练与考核意见》，组织基本功培训与考核。采取"走出去"的方式，学校每年都要派出数百人次的教师外出学习，走进省内外一流专家、名师的课堂，感受、汲取他们高超的教学艺术；采取"请进来"的形式，让名师与我校教师"面对面"，通过观摩名师课堂、聆听名师讲座等形式，提高教师的理论和实践水平。充分运用"省教学新时空"、教师博客、教研组为单位的QQ群等教学研究新阵地，建设学习型、研究型教师群体。

三是打造优秀团队。开展优秀年级部、优秀教研组、优秀备课组评选。每年举办教工运动会、元旦迎新歌会、远足踏青等团队活动。优化绩效考核方案，向业绩倾斜，向正气倾斜，让"有作为就有地位"的意识深入人心，从而营造"精致创造公平，公平激发活力，情感赢得信赖，信赖激发热情"的和谐工作氛围。"一种承认约束的自由，一种无须他人提醒的自觉，一种设身处地为他人着想的良知"的团队文化日趋成熟。

四、创新机制，提升管理品位，追求高质"无为"

一是创新管理机制。面向集团确立共享教育理念、共享教育资源、共享教育过程和共享教育成果的"四共享"办学原则，实行集团内统一行政管理、统一教师管理、统一后勤管理、统一课程设置、统一教学活动、统一质量管理的"六统一"管理模式。同时实施集约化考核评价机制，建立了"杏坛杯"学年度双百绩效考核制度，设立了全面考核学校办学水平与业绩的"发展奖"和"质量奖"。"发展奖"包含学生素养发展奖、教师素养发展奖、特色文化发展奖；"质量奖"包含学科教学质量奖、常规管理质量奖、校本教研质量奖、后勤服务质量奖。

二是实施项目管理。每年初，集团与各校区负责人签订《办学目标责任书》《学校安全工作责任书》，实行重大事项、重大活动项目制。一事一项，锁定目标，关注过程，致力执行。各校区寻找切入点，瞄准发展点，设计好师资队伍、学生素质等优先发展的项目，制订三年发展规划和年度工作计划。以学校总体目标为发展平台，每月制订月工作计划，每周都有周工作安排，确保各项工作按时保质完成。年终，结合"杏坛杯"评选，对"责任书"落实情况进行全面考核，结果作为校区主要责任人考核、评先的重要依据。

三是提高执行能力。采用"线块结合"的方式，实行集团管理与校区管理相结合。集团副校长兼任各个校区的校长职务，在面上统筹一条，在块上兼管一片。加强对中层管理者的工作指导，通过"加担子""建台子""换位子""解扣子"等方式，培塑"目标引领，统一领导，敢于较真"的工作作风。

　　精致，源于细致，成于极致；精致，始于精心，成于精彩！实践中，我们深深体会到精致管理是一种有效管理，同时又是一门科学和艺术。建设良好的校风、教风、学风离不开精致管理。精致管理更需要我们以更高的要求，更强的责任心为学校持续发展精心谋划，为学生成长精细导航，为教师的成功精巧搭台。

涵养化育　自然天成
——推进学校品质管理的实践探索

近年来，我校始终秉承"追求卓越，争创一流"的实小精神，以"涵养化育，自然天成"为办学理念，以培养"有敬、有执、有容"的阳光教师与阳光学生为育人目标，开拓进取，大胆实践，推进全面品质管理，激活管理机制，拨动全校师生的"兴奋点"，努力实现学校管理科学化、规范化、人文化，促进学校、教师、学生的共同成长，使学校各方面工作呈现出一派生机勃勃的景象。

学校品质管理要求所有人员，从领导阶层到全体职工，共同持续参与学校品质发展、品质维持及品质改善，并以学校全体力量提升品质绩效。它是全员参与的管理，全面品质的管理，全部过程的管理。学校品质管理的核心是下移管理重心，提升管理绩效，增强管理执行力，使管理走向细节，逐步形成具有高位品质的文化力。

一、加强民主监督——"保驾护航"

广泛的民主是学校品质管理的前提。为切实保证学校行政决策的透明、公正，每年都召开教职工代表大会，广泛征求大家对学校管理的意见和建议，讨论学校教育教学改革的重大事项，审议通过各项规章制度等。这样不仅赋予教职工对学校管理的知情权，维护了他们的合法权益，同时极大地激发了全体教师参与管理的意识和积极性，管理的力度得以提升。同时，学校长期坚持利用家长会、家长学校加强学校与家庭的联系和沟通，成立"家长委员会"，定期请家长委员会成员来校评议、指导学校工作，使学校工作始终在社会各界积极参与的良好氛围中运行。

二、实行年级部管理——"重心下移"

随着我校办学规模不断扩大，各部门直接面对的工作十分繁杂，其后果导致工作落实不力、政令渠道流通不畅等弊端。根据品质管理"全面参与，全程掌控"的原则，我们大胆改革，以品质管理为依托，建立了"校领导班子—部门—年级部—教师—学生"的管理模式，实行年级部管理。平时各项工作的布置检查、评比，以年级部为单位，部主任传递学校的具体工作要求，布置工作任务，每周下来以书面的形式总结本年级部师生各方面的成绩，同时进行反思，提出不足之处，拿出改进措施，并向校领导汇报教师、学生及工作中需要加以解决的问题，让校方更好地解决。

实施年级部管理，管理重心下移，管理层次细化，学校各项工作更加系统严密，运转正常而快速，学校各项工作呈现出蒸蒸日上的好势头，为提升学校办学品质提供了有力的保证。

三、进行月工作明示——"推诚布公"

管理学有句术语："没有总结就没有提高，没有反思就没有进步。"以前我们的总结工作往往要一学期或半学期下来才做一次，时间长了，好多有益的做法就会被遗忘，出现的问题也得不到及时的指出和纠正。根据品质管理中"事先预防、永续改进"的原则和管理学中"火焰"论的即时性原则，奖励应在教师做出成绩时及时给予，处罚也必须在错误行为发生后立即纠正，绝不能拖泥带水。这样才能达到及时添加动力，促进良性发展的目的。为此，我校实行了"月工作明示制度"。

每月下来由办公室牵头，各年级部、教导处、教科室、总务处等部门形成书面总结，对一个月中德育建设、教学工作、教科研工作、总务后勤工作中取得的成绩进行及时表扬奖励，存在的问题进行剖析、指正，并对下阶段的工作提出具体要求。会后再汇总反馈的信息，做成学校工作简报，打印下发张贴于各办公室内，成为教师教学行为的一面镜子，让教师从中看到自己的成绩和不足，不断地修正自己的教学行为，促进教师的工作一步一趋，步步夯实。

月工作明示制度的实施克服了以前管理模式中出现的疏漏与拖拉的毛病，保证学校各项工作一直在健康、持续的轨道上稳步向前，同时为学校品质管理的内涵增添了浓重的一笔。

四、锤炼师德师能——"固本培元"

品质管理注重品质团队的建设。学校品质管理必须着眼于教师的发展，把教师的发展作为管理的第一要义。打造高品质的教师团队，既是学校发展的需要，也是教育改革的需要。近年来，我们提出并积极实践"涵化"教育，以"有敬、有执、有容"为教师人生内在境界的追求，努力构建学习型组织，保持教师的生命活力，促进教师的专业成长。

一是用高尚的师行引领。师德是教师的第一智慧。首先，根据教育改革和发展的要求，结合教师的实际，我们制订了教师发展规划。规划中，我们将教师发展分为三个阶段目标，即：普通岗位型、责任职业型、敬业事业型，并对每个层次的目标进行细化。在校奖惩条例中，"教师发展"一项占有极重要的位置。根据教师每学期的发展情况进行考评，作为奖惩、晋升、评优、提干的重要机制。其次，通过学习省内外的名师楷模、树立身边的典型、学校领导率先垂范等一系列措施，从而达到以榜样的力量感召人的目的。另外，以远大的目标激励广大教师。在教师专业化成长的过程中，我们在认真分析每位教师的知识结构、专业技能等基础上，合理科学地为每个教师设定了不同的成长目标。每位教师根据学校提供的"友情发展提示"，结合个人的愿望，自我拟订个人年度成长目标责任书，并与学校签订责任状。学校提供其个人自我发展的平台，教师不断历炼，完成自定计划。这样，帮教师指明了前进的方向，提供了动力，提高了教师发展的内需力。同时，学校为每位教师的专业成长配置了档案，一方面为教师的专业成长留下足迹，另一方面为解读教师的专业成长提供资料。

　　二是用深厚的文化熏陶。文化是教师成长的乳汁，学校发展教师就必须为教师创建各种"文化场"。首先，营造人文气息，给教师专业成长以空气。教师的专业发展不仅是他们从事职业的要求，也是他们自身追求职业尊严、实现人生价值的体现。我校尊重教师的需要，支持他们的追求，想方设法创造丰富的物质文化和精神文化，把学校建设成为学习的乐园、精神的家园。其次，打造书香校园，给教师专业成长以储备。阅使身修，读使心闲。每学期，除了规定教师阅读20本以上的教育刊物和2本教育专著外，还大力鼓励教师自我提升，通过读书拓宽知识面，改善自己的知识结构。定期开展读书汇报会、读书沙龙等活动，让他们在阅读中丰富思想，提升境界，成就事业。最后，夯实课题研究，给教师专业成长以底蕴。课题研究是引领教师向专业化方向发展的"实验田"。我校的课题研究一直注重全员化、群众化。为此，我们推行课题研究"1+1"的机制，即每个教师必须参与团体申报一项课题，再根据主课题，衍生出自己所任教学科的子课题。实施课题研究"1+1"，一方面鼓励教师耕作好自己的"责任田"，另一方面引导教师积极参与全校课题研究，从面上推动教育教学的整体改革。

　　三是用丰富的活动磨砺。教师成长的过程是一个知识更新、终身学习的过程。实践和创新是教师发展的基础和生命。我校在充分调动教师工作积极性的同时，加强培优、培训，努力为他们的发展创造机会。例如：构建教师发展共同体，实行协作交流，资源共享，实现互动共生；成立青年教师研习会，设立一个集学习、研讨、修身养性于一体的组织，学校定期聘请专家、名师对其成员进行指导、培训；开展"双师双轮"备课，在第一轮双师共同备课的基础上，根据实际和需要再进行个性化设计，实现二度开发教材，三维立体备课；专家引路，采用"走出去，请进来"的方式，让青年教师们与大师亲密接触，去感受、学习先进教育的理念、高超的教学艺术；"我的教育故事""论文宣讲""精品展示课""行知杯基本功大赛"等为教师的专业发展架设舞台、创建擂台。

　　管理是一项艰巨而复杂的系统工程，如何在新时期下寻求新的发展思路，在办学实践中实现新的跨越，在创新管理中进一步提升质量，这一直是我们孜孜以求、不断探索的课题。

涵化教育：教师专业成长之源

学校的核心竞争力在于拥有一支优秀的教师队伍，教师的专业成长离不开学校这块良田沃土，学校的发展与教师的成长相辅相成。近年来，江苏省建湖县实验小学积极实践"涵化教育"，以"有敬、有执、有容"为教师人生内在境界的追求，促进教师的专业化成长，取得了较为理想的效果，逐步打造出一支师德高尚、作风过硬、业务精湛的教师群体。

一、"涵化教育"的提出

建湖县实验小学是一所有近百年校史的老校，是江苏省首批实验小学之一，1998年再次通过省级实验小学验收，1999年成为江苏省模范学校，先后荣获十多次国家级表彰、三十多次省级奖励，成为盐阜大地上一朵灿烂的教育奇葩。

面对着一项项荣誉的纷沓而来，面对着经济社会的迅猛发展，面对着学校办学规模的不断扩大，部分教师或沉湎于往日的"成功"之中；或畏难于辛苦，停滞不前；或对自身职业心理飘摇，得过且过……凡此种种，教师个体之间的差异愈来愈明显，教师的文化素养、业务素质、责任意识同学校的发展形成一对矛盾体。如何利用学校发展促进教师成长，并借助教师成长推动学校发展，已成为学校发展的新一轮课题。

教师是学校的第一生产力，拥有一流的教师才能拥有一流的学校；拥有不断发展的现代化学校管理制度，才有利于教师的专业成长。科学的管理制度是促进教师专业成长的驱动力，是教师追求自身价值的动力源。面对日趋激烈的竞争环境，我们必须从教师的内在需求入手，从教师的精神世界着色，打造特色师资队伍，使学校不断焕发新的生命活力，实现学校的全面协调、可持续发展。

二、"涵化教育"的内容

"涵化教育"是我们对教育文化的一种追求，是对素质教育模式的探索，是学校教育的一种生长，是应对教育为构建和谐社会的一种需要。"涵化教育"以"有敬、有执、有容"为目标，它是大爱的教育、灵性的教育、无痕的教育。具体讲，"有敬"指敬畏自然，敬崇生命，敬重生活；"有执"指执求真理、执扬个性，执追理想；"有容"指悦容自我，宽容他人，善容社会。通过以人化人、以敬过敬、以执求执、以容增容，使教师和学生分别成为知识丰富、人格健全的"阳光教师"和"阳光少年"。

三、"涵化教育"的实施

1. 用高尚的师行引领

（1）**以健全的制度约束人。**一是完善目标导向机制。早在1996年，建湖县实验小学就制定了《建湖县实验小学师资培训远景计划》。在此基础上，我们根据教育改革和发展的实际不断进行修缮，形成了新的教师发展规划。在此规划中，我们将教师发展分为三个阶段目标：即普通岗位型、责任职业型、敬业事业型。并对每个层次的目标进行细化：走上工作岗位三年内，必须成为普通岗位型教师，能胜任教育教学工作；工作五年以上，必须成为责任职业型教师，拥有较强的工作责任感，在任教的一门学科内有研究专长；工作十年以上的教师，要努力成为敬业事业型教师，有自己的教育理想并朝着这个理想奋进。二是完善评价激励机制。学校修订《建湖县实验小学奖惩条例》，其中"教师发展"一项占有极重要的位置。此外，还根据教师每学期的发展情况进行考评，并注入教师业务档案，作为奖惩、晋升、评优、提干的重要机制。

（2）**以榜样的力量感召人。**一是学习省内外的名师楷模。如汶川地震中许多老师为了救孩子而献出宝贵的生命，我们组织全体教职工观看录像片段，大规模地宣读英雄教师的事迹；开展征文演讲比赛等活动，让英雄教师的事迹震撼每一位教师的心灵，净化每一位教师的心田。二是树立身边的先进典型。学校为特级教师金加锦、唐广泉建立特级教师工作室，定期组织教师向他们学习，和他们交流，探讨他们身上所体现的教育精神，学习他们的教学之法，传承他们的教育之道。创造一切机会对为学校发展做出贡献或教育教学成绩突出的教师给予物质或精神奖励。三是学校领导率先垂范。在全校教职工大会上，学校领导庄重承诺："向我看齐，从我做起！"引导全体教师自觉追求高尚的精神境界。

（3）**以远大的目标激励人。**目标是引领教师成长的"明灯"。在教师专业化成长的过程中，建湖县实验小学在认真分析每个教师的知识结构、专业技能等基础上，合理地为每个教师设定不同的成长目标。一是签订目标责任书。每位教师根据学校提供的"友情发展提示"，结合个人的愿望，自己拟定个人年度成长目标责任书，并与学校签订责任状。学校负责提供个人自我发展的平台，教师自己负责完成自定的计划。这样，通过"压担子"的方式，为教师指明了前进的方向，提供了精神动力，促使教师不断努力，不断进步。二是完善教师个人发展档案。学校为每位教师专业成长建立档案。一方面，为教师的专业成长留下印迹；一方面为解读教师的专业成长提供资料；同时，名优教师的成长历程还会激励青年教师沿着他们闪光的足迹前进。

2. 用深厚的文化熏陶

（1）营造人文气息，给教师以阳光。一所有品位的学校，应该弥漫着浓郁的人文气息：学校领导思想解放、理念开放，言行奔放且富有人情味；教师志趣高雅，仪表典雅，举止文雅且富有书卷气。中国台湾教育家林清江说："一所学校的领导者，他永远关切学校的物质文化，也永远关切学校的制度，更永远关切其组合分子的理念、价值和行为。在这三者之间永远要求平衡。"教师是一个具有生命活力的个体。教师的专业发展不仅是他们所从事职业的要求，也是他们自身追求职业尊严、延续教育生命、实现人生价值的体现。学校尊重教师的这种高尚需要，支持他们的追求，想方设法创造丰富的物质文化、人本的制度文化和精神文化，把学校建设成教师学习的乐园、精神的家园。浸润其中，教师不得不对自己的专业发展重新思考、定位，并由此改变自己的工作方式。

（2）打造书香校园，给教师以储备。作为教师学习发展的场所，学校积极在建设学习型组织上动脑筋、下功夫，让每一位教师懂得学习是工作，学习是生活，学习是一种责任；让每一间教室、办公室都成为学习室、研究室，弥漫着浓郁的学习、研究的氛围；让每一位教师成为教者、学者、思者。一是鼓励阅读。阅读是教师不断成长的阶梯。每学年，规定教师阅读20本以上的教育刊物，2本以上教育专著，鼓励教师通过读书拓宽知识面，丰富自己的知识结构层面。定期开展读书汇报会、读书沙龙等活动，让读书成为教师的"精神呼吸"。二是设置小讲堂。为了达到用文化提升教师内涵的目的，学校还为教师设置了小讲堂，让他们自由表达自己的思想与见解。如对音乐方面了解精深的教师，可在小讲堂里向全校师生讲解西洋乐、民乐或如何欣赏音乐等。对历史有研究的教师讲解历史；对某位教育家的教育思想有研究的教师，可向大家介绍其教育思想的博大精深。总之，在这里有文学、绘画、教艺……无所不容、无所不包，充满着浓浓的文化气息。三是出刊《行知诗篇》。这里是教师流淌心声、交流思想的方寸天地，为了能在《行知诗篇》上刊登文稿，老师们精心撰稿，虚心请教，有不少教师以此为起点，在全国各级各类刊物上发表了不少文章，尝到了笔耕的喜悦。

（3）务实课题研究，给教师以底蕴。课题研究是引领教师向专业化方向发展的"实验田"，教师通过这个载体来实现自我的提高。一是推行精品课题招标制。学校将需要

"招标"的精品课题公示，任何一个小团体都可以拿出自己的实施方案参与竞争。一旦赢得实验课题，学校便给予课题实验经费，同时还聘请专家、名师担任课题实验指导，并进行课题实验跟踪督查，确保课题实验走进课堂，走进教师、学生的生活。二是实行课题研究全员制。课题研究注重全员化、群众化。为此，学校推行课题研究"1+1"机制，即每个教师必须参与团体申报一项课题，根据主课题，衍生出自己所任教学科的"应用型"课题。实施课题研究"1+1"，一方面引导教师积极参与全校课题研究的"大会团"作战，从面上推动课堂教学的整体改革；另一方面鼓励教师耕作好自己的"责任田"，实现全员互动。

3. 用丰富的活动磨砺

（1）为教师专业发展架设平台。"谁赢了今天的教师，谁就赢得了明天的学校教育"。因此，学校在充分调动教师工作积极性的同时，还要加强培优、培训，努力为他们的发展创造机会。一是构建教师发展共同体。组建由名教师、学科中心组成员、教学能手、骨干教师、一般教师共同参与的复合型共同体，充分利用教师资源的差异，实行协作交流、资源共享，体现互动共生，从而实现教师由点到面的发展。二是成立青年教师研习会。这是针对学校青年教师较多、专业能力还不够强的特点，为让他们的迅速成长而设立的一个集学习、研讨、修身养性于一体的组织。学校定期聘请专家、名师对他们进行培训。三是实行双师双轮备课。即由两人共同研究教材，研究课堂教学中要实践的教学理念、学习原理以及课堂教学结构，由一人执笔完成教案的共性部分，个性设计由其他教师根据班级学生的特点、个人教学的独特方式自行设计，然后在集体备课中"互通信息"，提高大家对教案设计的理性认识。四是专家引路。除了利用校级名师、骨干教师引导青年教师自主成长、互动成长外，学校还采用"走出去、请进来"的方式，让青年教师与校外名师亲密接触，感受他们先进的教学理念、良好的人文素养、高超的教学艺术，使其思想得到净化，理论得到提升，视野得到开阔。

（2）为教师的专业发展打造舞台。为了让教师成长为新课程的优秀执行者和自主开发者，建湖县实验小学为教师提供了展示才华的舞台，让他们感受到成长的快乐、人生的价值与职业的幸福。一是在"我的教育故事"中感受到初为人师的幸福。由于青年教师工作时间不长，专业知识还不算丰富，学校要求他们将平时在工作中发生的教育案例记录下来，并进行这方面内容的"讲故事"竞赛，意在让他们在这些鲜活的教育故事中开启教师成长的大门。二是在"论文宣讲会"中感受事业的博大精深。这项活动的流程是：论文宣讲—自我剖析—教师沙龙—自我反思。大家侃侃而谈，或赞同，或表示异议，在辩论中加深了对新课程的领会，实现了理论的沟通、心灵的沟通、思想的沟通。三是在"精品展示课"中感受到探航的喜悦。每周四的上午，由市学科带头人、教学能手上一节示范课，供大家学习、研讨。这种形式既满足了骨干教师展示才华的心理，又促使广大教师以积极的心态不断提高自己。

（3）**为教师的专业发展搭建擂台**。搭台比武，以比促学，以比促教，以比促改，这是建湖县实验小学保持多年的优良传统，不少青年教师通过不断地磨炼脱颖而出。一是进行年级组会课。以年级组为单位，大家齐心合力打磨出一堂好课，参加校级会课活动。这不仅仅是一堂课，也是教学思想的碰撞、教学技艺的博览、教学智慧的汇聚，更是涵化教育的一个闪光点。二是开展基本功大赛。凡年龄在45周岁以下的教师都要参加，比赛的内容除了"三字一话"外，还有教育理论测试、课件制作、教案设计、作业设计等，老师们在"赛"前积极准备，实现了以比赛促发展的目的。

实施"涵化教育"以来，建湖县实验小学的教师，尤其是青年教师精神面貌发生了深刻的变化。他们以校为家，处处以主人翁的姿态参与学校管理，形成了有爱心、肯负责、善合作、会学习、有作为的新教师群体形象，团队精神得到淋漓尽致的发挥，"有敬、有执、有容"成为每一位教师的内在追求。

教育需要激情，需要全身心的投入和无私的奉献；教育需要诗意，需要洋溢着浪漫主义的情怀；教育需要机智，需要把握每一个转瞬即逝的机遇；教育需要活力，需要以年轻的心跳昂奋地工作；教育需要恒心，需要毫不懈怠地追求和探索。"涵化教育"让建湖县实验小学的教师在新课改的大潮中擦出了思维的火花。今后，我们将一如既往、踏踏实实地做下去，研究下去，探索出一条让教师最大限度发展的道路，真正让学校发展教师，让教师发展学校。

名师，名校生长和超越的强力推手

教育家梅贻琦说，大学、非大楼之谓也，乃大师之谓也。名师和名师团队自然是名校生长和超越的决定因素。胡锦涛指出："教师是人类文明的传承者，推动教育事业又好又快发展，培养高素质人才，教师是关键。没有高水平的教师队伍，就没有高质量的教育。"由此看来，在名校完成了第一轮定位之后，要想不断超越、青春永驻，必须拥有鲜明的办学特色、先进的办学理念，更要造就拥有教育家胸襟、学识和思想的名师及名师团队。

一、文化引领，修炼内功，为名师的成长造浓学识氛围

1. 用制度文化与校本文化引领教师修身养性

首先，学校首先要用《中小学教师职业道德规范》去规范教师的言行举止、处世为人，用典型的师表、成熟的经验、丰满的个案引领教师坚守为师之道，倡导"学高为师，行为世范"的高尚精神，保证每一位教师拥有师者的尊严，学人的风范，童心的纯真。其次，名校要利用形成过程中积淀的丰富的校本文化，引领教师的修身、养性、从教治校，努力使每一位教师都打上校本印记，具有名校教师的风采。

2. 用优秀的精神文化充实教师的行囊

温家宝在"世界读书日"活动中曾说："一个不读书的人，一个不读书的民族，是没有希望的。"教师一要读教育名著。教育名著记录了教育家们积极进行教育实践，科学论证的教育方法，执着探索教育规律，不断创新教育理论的轨迹，是教师专业发展的宝藏。教师通过阅读，学习教育名著，从中可以获取真知灼见，提升文化境界，增强教育使命感。作为品牌学校，教育名著要一应俱全，对于脍炙人口的教育名著尽量要人手一册。定期组织读书交流汇报，让名著的思想照亮教师的教学与实践。二要读其他书籍。教师不但应成为熟悉教育教学业务的专家，同时应是博览群书的杂家。教师的一桶水、一泓水应来自不断地阅读与学习，腹有诗书气自华，读书应成为教师的生活习惯。

3. 用多彩的活动夯实教师的内功

教师除了要向书本学习之外，更多地应向同行学习，向名家学习。学校要经常组织特级教师、学科带头人、名师上示范课、观摩课，并组织交流。同时要组织扎实有效的校本培训，通过基本功比赛、课堂教学比武、青蓝工程推进教师专业成长。校外要尽量伸长触角，关注有价值的教研活动，尽可能大面积、大批次组织教师赴外观摩，让广大教师特别是有潜质的教师亲临名家、名师的课堂，领略名师的风采，猜度名师的教法，聆听大师的感悟和心声，拓宽他们的视野，激发他们的斗志，为更多的名家名师的成长奠定基础。

二、机制引领，适时激励，为名师的生成提供制度支撑

1. 完善选择和培养机制

从一名普通教师成长为一位知名教师，既要靠主观努力，更要有外界的推力。首先是促进新教师向合格教师转变。对新进教师，要求过五关，即学历关（本科或本科以上学历）、基本功关（普通话、粉笔字等）、现代教育技术关（电脑运用、多媒体操作、课件制作等）、教学"六认真"关、师徒结对关。其次是促进合格教师向骨干教师转变。为了让更多的教师迅速成长为品牌教师，学校采取双向选择的办法，即个人申报和学校认定。设立学校骨干教师、县区骨干教师、省市骨干教师梯队模式，拟定个人发展规划，确定成长发展周期。把市县学科带头人、教学能手、课改标兵、优质课获奖者定为"首席教师"，要求首席教师每年成功辅导1—2名教师成为"名师"。被带出的"名师"继续帮扶，形成循环帮扶机制，充分发挥名师的引领辐射功能，带动教师素质的全面提高。

2. 完善管理考核机制

学校实施名师培养滚动机制，每年确定20位教师作为名师培养对象。对这些培养对象实行分级管理：校长室、教导处、教科室、教研组、备课组共同管理、动态管理。每年在学年末，进行分层考核，考核合格的给予相应的奖励，考核不合格的根据自己申报目标予以降级，同时增加相应名额的优秀教师作为新一年名师培养对象。实施滚动机制，打破了名师荣誉终身化，让培养对象自加压力，负重奋进，不断提高自身素质，努力发挥教育教学业务骨干作用。

3. 完善激励机制

一方面在物质上，学校每年投入数万元，作为各级名师奖励。学校名师享受副校

级的岗位津贴和福利待遇，每年补贴一定额度的科研专项经费，连续三年成为校名师的教师可以享受正校级的岗位津贴和福利待遇。另一方面，各级名师在评优评先、职称评定、实验研究、学习考察等方面给予优先考虑。对于在某一方面对学校有突出贡献的教师设立破格机制，鼓励教师突破性发展，切实提高广大教师参与名师工程的积极性。

三、名师引领，拓宽舞台，为名师的超越推波助澜

名师是学生的导师，是教师的榜样，是学校的品牌。我们要充分发挥名师的作用，让他们引领教师专业成长，弘扬学校品牌，让更多的教师向往名师，学习名师，最终成为名师。

1. 成立名师工作室

我校现有特级教师工作室、名师工作室5个，由工作室主持人先在全校范围内三轮考察，选取培养对象，之后签订合作协议。每周进行听课、评课，每月进行反思、总结，每学期对当前教育教学的前沿问题展开深入研究，对学校教育教学现状进行认真分析，对学校的学科教学改革提出切实可行的方案。

2. 探讨、总结名师教学风格

教育是丰富多彩的，而教育的丰富多彩是建立在教师独特的教学风格之上。为了彰显名师的教学风格，我们把公开教学、开放活动与名师个人教学风格展示相融合，让名师和名师团队成员共同展示。展示之后进行交流、探讨，完善其风格，弘扬其风格，推进名师向新的层次迈进。

3. 让名师走出校门

名师如果藏在深山人未识，那么就失去了其存在的广义价值。于永正、孙双金、薛法根、黄爱华、华应龙，这些享誉大江南北的名字，正是通过一次次的对外展示为大家所熟识。名校的名师，其人属于学校，思想属于大家。近几年，我校共有二十多位名师，数十人次赴省内外授课、作讲座，在成就他们个人的同时，也宣传了学校。

4. 总结名师教学成果

名师案例，名师的反思，名师的经验对于广大教师有着极强的指导意义和引领作用。为了让他们的智慧和思想推而广之，我校每年都要汇集名师的经典之作，成册出刊，下发给全体教师去学习、揣摩；赠送给来校观摩的同行，让名师的教育思想与风格张扬凸显。

"名师"的培养，为创建"名校"提供了强大的人才支撑。正是有了高素质的教师，才有了学校的跨越式发展。同时，"名校"的创建，也为"名师"提供了茁壮成长的沃土和施展才华的舞台。名校造就名师，名师支撑名校，两者相辅相成。我们将沿着培养名师、铸就名校、追求卓越、勇创一流的道路不断向前，为家乡教育的发展，为中华民族的复兴努力。

"涵化教育"成就学生未来

涵化教育是以"涵养化育，自然天成"为育人理念，把涵化教育作为推进素质教育的模式，以"有敬、有执、有容"为育人目标，夯实基础，放眼未来，为学生创造生动活泼、自由丰富的发展空间，实现儿童素质全面和谐的发展，为孩子一生的幸福打上亮丽的精神底色。

一、用涵化教育培养孩子的品德之魂

品德是学生素质的灵魂，我们坚持育人为先，育人以德，倡导大爱无言、教育无痕，让孩子的情感、心灵、人格，在潜移默化中受到感染、感动和感化。

1. 用高位的文化熏陶

在继承学校优秀德育工作方法传统的同时，为学生的健康成长设立高位的文化氛围。为了给孩子一生的成长奠定厚实的文化底蕴，我校努力打造书香校园，开设了经典阅读，用传统的文化引领学生，用高位的文化提升学生。每天的晨读辟出15分钟，在老师的引导下，孩子们潜心诵读《三字经》《千字文》《大学·中庸》等古代经典之作，定期举办"校园读书节""阅读暑假天"等阅读推进活动。先哲的风范、圣贤的智慧，熏陶着我们禀性淳良的孩子，也感染了我们善良的家长们。校园里，到处都充盈着丰厚的文化韵味：教室前的"德育墙"，学生创作的经典童话想象画、名人名言、电脑绘画等，引领着学生健康的人生；立体式绿化、"太阳羽"雕塑，激发了学生的童心、童趣，给学生以智慧的启迪；科普长廊里的航模、车模、宇宙奥秘等激发了学生的科学兴趣和创新精神……

2. 用真实的生活锤炼

深入进行民族精神代代传活动，借助"西塘少儿电视台""红领巾广播站"、升旗仪式、班会晨会等阵地进行德育渗透，通过听讲座、作演讲、看影片等活动对学生进行爱国主义教育，提高学生的认识。大力开展"我是漂亮实小娃"主题教育活动，从"管住自己的口——不随地吐痰""不说脏话管住自己的手——不攀枝折叶，不乱抛杂物""管住自己的脚——走好路，上好厕所"等抓起，低起点，高标准，严要求，日日检查，周周公布，月月总结，培养学生健康的人格、优良的个性，逐步使学生成为生动活泼而又不失规范的优秀学生。"童心放歌""情牵九龙""淮剧唱童谣""小足球运动"等丰富多彩的体验活动为孩子们单纯的童年生活多打开了几扇生活的窗。

3. 用科学的方法推进。

联系实际认真研究新时期学生思想道德状况，大力推行学生德育个案研究，形成切实有效的德育工作措施，加强德育课程的开发和建设，构建生活涵化、情感涵化、榜样涵化的德育工作范式。

二、用涵化教育点燃孩子智慧之光

素质教育的主渠道是课堂教学，课堂教学的质量直接影响着素质教育的质量。因此，我们以课堂"教与学"的改革为立足点，以改革教师的教学方式与学生的学习方式为切入点，以促进学生发展和教师发展为生长点，不断优化课堂教学，点燃学生的智慧之光。

1. 进一步优化涵化教育课堂范式

我们在构建"情境引入—感知体验—对话探究—建构生成"的课堂教学模式的同时，深入挖掘文本资源，加大课堂文化的含量，提高课堂文化的厚度，用文化浸濡课堂，依课堂涵化学生，在课堂教学理念、形式、师生关系方面落实"涵养化育，自然天成"的思想。涵化教育的课堂上弥漫着宽容、平等，师生关系和谐、融洽、平等；涵化教育的课堂不仅是知识传授的过程，更是师生"对话"的过程，学生对人生体验的过程；涵化教育的课堂蕴含着浓烈的生命意识，把童趣、童心、童真作为起始点和落脚点，关注独特的生命个体；涵化教育的课堂重视孩子创造精神和创新能力的培养与生成……同时我们进一步深入开展"双师双轮"备课，要求教师在备课时把自己当学生，评课时把自己当专家，实现二度开发教材，三维立体备课，努力提高涵化课堂效益，向40分钟要质量，让课堂教学成为素质教育的丰收地。

2. 让"涵化"成为教师成长的动力源泉

课堂的涵化、素质教育的实施，最终离不开中流砥柱——教师。我们努力从教师的内在需求入手，从精神世界着手，以"敬、执、容"作为教师人生境界的追求，倡导大爱无言，教育无痕，促进教师的专业成长。首先为创建学习型组织架设平台。进行"师徒结对"，将骨干教师与非骨干教师结合成一个"共同发展体"，互帮互助，共同提高。实施"名家引路"，采取"走出去"的方式，让一批骨干教师走进省内外一流专家名师的课堂，感受、汲取他们高超的教学艺术；同时采取"请进来"的形式，让名师与我校教师"面对面"，使广大教师产生自主成长的内驱力。学校成立青年教师研习会，为青年教师制订三年成长计划，定期举行教科研活动。其次，为创建学习型组织提供论坛。我们通过建立多层面的"教研论坛"，把大批教师紧紧汇聚在课改这一中心周围，倡导与同仁"对话"、与名师"对话"、与大师"对话"等"对话式"研讨方式，唤醒广大教师成长的心理需求，促进广大教师专业水平的不断提升。校本教研观摩活动、备课组内的研讨课、高级教师的示范课、青年教师的竞赛课、新进教师的入门课、徒弟出师的汇报课等等如百花齐放，有效地实现了涵化教学思想的融会贯通。

3. 用"涵化"凝聚教育的新力源

每年举行"亲子"阅读活动。"阅读暑假天"成为家庭亲情升温的催化剂，"百佳书房"评选、"亲子故事会""亲子美文诵读"等优化了家庭阅读环境、实现了家校阅读的互补。为了加强学生与长辈的情感沟通，组织"三八母子通信"活动。孩子在这特殊的节日里向母亲吐露了心声。通信中，孩子体会到了母亲工作的艰辛、母爱的慈祥与博大；母亲在孩子的真情叙说中感受到了童心的呼唤、童言的纯真和童爱的炙热。在以"飞翔的风筝·飞翔的梦"为主题的"亲子放飞"活动中，众多的家庭团团圆圆，将象征亲情挚爱的风筝放飞高空。风筝飞翔，童心飞翔，亲情飞翔……

三、用涵化教育放飞孩子的心灵

我校在探索素质教育有效实施形式的过程中，把"为学生的幸福一生奠基"作为学校工作的核心，把促进人的全面发展，关注生命各方面品质的协调发展，培育完满的生命作为根本，从关爱学生生命出发，在生活的体验中，在无痕的教育中逐步"天成"。

1. "生活作文"给学生生活带来一片艳阳天

多年来，我校的"生活作文教育"注重指导学生观察，留住生活，乐于表达，描绘生活，形成良好的习作情感，流畅的习作思维；广掘生活之源，自由表达，创设宽松的习作氛围，使每一个学生能大胆表现，形成个性，富有创造力。"生活作文"注重引领学生走进生活——猎取、拥有丰富的素材；"生活作文"转变了教学观念，构建先"生活"，后"作文"的教学形式；"生活作文"倡导作文即生活实践；"生活作文"立足于学生现实生活的同时鼓励学生创造生活。该课题被评为江苏省教科研成果一等奖；《江苏教育》"独家策划"栏目对该课题研究进行了长达万字的报道。

2. "生命践旅"，演绎童年生活的精彩

为了培养"有敬、有执、有容"的阳光少年，让学生学会求知、学会做人、学生生活、学会创造，我校每年11月份都组织一个年级部的全体师生前往冈西、冈东等偏远乡镇生活一周，进行生命体验活动。学生第一次离开温暖的家，自带生活用品，睡乡村小学简陋的木板床，每天按时起居、上课、活动，自褶被褥，自洗衣袜，自扫居室，自洗餐具……看露天电影，与乡村小学生同台献艺，挖山芋，做野炊，摘棉花，进行农民生活状况调查……一周的生命践旅为孩子们的童年注入了酸甜苦辣、喜笑忧乐；一周的生命践旅让孩子们意识到环境保护刻不容缓，体验到农民生活的不易；一周的生命践旅让孩子们发生了可喜的变化，他们少了一份随意，多了一份责任，少了一份浮躁，多了一份思考；一周的生命践旅让孩子们学会了理解、尊重、宽容和感恩。省教育厅《基础教育课程改革通讯》对此做了专题报道。

3. 公民教育实践，为孩子创造学习与锻炼的平台。

省教研室与美国公民教育中心签署了"公民教育实践活动合作协议"，我校被省教育厅确定为中美合作项目"公民教育实践活动"实验学校。我校四年级开展的《烟花爆竹燃放与安全》的课题，成为全市小学组唯一获得参加省中小学公民教育实践活动听证会的课题。省卫视频道进行了专题报道。为调查烟花爆竹的质量与安全问题，孩子们搜集资料，调查访问，相互讨论，探究、交流、合作的能力得到了锻炼，获得了许多情感体验，从而进一步增强了公民意识和社会责任感。孩子们的心愿与智慧在活动中得到了升华，正如孩子自己所言："公民教育实践活动是一项极有意义的充满魅力的活动，我们从中感受到了许多自由和民主的气息，我们也真正成了学习的主人，我们在体验中品尝到了成功的快乐！"

4. 科技教育，为梦想插上翅膀。

围绕科学观念、科学精神、科学方法和科学实施能力等素质目标，我们有计划、有重点、有特色地开展科技教育实践活动，利用科技节、科普长廊、科普兴趣小组等活动，为学生搭建展示科技才能的舞台。学校每两年举办一次科技节，每次突出一个主题。科技节上，听院士报告，逛科技超市，放亲情风筝，看航模表演，为学生探索科学、发现奥秘、展示自我提供了广阔空间。同时学校在活动空间紧张的情况下，辟出专地建立植物园，为学生的学习、生活开拓一片乐园。全校学生在浓烈的科技氛围与常态的科技活动中把爱科学、学科学和用科学结合起来，提升了自身的科技素质。日积月累，孩子们在接触科学的过程中，擦出了一朵朵耀眼的火花：省计算机奥林匹克联赛连续五年获团体一等奖，省金钥匙科技竞赛获金奖，省科技航模比赛连续十年勇夺团体冠军……学校也先后被评为省、市"科技教育特色学校""省青少年科技教育协会团体会员""全国少年宇航技师江苏省活动基地"……

实践让我们体会到，以涵化教育为模式的素质教育，有效地促进了孩子素质全面和谐的发展。我们的孩子有爱心、有学力，有特长，有品位，充满了阳光。学校也先后被评为江苏省教科研先进集体、江苏省德育工作先进学校、江苏省文明单位、江苏省模范学校、全国体育传统项目学校先进集体、全国学校艺术教育工作先进集体、全国绿色学校……作为学校工作的管理者，我们将进一步增强育人的使命感和责任感，进一步建设好涵化教育课程，让涵化教育成就更多孩子一生的幸福。

挚情涵养心自然，才德化人语天成

建湖，江苏里下河地区一个美丽而神奇的水城。这里，留下了宋代名相陆秀夫青少年时代的身影，承载过新中国著名外交家乔冠华童年的岁月；这里，哺育了饮誉大江南北的淮剧，诞生了蜚声五洲四海的杂技……而今，这块得天独厚的水土和拂面劲吹的改革创新东风，不仅孕育和发展着建湖的现代文明，也催生和绽放了特色鲜明的建湖县实验小学这朵烂漫艳丽的花朵。

始建于1914年的建湖县实验小学，是江苏省首批实验小学。近年来，学校汲取道家"无为而治，无痕而治"的教育精华，融合卢梭自然主义和陶行知生活教育的思想，着眼于学生主体发展的需要，提出了"涵化教育"校本办学理念，确立了"大大方方说好话""恭恭敬敬写好字""开开心心读好书""真真切切作好文""端端正正做好人"的改革目标，取得了令人瞩目的教育教学业绩。尤其是学校的语文教学，在"涵养化育，自然天成"育人语境下，学生的语文素养得到了全面的提升，语文课程特色日益明显。语文，已成为建湖实小的品牌课程。

一、涵化语文——好方法决定一切

建湖实小的涵化教育是以"涵养化育，自然天成"为核心育人理念的一种校本探索，它以遵循儿童自然发展规律、尊重儿童的自主发展需要为特征，通过主体的合理交往对话，引导儿童自主体验、主动建构，实现儿童素质的全面适切的发展。这几年来，学校以"涵化教育"的理念为指引，提出了"实践引领学习""自主选择资源""对话提升品质""素质突出个性"的语文改革基本思路和"大大方方说好话""恭恭敬敬写好字""开开心心读好书""真真切切作好文""端端正正做好人"的实施项目，取得了显著的教学业绩，吸引了众多学校的教师前来听课。

那么，究竟是一种什么样的课堂能使参观者用上"震撼""惊讶"这样的词，以至"好评如潮"？究竟是一种怎样的教学能让师生在感悟和对话中获得精神的交流和共享？究竟是一种什么样的方法被家长和学生称道，令人发出"方法决定一切"的感慨？走进建湖实小，一切问题便迎刃而解。

这堂课讲的是《槐乡五月》：

师：上节课我们知道了一个好消息，还记得吗？把这个好消息轻轻地告诉我——（点击课件，出示槐花盛开的画面）

（生：五月，洋槐开花了。）

师：把这个好消息告诉后面听课的老师——

（生：五月，洋槐开花了。）

师：再把这个好消息告诉远方的客人——

（生：五月，洋槐开花了。）

师：五月的槐乡，景美花香，如诗如画！这节课，让我们再次走进——

（师手指板书，生齐读课题——《槐乡五月》）

师：上节课我们学习了课文第一自然段，知道了——（出示课件）

（生：五月，是槐花飘香的季节。）

师：你能用上第一自然段中的有关句子把这句话补充完整吗？

师评价：1. 繁花似雪，槐花真多啊！ 2. 槐花的香味把小精灵也吸引来了！ 3. 槐林里跳动着孩子们的身影！花美人欢！ 4. 千姿百态，美不胜收！

过渡：是啊，整个槐乡都浸在香海中了！想置身香海，和槐乡孩子成为朋友吗？那就轻声地读一读课文的二、三自然段，看看这些新朋友给你留下了怎样的初步印象。

（生读文，师巡视，随机评价）

师：读书真认真！槐乡孩子给你留下了怎样的初步印象呢？谁先来说？

（生：热情好客、俊俏、大大咧咧）（师板书：热情好客、俊俏、大大咧咧）

师：真会读书，一下子就发现了新朋友这么多特点——（师指板书，生读）想更深入了解这些新朋友吗？就请同学们默读第二自然段，到文中捕捉写他们热情好客的镜头，用笔画下来仔细读一读。

（生：投入地读；师巡视评价）

师：感受到槐乡孩子的热情好客了吗？

（生：感受到了！）

师：假如此时此刻，你就是鼎鼎有名的大导演，你会抓住哪些镜头来表现槐乡朋友的热情好客呢？

……

师：小朋友们，愉快的槐乡之旅就要结束了，马上就要和槐乡的朋友们说再见了。（点击课件）回望这白生生、白茫茫的槐花；回味那香喷喷、甜丝丝的美味；回想着傻乎乎的醉意、喜盈盈的满足……此刻，在你的心中，五月的槐乡又像什么呢？你能用上比喻句来赞美它吗？先在纸上写一写。

师：都写好了吗？谁先来说？（生：交流）

师：（师送槐花）1.一首美丽的诗！ 2.人在槐乡走，如在画中游！ 3.上有天堂，下有槐乡！

师：槐乡仅仅美在五月吗？请听（点击课件录音）这就是作者尹黎所写的《槐乡三月》中的片段，他还写了《槐乡八月》（点击课件），课后同学们去美美地欣赏，读后你一定会更喜欢美丽的槐乡，更喜欢槐乡的朋友们！

本节课以槐乡孩子的"热情好客、勤劳能干"为立足点，从美入手，以读解文，以情带感，读中感悟，内化文本语言。本着"涵养化育、自然天成"的教学理念，在教学中，教师以槐乡的"花香、景美、人更美"为立足点，从美入手，以读解文，读中感悟，内化文本语言。在挖掘文本美的过程中，让学生体会五月槐乡的美，从而放飞孩子的童心，熏陶孩子的价值观。在对话中，儿童的品质得到提升，他们感受到自主阅读的快乐，课堂真正成为引领学生成长的乐园。在阅读中，学生利用学会的阅读方法去自主阅读，拓展了学习的资源，实现了主题教学的效能。此外，教师还充分突出评价的导向性和激励性，实现评价方法的多样化，让评价真正成为有效的课堂教学的催化剂和推动力。

二、和谐"四环节"——构建最具活力的语文课堂

建湖实小的语文课，用独特的教学形式为我们搭建了一个全新的课堂平台，把学校的课堂改革推向了一个新的起点。对此，建湖实小苟以勇老师说："'涵养化育，自然天成'语境下的阅读教学模式，植根于人类共同的文化及学生实践生活的滋养，注重儿童情感、心灵、人格的建构。通过涵化课堂文化的建设和课堂教学实践研究，培育儿童的精神文化，让课堂不仅成为知识传授的过程，更要成为师生对话的过程，在感悟和对话中获得精神的交流和共享。"学校的涵化语文课堂大致包含以下四个环节：

情景导入。这是涵化课堂的起点和基点，是营造涵化课堂文化，吸引孩子进入涵化情境，激发好奇、生疑、探究的冲动。情景有原生活情景、移用情景、自创情景等，而原生活情景却是涵化课堂取之不尽用之不竭的源泉。情景的创设以及筛选要求具有诱惑力、穿透力、可再生的张力，使涵化课堂在起始的第一时间吸引孩子的视听、注意力，从而进入涵化境界。

感知体验。这是情景引入的自然走向，走进文本、感知文本、体验文本，走进生活、体验生活，在感知体验中得以涵养化育。此时此境的感知体验是学生为主体的语文学习

实践，在体验中形成经验，发现问题，从而引发解惑的强烈需求。她是文本蕴含的涵化，是心灵的涵化，是生活实践的涵化。

对话探究。 课堂上的对话探究，是直接从感知体验中生发出来的。对话是师生、生生的交流过程，对话是探究的对话，探究是依托对话的探究。孩子从感知体验中得到的收获、乐趣、成功，需要在探究中沟通交流；对感知体验中产生的疑难、设想，需要在对话中互相质疑、碰撞、争论、辩白，甚至还要有争吵。这样的课堂不在乎求得所谓认知的统一，而在于孩子发表丰富多彩的不同意见的撞击，在撞击中闪现智慧的火花，产生奇思妙想。因此，对话探究的过程是最丰富的涵养化育的过程，这是涵化课堂最期盼诞生的美妙境界。

建构生成。 建构生成是情景导入、感知体验、对话探究的涵化全程的顺利入境的结果。建构生成什么，这是设计课堂模式时早已预设的涵化目标。建构生成的过程是拓展，是检验，又是新的生成。课堂上要创设新的涵化情境，让孩子已生成的知识、智力、智慧及身心面临新的挑战，让孩子跳起来采摘树上成熟的桃子。

"情景导入—感知体验—对话探究—建构生成"是互相衔接、密不可分的"涵养化育、自然天成"的阅读教学通用模式，它是孩子展示自我的舞台，是孩子健康成长的精神家园。

三、生活作文——为学生开辟广阔写作空间

基于涵化教育理念下的作文教学，旨在通过研究，实现作文教学目标、教学内容、教学过程、教学方法、教学评价等全方位涵化的新型作文教学模式，为学生提供一个学科与学科间相融合，学校与家庭、社会、自然界相融合以及与学生实际需求相融合的广大空间，充分尊重和相信每一位学生，让他们易于动笔，乐于写作，真真切切地表达自我，使我们的作文教学如春风化雨，自然天成，从而促进学生主动地习作，培养学生的作文能力，全面提高学生的语文素养。

建湖实小的生活作文不是空洞的口号，它有着一套全新的"运作模式"：

让学生走进生活——猎取，使学生拥有丰富的素材。 为了让学生能够融入生活、拥有更多的写作素材，学校教师抓住各种契机，让学生为自己的教室、为自己设计的板报等写解说词；引导学生编写"公益广告"；为学校植物的属性特征撰写"说明书"。学校充分地挖掘语文课堂上的交流对话题材，不拘形式，唤醒学生沉睡的表达需要，使学生做到"我手写我口""我口表我心"。当有学生对作者文中的描写产生怀疑、或对课文的中心有不同的观点、或对课文的表述持批判的态度时，学校教师就采取"筑渠引水"

的方式，引导他们搜集生活中的有力证据，以摆事实、讲道理的方式写下来，并且在班组开辟"论坛"，让他们自由"争鸣"。

现如今，当看到社会上人们环保意识差，在小河边倒垃圾，在电线杆、围墙上贴广告时，学生们就会纷纷行动起来，给环保局局长、城管局长写建议书，不少好的建议得到采纳；当有人践踏草坪、乱抛杂物、随地吐痰时，教师又倡导学生设计"广告语"。学生还用自己的日记与教师交流看法，学生用留言条向父母提意见。在这种作文教学精神的指引下，建湖实小的学生不仅写作能力得到极大的提高，他们参与社会交往的能力也得到增强。

让生活走进作文——体验，使学生放飞自由的心灵。在实践中，学校发现"临渊羡鱼，不如归而织网。"也就是要让学生获得丰富的写作素材，就必须教给学生扎扎实实观察生活的方法，因此他们把培养学生观察生活的能力作为"重头戏"。学校积极开展游览活动、采访活动、竞赛活动、科技活动等，让学生参与其中，拓宽"材路"，从而强化活动感悟。这些实践性强的活动不仅培养了学生的科学素养，使学生获得写作上的"源头活水"，更主要的是丰富了学生校内外生活，敞开了写作大门，拓宽了学生的写作思路。

作文走进创造——想象，使学生享受到成功的快乐。生理学家强调：创造，是激发人生命活力的最有效手段。心理学家指出：小学阶段是培养学生创造精神和创新意识的最佳时机。新课程不仅有知识和技能标准，还增加了体验性目标，目的就是让学生更好地感受、认同、内化生活，从而走向创造。因此建湖实小在"生活作文"的教改实践中，精心设计体验性情境，让学生既源于生活又超出生活，既联系生活又审视生活，既培养了作文能力，又深入体验到创造的快乐，从而使学生在作文中展示个性飞扬的生命活力。在学校的"生活作文"训练中，"联想作文"显示出勃勃的生机。《江苏教育》"独家策划"栏目以《让作文充满生活的阳光》为题进行了上万字的专题报道。学校的"生活作文教育研究"课题产生了广泛的社会效益。

后记：

通过一堂堂语文课，我们看到建湖实小在用凝固的物态文化、丰厚的经典文化、鲜明的现代文化，涵养着每一个学生的生命。在涵化教育目标体系的构建中，实小在学科教学模式的改进、师生关系的重塑、校本课程的开放以及管理与评价方式的创新等方面进行了有益探索，对全面提升素质教育水平积累了不少成功经验，更为其他学校提供了有益的借鉴。我们相信：建湖实小的语文课堂能越来越精彩，学校的涵化教育能结出更多丰硕的果实！

"涵化教育"理念下
学生综合素养评价的思考与实践

《国家中长期教育发展规划纲要》关于改进教育教学评价明确指出：根据培养目标和人才理念，建立科学、多样的评价标准；做好学生成长记录，完善综合素质评价；探索促进学生发展的多种评价方式，激励学生乐观向上、自主自立、努力成才。这些要求为我们研究与实践学生综合素养评价工作赋予了新的内涵，也提出了新的要求。近年来，我校秉承"涵养化育，自然天成"的办学理念，以"有敬、有执、有容"为育人目标，以"涵化教育"理念下的学生综合素养评价为实施素质教育的"助推器"，夯实基础，放眼未来，为学生创造生动活泼、自由丰富的发展空间，实现儿童素质全面和谐发展，逐步形成适合本校学生素养评价的内容、形式和手段，推进了新课程的深入实施，促进了学生的全面优质发展。

一、我们的思考

学生素质综合评价是学校素质教育过程中的一个重要环节，它是以学生的发展状态与水平为评价对象的教育评价活动，是对学生素质的各个方面进行多渠道认证的教育评价活动。其综合性体现在评价内容的全面性，评价内容的全程性，还有评价渠道的多样化。可是，现行的学生综合素养评价体系存在着以下主要问题：一是在评价体系上，考试制度的确立过于强调甄别与选拔，忽视促进学生发展的功能；二是在评价指标上，形式单一，过于关注学业成绩的结果，忽视对学生学习过程的考查；三是在评价方法上，显得单调，过于重视笔试测验，强调量化成绩，对其他考查方式和质性评价方法不够重视；四是忽视了师生的主体地位、学生的创新能力和人文精神以及各学科的特殊任务等问题，学生基本处于被动地位，自尊心、自信心得不到很好的保护，主观能动性得不到很好的发挥。

二、我们的实践

为了顺应时代发展，为了落实《纲要》和《新课程标准》的要求，我校遵循人性的成长规律和学生的学习规律，在"涵养化育"理念引导下，积极探索适切学生综合素养评价的模式。

（一）评价原则科学化

1. **全面性评价**。在"涵化教育"理念的观照下，形成科学全面的校本评价体系，既测试知识能力，又考查学习习惯，同时也注意学生的情感领域、认知方式等非智力因素；还面向全体学生，尽可能地使每个学生都能发挥自己的优势和特长，都有展示自己的机会。

2. **激励性评价**。学习兴趣是学生学习进步的关键，激励性评价是激发学生学习兴趣的主要方法。马克·吐温也说过："靠一句美好的赞扬，我能活上两个月。"可见，采用激励性评价的重要。我们以鼓励为兴趣生发点，挖掘学生在学习过程中的闪光点，增强了学生的学习激情。

3. **生成性评价**。学生成长是一个动态的不断发展推进的过程。这个过程既有规律可循，又有灵活的生成性和不可预测性。涵化教育要求：在评价过程中，我们应该关注学生的心理感受，为学生的生成性发展服务。

4. **多元化评价**。一是评价人的多元化。《新课程标准》明确规定："实施评价应该注意教师的评价、学生间互相评价与学生的自我评价相结合。"涵化教育模式倡导教育教学以学生为主体，对于学生素质综合评价，在既注意形成性评价与总结性评价相结合，又注重定性评价与定量评价相结合的同时，更多的是发挥学生评价的作用。二是评价方式上的多元化。评价时选择恰当的结果呈现方式：可以是书面的，也可以是口头的；可以是分数的，也可以是等级的；可以是评语的，也可以是多种方式的综合。

5. **适时性评价**。评价时机的把握也是影响评价效果的重要因素之一。适时评价的表现形式主要有：一是及时评价。在教育教学进行时，对学生的表现给予及时评价，效果比较好。对于这类的评价，我们要求评价语言巧妙，指导得法，要能够以教师的魅力去涵化学生的心灵，促使儿童在文化影响下的快乐生长。二是延时评价。有些问题并不是一时能够解决得了的，也不是正面评价能够起作用的，我们就采用延时评价。延时评价的运用会激起学生心灵的波澜。

（二）评价内容具体化

学生评价的内容是教育目标的具体体现，反映了具有时代特点的教育观、质量观和人才观。教育不仅要为社会培养合格的公民和人才，还要使每一个学生成为有能力追求幸福生活的个体。学会做人、学会做事、学会合作、学会学习是对一个公民的基本要求。因此，我校的涵化教育理念下的评价体系，除重视对学生认知领域的内容评价外，更加注重对学生非认知领域的评价。根据各年段学生年龄特点，在《学生素质手册》内容的基础上制定了《建湖县实验小学教育集团学生素质十项标准》，内容有：（1）有一颗爱心和孝心；（2）会讲一口流利的普通话；（3）能写一手漂亮的字；（4）能写一手文从字顺的文章；（5）能简单英语会话；（6）会踢足球；（7）会唱淮剧；（8）能演奏一种乐器；（9）有一项美术特长；（10）会下一种棋。

在评价过程中主要从以下几方面着手：一是学生思想道德发展水平。设计了《建湖县实验小学教育集团学生阶段性操行评价表》，从学生思想品德、学习习惯、参加文体活动等情况进行评价，同时还设计了"老师的话""家长的话""自我评议或小组评议"三个小栏目。二是学生知识能力。根据学生基础知识、基本技能、观察、思考、想象、动手、质疑及解决问题的能力来考查学生的学科综合素质。三是学生身体素质发展。根据学生身体的力量素质、耐力素质、柔韧素质和速度素质综合评价。四是学生心理素质发展。对学生的性格品质、心理适应能力、心理健康状况和意志品质进行综合评价。五是学生劳动技能发展水平。从学生的劳动知识技能、劳动态度、劳动习惯、劳动的基本能力及劳动创造力进行综合评价。六是学生特长素质发展水平。根据学生学习兴趣、课外活动兴趣、课外阅读兴趣及学生的才能优势、学科特长、艺术体育特长等进行综合评价。

（三）评价方式最优化

1. **形成性评价和终结性评价相结合。** 形成性评价主要对学生学习活动过程中出现的状况进行评价，是关注过程、面向未来、注重发展的评价，目的是了解学生已有的道德水平、学业水平及综合能力等方面取得的进步或存在的问题，及时调整教育教学，促进学生发展。基于新的教育教学理念，结合我校涵化教育课题研究，我们采用多种形式的测评方式，意在全面提高学生思想品德、科学文化等多方面的素质，培养能力，发展个性。一是课内进行评价。如班队会上对班级出现的种种好的或不良的现象进行适时评价，指导孩子的行为；各学科在课堂上针对学生表现，如习惯养成、口语表达、习作、书写、器乐演奏、手工作品等方面有突出表现或不足给予鼓励或提醒，使其尝到成功的喜悦或认识到自己的不足，并明确自己努力的方向。二是借助活动进行评价。学校每年举办德育主题演讲比赛、校园文化艺术节、读书节、科技节、体育节、英语节等系列活动，为学生架设展示自己爱好和特长的舞台。并通过严格程序进行评选，最后颁发奖项。活动中，每位孩子胸怀梦想，期待成功，向往鼓励和赞誉，从而产生继续向前的动力。同时学生也学会了认识自我、欣赏别人。

终结性评价是在学期末或某一阶段学习结束对学生进行全面评价，包括学业成绩、态度习惯、探究与实践能力、合作交流能力等方面进行评价。为了更科学、更合理、更全面地评价学生，学校出台了《建湖县实验小学教育集团"校长杯"优秀少年评选方案》。内容摘要如下：

建湖县实验小学教育集团"校长杯"优秀少年评选方案

一、指导思想

为引导全体学生活泼、主动、全面的可持续发展，激励德有所养、学有所成、技有所长的莘莘学子，塑造"有敬、有执、有容"的阳光少年，特制订本方案。

二、参评对象

凡具有良好的行为习惯，关心他人，孝敬父母，学业优秀，特长明显，学科素质高的学生均可报名参评。

三、荣誉称号

十佳少年、风采少年、阳光少年、三好少年、校园之星。

四、评选办法

（一）形成性评价

个人申报，班级学生民主测评，班主任推荐，每班上报8名同学。报名时写好自荐表（包括民主测评得票数）并提供本学期教育类各类获奖证书原件和复印件（校级以上）。所有奖次按方案量化积分并计入参评成绩。

表彰：校级3分，县级4分，市级5分，省级及以上6分。

获奖：校级一、二、三等奖分别计3、2、1分；县级一、二、三等奖分别计4、3、2分；市级一、二、三等奖分别计5、4、3分；省级及以上一、二、三等奖分别计6、5、4分。

发表：按同级获奖一等奖计分。 以上各项以最高分计一次，不重复计分。

注：（1）申报时间：6月7日—6月10日

（2）所有获奖证书以2019年2月1日—2019年6月10日。

（3）每班取积分前5名学生参加展示性评价。

（二）展示性评价（满分50分）英语口语（10分）、信息技术（10分）、音乐（10分）、体育（10分）、美术（10分）

（三）学科素质评价（与期末考试同步进行）

（四）公示表彰

学科素质测试结束后，按形成性评价、展示性评价、学科素质评价三项成绩按照一定的比例，确定表彰"十佳少年""风采少年""阳光少年"名单。各班表彰20名"三好少年"。另外，根据特长分别表彰部分学生为"文学之星""书画之星""体育之星""阅读之星""进步之星"等校园之星。

实施步骤：**一是形成性评价。**个人申报，班主任推荐。报名时写好自荐表并提供本年度各类获奖证书原件和复印件，所有奖次按方案量化积分并计入参评成绩。**二是学科素质评价。**学校将组织对申报同学进行学科综合素质书面测试，笔试以期末调研三科成绩为准。**三是学科展示性评价。**项目分为行为品德、电脑操作、英语口语、体育体能、口语交际、乐器演奏、个人特长；展示性评价的内容及考核办法①行为品德，由本班同学对其平时礼仪、诚信、行为习惯、爱他人等方面的行为表现评议打分，在班主任推荐前完成。②电脑操作，三、四年级5分钟汉字录入；五、六年级30分钟按要求制作幻灯片。③英语口语：观察、情境说话。④体育体能：50米跑（必测）；立定跳远，1分钟跳绳，1分钟仰卧起坐（自选一项参加测试）。⑤口语交际：讲故事（自选自演内容不超过2分钟）。⑥乐器演奏：教材中指定一首乐曲，由学生自选乐器演奏。⑦个人特长：个人申报项目并展示自己的特长。展示性评价结束后，按形成性评价、学科素质评价、展示性评价三项成绩计算总成绩，最后按从高到低确定获奖名单。综合性评价对学生"过去"的努力，进行了有力的反映，既能让学生享受成长的快乐，又能让学生规划好下一阶段学习的目标。

2. **自我评价与他人评价相结合。**新课程倡导自评与他评相结合，被评价者从接受评价逐渐转向到主动参与评价，教师、学生、家长、社会共同参与，体现教育评价的民主化和人文化，同时在评价过程中建立起平等、民主、友好的评价关系，有助于评价者对被评价的发展进行监控和指导，帮助被评价者接纳和认同评价结果，使其不断改进和发展。为此，我们设计制作了《学生成长记录册》，记录学生在校和在家期间各方面的表现，开放地、多层面地、全面地评价自己，努力使自己体验成功，受到激励，从而能够自觉地养成积极进取以及不断提升自身素质、自我完善的好习惯。《学生成长记录册》内容丰富，呈现形式多样。既有固定项目，也有自主的空间。其特点如下：一是学生参与评价全过程。开学初自定成长目标，明确自己努力的方向；学期中自析成长过程，定期对自己成长中的快乐与痛苦、学习过程的成功与失败进行肯定与反思；学期结束自评成长效果，把自己成长中留下的印迹保存到记录册中。二是引导家长积极参与。开学前对孩子自定目标进行共同商讨，在"家长寄语"中给予孩子鼓励与支持；学期中对孩子成长的"闪光点"及时给予充分肯定，对一些不良现象给予纠正，关注孩子的心理变化，在"亲子交流"中与孩子进行心与心的沟通；学期结束认真总结孩子成长的整个过程，给孩子恰如其分的评价。三是教师积极参与。教师通过"老师寄语""成长交流"等栏目，对学生成长过程中每一点收获都给予鼓励，对学生平时的表现积极引导，看到每个学生长处，同时了解每个学生的不足之处，并提出自己衷心希望。《学生成长记录册》真实、生动地记载了学生成长中的脚印和学习中的点点滴滴，成为学生收获生长的快乐园地。它是学生与家长的心灵互动，是教师与学生的倾情交流，学生的自信心、上进心得到增强，学生的个性得到尊重和张扬。

总之，对学生综合素养进行评价，所发挥的积极作用非常明显。但评价也是一门不断发展的艺术，随着教育的灿烂旅程不断延伸，评价也随之时俱进，不断更新。在今后的工作中，我们将不倦地探寻"涵化教育"理念下学生综合素养的评价，润物无声地"促进学生全面发展"，让"涵化教育"为孩子的健康成长涂抹最亮丽的底色。

"涵化教育"理念下
小学语文阅读教学实践研究[①]

一、研究背景

《国家教育中长期改革和发展规划纲要（2010—2020年）》在"战略目标和战略主题"一章中指出，要"坚持能力为重……着力提高学生的学习能力、实践能力、创新能力，教育学生学会知识技能，学会动手动脑，学会生存生活，学会做人做事，促进学生主动适应社会，开创美好未来"。然而，"教师为中心、课本为中心、课堂为中心"的"三中心式教学"，少数几个"尖子生"占领课堂，多数学生当"看客"等现象在实际教学中仍然屡见不鲜。这些现象使学生的主体性和潜能发展受到禁锢，主观能动性和创造精神受到压抑。

近年来，我市为适应教育发展的需要，在全市范围内推广"让学引思"的课堂教学改革实践，其核心理念是切实转变教师的教学方式和学生的学习方式，以学生为本，重视学生的发展，对传统教育中不合理的思维方式和行为方式进行改革，把学习的主动权还给学生，着力提升学生核心素养。在"让学引思"教改大潮中，我校开展了"涵养化育，自然天成"的校本实践研究，践行"改革促进科研，以科研带动课堂革命"的理念，在市县教育主管部门的指导下，勇于实践，大胆创新，深入开展"涵化教育"理念下的课堂教学改革，用涵化教育的理念指导课堂实践，以语文学科阅读教学课堂范式的建构为抓手，力求突破传统的课堂教学模式。既从知识的层面上认识课堂教学，也从人文的角度研究课堂教学。使语文教学既能训练学生听说读写的语文技能，又能陶冶学生的情感、心灵和人格，在精神的世界里实现生命的超越，达到实施素质教育的目的。基于这样的背景，我校在省教育科学规划课题《涵养化育 自然天成——小学涵化教育的实践研究》的成果基础上，申报了国家程标准小学语文实验教科书（苏教版）科研课题《"涵化教育"理念下阅读教学教学模式实践研究》。

[①] 该课题为江苏省教育学会"国家课程标准小学语文实验教科书"科研课题，研究成果获全国中小学优秀教学成果一等奖。

二、基本内容

1. 核心概念

"涵化教育"的语文课堂：指我们的教学用高位的文化引领学生，使我们的阅读教学的课堂像春风涵煦、春雨涵浴、溪流涵潆、清泉涵润一样，追求教育手段的无痕，以自然的本色唤醒教育的自觉，以生活的真情润泽生活的真知，以心灵的高尚滋养心灵的纯真。

"涵化教育"理念下的语文阅读教学课堂应似水的载歌载舞：她似水之轻盈，灵动，带给我们美的享受——教育的轻盈与灵动是我们美好的追求；她似水之温润、柔韧，我们教学讲究艺术——教育的温润、柔韧时刻就在我们每天与孩子们相遇的课堂里；她似水之无形、丰满，我们关注孩子的生命成长——教育的无形与丰满让我们更加敬畏生命，让我们的教育智慧在课堂里绽放无限的精彩。

"涵化教育"理念下的小学语文阅读教学模式：情景导入—感知体验—对话探究—建构生成。这种教学模式改变阅读教学的"独语"状态，实施"对话式"阅读教学。课堂上通过教师为学生创设适宜的课堂对话的情境，实现双方内心世界的沟通，相互之间真诚的倾听和接纳，在相互接受和倾吐中实现双方的精神融合，彰显出生命的灵性。它旨在借助教师的文化内涵、人格魅力、教材媒体本身的知识和文化价值，教师对文本的领悟和教学智慧等相关元素，遵循儿童认知规律，着眼于儿童情感、心灵、人格的建构，立足在诵读中凝练感悟，在对话交往中提升儿童的品质；强调阅读教学要在对话中得到知识与能力的涵化和滋养，优化教学过程与方法，引导学生寻得自身发展的基点与目标，从而提升学生的情感、态度与价值观，使学生的语文素养获得适切的发展。这种教学方式遵循了"让学引思"新课改的理念，符合学生的认知规律，着眼于学生智慧潜能的发展和综合素养的形成。

2. 研究目标

该课题研究，旨在"涵养化育，自然天成"校本理念的指导下，构建以高位的文化涵化学生的心灵的课堂模式，实施"对话式"阅读教学，遵循儿童认知规律，充分发挥儿童的主体能动作用；优化教学过程与方法，使学生的语文素养获得适切的发展，实现课堂教学的"优质高效"。

3. 研究内容

（1）"涵化教育"与小学语文核心素养的文献研究。

（2）探索创设语文阅读教学课堂情境的方法。

（3）"涵化教育"理念下小学生语文阅读策略研究。

（4）"对话式"阅读教学课堂策略与范式的研究。

4. 研究方法

根据学校、教师和学生的实际情况，把提高教师的科研素质与学科教学改革紧密结合起来，把提高教师的科研素质与提高教学质量结合起来，在实践中研究问题、解决问题，既教会教师掌握教育科研方法，又会实际操作。根据课题需要，综合运用如下方法：

（1）文献学习法：学习与本课题研究有关的先进的教学理论，借鉴他人的成功经验，为本课堂研究服务。

（2）行动研究法：教师的科研过程具有动态性，即在科研过程中，可以随时根据科研过程边研究、边修改科研方案，以使教育科研更具创造性，更具科学性。

（3）经验总结法：针对实验过程中的实际问题进行研讨、分析，不断改进实践研究操作方法，提高研究质量。

三、研究过程

1. 准备阶段（2017年3月—2017年5月）

（1）2017年4月：讨论制定课题申报方案，做好课题的立项、申报工作。

（2）2017年5月：成立课题研究领导小组和确定课题组教师，查阅资料，学习相关理论，了解本课题研究领域的动态，理解涵化教育的内涵；根据课题开题会议精神，修改完善课题申报方案，制定学校课题研究实施计划。

（3）培训课题组教师，明确课题研究的步骤、方法和任务。

成果形式：课题申报方案、学校课题实施方案，课题研究阶段性资料。

2. 研究阶段（2017年6月—2019年5月）

根据学校课题实施方案，结合各子课题的研究内容，开展实质性的课题研究与实验。收集相关数据、资料，反馈信息。跟踪指导，及时发现研究中的问题并加以解决。组织研讨、交流、评价，对研究工作阶段性成果进行交流、汇报、评估、总结和展示。

3. 总结验证阶段：（2019年6月—12月）

（1）总结整理实验过程材料，分析研究成果及存在的问题，总结课题实施过程中的经验教训。

（2）在阶段总结的基础上，以研究方案为标准，以收集研究过程材料、成果为内容撰写结题报告。全面总结和展示研究成果；征集论文、课例、教学优质课影像材料等。并编印《课题成果集》和《涵化课堂优秀课例集》及课题研究过程中的精髓资料汇编。撰写课题研究的各项研究报告和主题报告。

在研究过程中，我们着力从以下几个方面入手，转变教师理念，创新课堂教学范式，改变学生学习方式：

1. 坚守"一个改革理念"——涵养化育的情景，简约有效的结构，自然天成的效益。

"涵养化育的情景"是激发学生的兴趣，为学生提供良好的暗示或启迪的情景场，涵养化育的情景设置应该以丰富学生的知识，提高学生学习的技能服务；应该为优化课堂教学的过程与方法服务；应该为培养学生积极向上的情感与正确的价值观服务。学生置身于情景之中，（可以为语言情景、实物直观呈现或演示情景、图画再现情景、电教媒体情景等）在模仿感悟和实际运用中轻松愉快地掌握知识，形成自主化的学习方式，培养了学生创造性的思维能力。"教学有法，教无定法，贵在得法"。教学情景的创设和利用没有固定的方法，教师要根据教学任务、教学对象、教学设施及教师本人素质，选择适当的创设情景的途径。

"简约有效的结构"要求在"涵化教育"的理念下，依据学生的认知规律，立足文本，以"情景导入—感知体验—对话探究—建构生成"为课堂教学实验模式，扎实培养学生的综合素养。"简约"的课堂教学就是在整合统筹、简化头绪上下功夫。它是运用"减法思维"，让复杂无序的事物尽可能变得简单易懂。我们的课堂教学力求做到：整合教学目标，整合教学内容，整合操作过程，整合作业练习。坚决摈弃舍本求末、假大求空的现象，认认真真做实课堂。

"自然天成的效益"要求在顺应学生的身心发展、顺应学生认知规律的前提下让学生获得成长。教学不"填鸭"，学习不呆板，学生的成长呈现可持续发展，并逐步成为"有敬、有执、有容"的阳光少年。

2. 践行"五大改进行动"。

（1）将集体备课基础上自己独立思考、认真琢磨的二次备课手记带进课堂。

（2）将适用的教具、学具带进涵化语文课堂。

（3）将"涵养化育，自然天成"的校本理念和教学情景带进课堂。

（4）将"自主、合作、探究"的学习方式带进课堂。

（5）将完成的课堂作业带出课堂。

3. 实施"五大保障工程"。

（1）教师阅读工程。

(2)级部"磨"课工程。
(3)"教学五认真"质量督查和评议工程。
(4)涵化课堂教学达标认定工程。
(5)教学基本功培训与考核工程。

四、实践效果

语文课程标准把语文课程目的规定为"致力于学生语文素养的形成与发展",其核心概念是"语文素养"。语文素养是学生通过学习逐渐养成的涵养达到的某一高度,既有"功用性",又有"非功用性"。而学生的语文素养既包括语文能力,也包括语文学习习惯和方法,还包括知识视野、情感态度、思维品质、文化品位、人文精神等。语文教学致力于学生语文素养形成与发展,启发我们重新审视语文课程的价值和功能,语文阅读教学更加珍视学生的独特感悟,在对话中提升学生的语文综合素养。

"涵化教育"理念下的语文阅读教学,遵循儿童认知规律,注重教学情境的创设,改变过去的"独语"状态,实施"对话式"阅读教学;它着眼于儿童情感、心灵、人格的建构和阅读习惯、阅读方法、阅读能力、语用能力的培养。它强调阅读教学要在对话中得到知识与能力的涵化和滋养,优化教学过程与方法,引导学生寻得自身发展的基点与目标,从而提升学生的情感、态度与价值观,使学生的语文素养获得适切的发展。

涵化教育"理念下的阅读教学,遵循了"让学引思"新课程教学的理念,符合学生的认知规律,吸收和借鉴了古今心理学、哲学、教育学、教学论的成果,这种教学方式着眼于学生语文素养的形成和终身的发展。

1. "涵化教育"理念下小学语文阅读教学模式的基本特征

(1)它是民主、平等的教学。这是新课程所倡导的对话教学中的第一原则,师生之间应成为学习的"伙伴"、对话的"伙伴"。这样的师生关系,真正地具有人文性,它自身就具有极大的教育价值。

(2)它是多元、个性化的教学。"教学,是拥有教学理论素养的教师与学生进行沟通的文化"。语文教学的个性化,是语文教学的切入点,需要长期的历练和不断的积累;在涵化理念下的"对话式"阅读教学,遵循了语文教学的规律,体现了学生获取知识和技能训练的多元性,更能彰显学生阅读个性化的独特体验。在沟通、合作的"多向"对话中,有利于学生自主、合作、探究学习;在教和学双方的沟通与合作中,"对话"的精神才得以升华。

（3）它是交互、灵动的教学。这样的教学让智慧回归语文教育，让智慧唤醒语文课堂，让智慧打造教师的教学风格。教师、学生和文本在互动过程中，实现着多种视界的对话、沟通、汇聚、融合，从而在一定程度上使各自的认识偏见得以克服，并产生新的视界，让知识的探求不断丰厚。在涵化理念下"对话式"阅读教学，淡化了烦琐分析、感性抽象、知识本位的印痕，以灵动的课堂魅力呵护着孩子内心的梦想，丰富着孩子的想象，温暖着孩子们的感受，彰显出生命的活力。

（4）它是创造、生成的教学。在对话活动的作用下，教师、学生和文本之间，就教学内容进行平等的交流、真诚的沟通，互相借鉴，取长补短，在合作的氛围中，各自生成或建构自己的认识与知识。与传话式的教学相比较，整个教学过程充满创造色彩。学生不再是知识的"接收器"，而是知识的"再生器"。从而在涵化阅读课堂中得到语文教育文化的形成与确认，语文教育价值观的建设和认同，语文教育特色的彰显，化育了教师的教学风格。

2. "涵化教育"理念下小学语文阅读教学基本程式

第一环节：情景导入

基本内涵：它是涵化语文课堂的起点和基点，营造涵化课堂文化，吸引孩子进入涵化情境，激发好奇、生疑、探究的冲动。通过教师挖掘课文中隐藏的情感画面或场景，在教学时，根据文本的文字和叙事情节，进行创造性构思，或演绎一段故事，或播放一段视频，或编织一个戏剧性的场面，或描绘一幅生动的画面……让学生走进文本的情感世界。这一环节的目的是让学生在教师设置的教学情境中带着积极的情绪进入学习，学生通过个体的读书活动来进行语言实践，体现一种学习上的需求和情感上的主动性。

操作方法：①教学语言的再现性。教师可用一两段富有形象性、画面感的语言营造教学的场景，在学生面前展示文本所描绘的生动场景。②电教媒体的情境化。恰当地运用多媒体，在学生面前再现文本所描绘的场景，增强学生感悟文本的情境性。③引导学生展开合理想象。根据文本内容，引导学生发挥想象，把学生带入文本如诗如画的场景。

第二环节：感知体验

基本内涵：语文教学的过程是提高学生语文素养的过程。涵化语文课堂就是通过学生有感情的诵读，对文本的语言文字及其描述的事物、事理有所感触和体验，从而达到领悟理解的目的。这一环节就是教师充分唤醒和激活学生现有的生活经验，丰富和扩充学生缺乏的生活经验，通过学生的感情朗读，引入学生走进文本、感知文本、体验文本；走进生活、体验生活。在诵读感知体验中，增强语言表达的厚度和力度，形成语文能力，使学生的心灵得以涵养化育。此时此境的诵读感悟是文本蕴含的涵化，是心灵的涵化，是生活实践的涵化。

操作方法：①指导学生通过清晰响亮的朗读来刺激语言直觉，培养学生的语感；②引导学生在诵读中进行情感体验，产生探究文本的欲望；③让学生在诵读的同时进行思考，展开想象和联想，实现与文本的对话。

第三环节：对话探究

基本内涵："阅读教学是教师、学生、文本三者之间对话的过程。"而生本对话是三者之间实现有效交流的前提和基石。在诵读感悟的基础上，学生个体形成对文本独特的体验和探究文本的动机。在对话交流中，教师以精当的引领触发学生情感的共鸣、思维的律动和内在的表达，从而产生智慧的碰撞和情感的交流，在有效的对话中解决疑难，丰富知识与经验，积淀语文素养。师生的诵读感悟和对话表达和谐发展，情智共生，体现了语文学科工具性和人文性的统一。

操作方法：①教师与文本的对话中——真切体验，多种思辨；②学生与文本的对话中——积淀语感，丰富表达；③学生与学生的对话中——碰撞智慧，发展能力；④学生与学生自我的对话中——完善自我，建构新知。对于低年级的阅读教学，我们倡导多读少讲。教师要带领学生走向文本，让同伴能有层次地去读，从读通到读懂，从读懂到生情，把每一次对话都当作一次阅读能力提升的契机和语言语感发展的经历。高年级品读重点句段，深入理解课文内容，提倡精讲多读。赏读重点句段，对话交流内心体验；评读重点句段，揣摩表达方法，充分重视学生的个性化阅读体验，重视课堂生成，适时点拨。这样的对话带来师生美好的精神相遇，学生的心灵也渐入佳境。

第四环节：建构生成

基本内涵：建构主义理论认为，学生是知识意义的主动建构者。只有通过自己的切身体验、合作、对话等学习方式，学生才能真正完成知识意义的建构。熟读求化就是在诵读中唤醒学生的言语感悟，滋养学生的言语生命，在熟读中积累语言，积淀语感，内化语言和运用语言。

操作方法：①扎实掌握本课所学语文基础知识；②灵活应用所学知识，学以致用是涵化课堂的最高境界；③开拓阅读视野，教师善于为学生搭建一个课内外知识沟通的桥梁，让学生学习好、理解好、运用好课堂上所学的知识。"课堂小天地，天地大课堂"，引导学生把学习的兴趣保存下去、延伸开去，以课堂为起点，通过课外诵读经典，汲取更多的知识，传承灿烂的文化，增加语文素养。

"情景导入—感知体验—对话探究—建构生成"是互相衔接、密不可分的"涵养化育，自然天成"的阅读教学通用模式，它是孩子健康成长的精神家园。

3. "涵化教育"理念下小学语文阅读教学的有效策略

（1）营造民主、平等的对话氛围

对话交往是学生的自由权利，课堂上教师必须给予学生这种自由，以建构民主、自由的课堂文化。只有在宽松、民主、和谐的环境中，学生才敢想、敢问、敢做，他们才能在对话过程中对别人的思想进行分析，对自己的设想大胆怀疑，从而养成独立思考的能力，个性获得自由全面的发展。对话教学的前提是师生平等和教学民主，离开了生命体的平等，离开民主的教学氛围，就不能实现真正的对话教学，对话教学就会被异化为一种教训与被教训、灌输与被灌输、征服与被征服的关系。因此，实现有效阅读对话的策略之一就是营造民主平等的、充满爱心的课堂氛围，实现真正意义上的师生人格平等、心灵平等、价值平等，让师生各自向对方敞开心扉，畅所欲言，彼此接纳，使课堂成为师生、生生充满人性、富有个性的对话平台。这就需要教师从传统的高高在上的权威地位中走出来，归还学生的话语权，让学生不仅有机会说，而且与教师共同决定对话的形式和内容。而学生也只有把教师作为一个地位平等的交流伙伴时，才可能畅所欲言，充分发挥思维潜能。基于这种平等民主前提下的对话教学，教师已不再是居高临下的圣人，而是一个与学生具有平等人格地位和平等学术思想的伙伴；教学过程不再是教师下固定结论的过程，而是在师生对话中探求新知的过程。在这个过程中，师生、生生坦诚地进行精神交往、心灵沟通，产生思维碰撞，形成真正意义上的阅读对话。

（2）创设丰富、多元的对话情境

"阅读教学是学生、教师、文本之间对话的过程"。语文教学不应只是师生间的单一对话过程，而应是丰富、多元的。从课堂文化的本质意义上讲，课堂是集"智能""情感与精神"于一体的。教师要关注学生的认知世界，重视学生的理解和体验，使师生真正面对世界平等地"言说"，自由地"言说"，使学生的阅读转换成在多向对话中实现"表达""共享""创造"知识和技能的活动。

一是创设生本对话的情境。"理解是能动的，带有创造性质"。真正的对话，能让学生最大限度地调动自身的经验储备，灵活地、多角度地体悟文本，与作者、作品中的人物进行心灵交汇、情感交流，体察他们的境遇，感受他们的思想。教师只有创设了多种阅读情境，才会使学生面对文本能做到"使目非是无欲见也，使耳非是无欲闻也，使口非是无欲言也，使心非是无欲虑也"。

二是创设师生对话的情境。在新课标倡导的自主、合作、探究模式下，教师应更多地充当向导，成为学生的同读者，成为引路人，成为可亲、可信的朋友。通过设计对话的情境，以一种敞开的方式面对学生，以一种角色消解的方式走进学生中，从而形成一个真正的"学习共同体"。教师要与学生"亲密接触"，甚至融入学生学习之中，与他们进行平等对话，抓准时机引入到学习的重难点处，导入到深度的学习层次，导读出文章的精神、情感与境界，导问出抓住重难点的有价值的问题，导悟出词句中的内涵、情感等。

三是创设生生对话的情境。"一千个读者便有一千个哈姆雷特"，读书如此，教学也如此。在阅读教学中，一个人有一个人的看法，一个人发表了看法，其他人便是一种吸收。学生间的对话无处不在，它能使个体认识更为成熟，更为全面。"不识庐山真面目，只缘身在此山中。"这将随学生个体间充分的对话而消失。通过学生个体之间，学生个体与群体之间思维的碰撞和交融，共享知识、共享经验、共享智慧、共享情感、共享语文世界的精彩与美妙。学生在交流与合作中学会倾听、学会接受、学会欣赏，从而实现知识、能力和情感的交融。

（3）挖掘有效、鲜活的对话资源

对话是在诵读感悟中动态生成的。教师不可能精确预计教学过程中产生的具体生成性教学资源，需要及时变更预定的教学设计，重组教学过程，促进教学意义的有效生成。这就要求教师进行课程资源的有效开发。第一，充分发掘学生的"基础性资源"。教师要鼓励学生有创意地阅读，善于引导学生用自己的"前理解"去阅读文本，同时又借助于别人的"前理解"；努力发现别人没有发现的文本内涵，对理解到的意义做出自己独到的价值判断，而不仅仅停留于理解本身或人云亦云；在理解意义的基础上产生联想而生成新的意义和塑造新的形象；将阅读实践与生活实际相联系，用阅读去影响生活。第二，捕捉生成的资源，及时"刷新"教学过程。教师要善于把握和丰富学生的"前理解"。在备课时，有的教师常常更多地只考虑自己如何把握文本的思想内容、写作特色，而忽略了学生认知水平。这种情况，实际就是教师用自己的"前理解"取代了学生的"前理解"。教师在阅读教学中，要防止自己的"先入之见"甚至"个人偏见"对学生阅读产生干扰，要组织学生独立阅读。教师还应尽可能扩大学生的阅读面，"前理解"只有在不断"理解"中才得以增强。阅读教学要加强师生、生生之间的对话交流，听听各种不同的"前理解"，以扩大自己的"前理解"。教师要敢于放开课堂，打破预定的教学设计，立足于课堂中流动涌现的现实状况，及时更新教学设计，主动探索生成新的教学过程，通过教学中对动态资源的捕捉与利用，更好地促进师生之间对话活动的有效进行。

4. "涵化教育"理念下小学语文阅读教学教师的品质

（1）丰厚的文学素养。涵化语文课堂的主要功能就是向孩子传承人类几千年来光辉灿烂的文化。"腹有诗书气自华"。读书可以养气，读书能为语文老师的气质增光添彩。教师要通过读书成为有文学素养的人，要有"书卷气"，要有深厚的文化底蕴。正如著名的特级教师孙双金所说："有文化才有底蕴，有底蕴才有底气，有底气才有灵气。"

读书可以不断滋养教师，使他们日渐丰润。在接受书的文学教养的过程中，教师又会用逐渐形成的文学的眼光去解读文本中的人文内涵。

（2）博大的挚爱情怀。冰心说过："有了爱就有了一切。"教师有博大的情怀，课堂上才能真心尊重学生的人格，尊重学生的见解，尊重学生的差异；才能真心宽容学生的偏激，宽容学生的缺点，宽容学生的错误；才能真心欣赏学生的优点，欣赏学生的缺点，欣赏学生的个性。涵化语文课堂的"至高点"就是呈现教师大爱的教育品质和教育情怀，以教师的教育品质和情怀感化学生，影响学生，达到"润物细无声"的育人境界。

（3）灵动的教育智慧。让学生心灵"走进"文本，在很大程度上是由教师自身的情感和智慧达成的。教师教育智慧要从涵化课堂的教学实践中汲取、生成。要求教师静下心来认真实践，不断总结，善于反思，提炼出鲜活的实践智慧，让涵化语文课堂绽放出智慧的光彩。

五、推广价值

经过几年的探索实践，我们的研究取得了显著的成就：构建了涵化语文课堂操作模式；面向市内外举行小学语文涵化课堂教学观摩研讨课30余节；小学语文涵化课堂教学示范课20多节；汇编了小学语文涵化课堂教学案例集《行知诗篇》；课题研究教学研讨活动10余次；承办省市县教学工作现场会，推广涵化语文课堂教学实践成果6次；发表研究论文30余篇，出版专著1部。

1. 理论成果

（1）构建了小学语文涵化课堂基本操作模式

构建了"情景导入—感知体验—对话探究—建构生成"涵化课堂模式，并形成了模式解读和课堂模式操作体系，精心设计教与学的课堂行为策略。

（2）探索创设涵化语文课堂情景的方法

通过教师挖掘课文中隐藏的情感画面或场景，教学时让学生在教师设置的教学情境中带着积极的情绪进入学习，学生通过个体的读书活动来进行语言实践。

（3）打造灵动的语文智慧课堂

涵化教育理念下的小学语文课堂是"生命对话"的课堂。涵化语文课堂，不仅是知识的传授，更是情感的交流，心灵的沟通，生命的对话。在实施涵化教育过程中，我们积极构建涵化课堂范式，形成"本真高效"的风格和"大道至简"的教育智慧。

2. 实践成果

（1）课堂研究课题化，提升了教师的专业素养

课题组在实践研究过程中，开展主题教研活动，让参与研究人员的实践感悟能够及时在课题组内交流沟通，放大研究的效益，吸引更多的教师参与到课题实践中来；转变了教师的教学观念，科研素养进一步提升。通过实践研究，该课题研究取得了丰硕的成果。《涵化教育理念下小学语文阅读教学的操作策略》《追寻小语课堂的"最佳路径"》《涵化教育理念下快乐阅读操作体系》《"涵化教育"理念下小学语文教学实践探析》《涵化课堂的课前预热方法浅探》等50多篇论文在省级以上刊物发表。课改经验《课堂，让我们诗意地栖居》参加江苏省小学教学改革与创新现场观摩研讨活动交流。学校先后10余次召开教学工作现场会，展示涵化课堂教学，推广涵化课堂教学的成果，得到了与会领导和老师的高度评价，众多媒体做了专题报道。学校20多人次参加全国、省、市、县课堂教学竞赛获得一等奖。主持人被表彰为"江苏省教科研先进教师"，学校被表彰为"江苏省教科研先进集体""江苏省教育工作先进集体""全国教科研工作先进集体"等。

（2）课堂教学高效化，提高了学生语文素养

涵化语文课堂教学是关乎孩子身心自然发展的教学实践，倡导以人为本的理念，是观照儿童生命成长的一种教学实践。她引导儿童探寻、体验和理解蕴含在教材文本中的真、善、美、圣、爱，激活、唤醒和培育孩子的价值感和人生情怀；她引领孩子在哲学思辨中"参悟"，在有意义的对话中获得心灵的启示和感悟；她以文化人，以文育人，注重培养学生的语文综合素养、创新精神和实践能力，促进了学生的全面发展。在列次市县调研中，学校语文学科实绩均名列市县第一。一大批学生参加各级各类竞赛获奖，在主题实践活动中展示了风采。

"涵化教育"理念下
小学语文教学实践探析

  涵化教育，是以"涵养化育，自然天成"为核心理念的学校教育理论与实践模式，它是素质教育的一种校本探索。以"有敬、有执、有容"为育人目标，夯实基础，放眼未来，为学生创造生动活泼、自由丰富的发展空间，实现儿童素质全面和谐发展，为孩子一生的幸福打上亮丽的精神底色。小学语文是"天成"学生综合素养的重要载体之一。因此重视并加强"涵化教育"理念引领下的小学语文教学的实践与研究，更具深远意义。

  小学语文课程标准把语文课程目的界定为"致力于学生语文素养的形成与发展"，语文素养则是学生通过逐渐"涵化""养育"所达到的某一高度。语文教学致力于学生语文素养的形成与发展，启发我们重新审视语文课程的价值和功能，这就要求我们的语文教学要珍视学生的独特感悟，在对话中提升学生的语文综合素养。为了追求并努力达到这一理想的境地，我们在"涵化教育"理念的引领下对小学语文教学做了深入的思考与有益的尝试。

一、背景分析

  教育改革需要在批判与反思中前行。随着教改的进一步深入，我们发现小学语文课堂对小学语文课程"过程与方法，知识与技能，情感态度价值观"这三维目标的把控，总有失偏颇，难以平衡。主要表现在以下几个方面：

  1. **忽视教学本体**。教学的本体是学生，是一个个生动活泼的儿童，但不少课堂的教学活动不是培养学生的个性和才能，更像是按照想象中的模式去雕塑学生。表现为老师"讲得太多、问得太细、统得太死"。

  2. **忽视生活体验**。尊重学生独特的体验，让学生在体验中获得知识和感受，是新课程标准为我们指出的一条学生获得知识、技能和切身感受的又一新的途径，而常态小学语文教学课堂，受"惯性"的左右，仍被教师的"理解"或意志所统治，学生的"知识与技能""情感态度价值观"呈现"内虚外浮"的情势。

3. **追求短期效应**。新课标将每个学段要完成的教学任务界定得清清楚楚，不少语文教师对一学段或小学全学段应该完成的教学任务与必须达到的教学目标，往往了解甚微，眼光只集中在一本书、一篇课文上。教师对教学目标的"近视"，导致了"拔高教学要求、增加教学难度、扩张教学容量"等不良现象，缺失系统性的知识建构与系列化的情感熏陶。

4. **忽略资源开发**。一位教育家认为"语文的内涵、外延与生活是相等的"。这就提醒我们既要重视文本资源的开发，又要重视文本以外资源的开发和利用。而事实上，我们对语文学习资源的开发，特别是隐性资源的开发利用还时常处在无意识、无创新，零散无整合的阶段，使得小学生语文素养习得的渠道狭小，滋补供养源相对不足。

我们认为，只有科学地解决以上这些问题，真正把"语文"教学当作"文化"的载体来实践，让儿童文化成为一种精神、一种积淀、一种濡染、一种智慧，引导儿童探寻意义、沐浴传统、丰富涵养、提升悟性，才能真正实现小学语文的育人目标，使其语文综合素养不断得到提高。

二、项目指标

世事千头万绪，不抓一盘散沙，全抓难得到家，突出重点抓，纲举目张，诸事成全。小学语文学习领域宽泛，研究的空间也相当广阔，面面俱到是我们力所不能及的，因此，为了使研究更具针对性和实效性，我们对涵化教育理念引领下的语文教学研究项目做了阶段性的确定。

1. **大大方方说好话**。涵化教育的本质是借用人类共同的文化来滋养儿童文化，促使儿童主动、生动地获得全面发展。"语文是最重要的交际工具"，小学语文教学的主要目的是指导学生学习、掌握母语这一思维和交际的工具。指导学生大大方方地说话，准确、得体、大方地使用母语与人进行顺畅的交流，是语文教学的重中之重。因此，要求教师在涵化教育理念引领下，努力选择贴近生活的话题，采用灵活的形式组织教学，培养学生倾听、表达和应对的能力，使学生具有文明和谐地进行人际交流的素养。在教学活动以及日常生活中锻炼学生的口语交际与思维能力，使儿童的语言个性得到发展，能够态度大方、清楚明白地表达自己的观点和看法。

2. **恭恭敬敬写好字**。汉字是我国古代劳动人民智慧的结晶，是我国的传统文化，源远流长。它体现了中国最灿烂的发展历史，凝聚着丰富的想象力和创造力，世界上任何一个国家的语言文字都没有像汉字的音形义结合得这样完美。写字教学成为一个对学生进行涵化教育的有力阵地和良好契机。写字不仅仅是一项技能训练，还是一个养成良好习惯、培养高尚品质的过程，更是一个陶冶情操、磨炼意志、学习做人的过程。一手漂亮的字，对孩子的学习，乃至一生都会产生不可估量的作用。教学中，要求老师利用课件，播放汉字的起源、汉字发展演变过程、欣赏各种名家的手迹，让学生在无形中感受到汉字记录和承载着中华文明。主动引导学生亲近汉字，培养对汉字虔诚的情感。把写好每一个汉字的外在要求转化内在需求，进而恭恭敬敬、一笔一画写好每一个汉字。

3. 开开心心读好书。童年是人生的根基，是心灵成长的源泉。"一个人的精神发育史，实质上就是一个人的阅读史；而一个民族的精神境界，在很大程度上取决于全民族的阅读水平。"多读经典必会达到久熏兰草身自香的效果，在"涵养化育，自然天成"理念指导下，课内外阅读能够让学生快乐走进经典阅读的殿堂，激发阅读的兴趣，培养良好的习惯，感受到阅读的美妙。在老师有效方法的引导下，把融汇在经典诗文、名著中的中华民族的智慧、胸怀以及健康的道德准则、学习方法、意志品质等，潜移默化地根植于学生的心田，让儿童开心读书，快乐成长，润物无声地使学生形成"有敬、有执、有容"的人格品质。体现"教育是通过人类共同的文化来滋养儿童文化，使之不断建构并趋于成熟的过程""儿童的发展就是儿童文化在人类文化影响下的生长"的教育主题。它一方面强调选择的内容要适切儿童的发展，另一方面强调呈现的方式要适切儿童的身心特点，为儿童所喜闻乐见。儿童在经典的阅读中，进入一个比现实世界更有诗意也更为宏大的世界，在激发和丰富自己的人生体验上，扎下深厚的精神的根。

4. 真真切切做好文。习作的动机来自表达的需要，习作的内容来源于生活。将作文内容向大自然、社会生活、家庭生活、学校生活等延伸，引导学生崇尚自然，敬畏生命，感谢生活，丰富人生。强调习作教学要贴近学生实际，让学生易于动笔，乐于写作，真真切切地表达自我。学生可以根据自己的需要自主选择表达内容，做到既与学生的实际能力相衔接，又有利于培养和发展学生的潜在能力，使学生在原有认知结构的基础上潜移默化，有新的收获、新的发展。引导学生走进自然，走进社会，融入生活，获得丰富的体验，拥有写作的"源头活水"。重视作前指导和作后评价，让学生有法可循，更轻松地表白、抒发出真实的深厚的情思，使其习作回归儿童精神的原点，让每一个儿童自由梦想；回归写作的本意，让每一个儿童用言语去自由交往；回归儿童写作的本原，为每一个儿童孕育一颗饱满的"文心"。

5. 堂堂正正做好人。"涵养化育，自然天成"是涵化儿童的健全人格，是天成孩子的善良人性，是育生儿童的灵性；是童趣的娇纵，是童真的毕现，是童心的放飞；是童年生活的演绎，是童话世界的返璞归真，是让孩子在"涵养化育，自然天成"的阳光能源中走向崇尚自然、敬畏生命、感谢生活，坚持真理、发展个性、追求真理，完善自我、尊重差异、胸怀社会的美好人生。她植根于学生实践生活的滋养，注重儿童情感、心灵、人格的建构。

通过涵化教育校本实践研究，培育儿童的精神文化，让语文教学不仅成为知识传授的过程，还要成为学生对人生体验的过程，更要成为儿童自主建构的过程。学生在写字、阅读、实践中获得精神的交流和提升，逐步形成积极的人生态度和正确的价值观，提高自己的文化品位和审美情趣。

三、实践策略

策略是达成目标的保证。为了使项目目标顺利达成，必须有行之有效的策略。我们的实施策略主要有以下几点：

1. 建构课堂教学基本程式。"涵养化育"理念引领下的课堂教学到底应该按照一个怎样的流程来运作，仁者见仁，智者见智。但有一点是肯定的，那就是必须符合儿童的认知规律和教学内容的特点。为此，我们在起始阶段首先为老师们提供一个平稳前行的助手——课堂教学基本程式。让老师们在实践中认识、创新、提升，内化为具有个人风格特质的教学模式。"涵养化育，自然天成"理念引领下的阅读教学程式，注重儿童情感、心灵、人格的建构，通过涵化课堂文化的建设和课堂教学实践研究，培育儿童的精神文化，让课堂不仅成为知识传授的过程，还要成为学生对人生体验的过程，更要成为师生对话的过程，在感悟和对话中获得精神的交流和共享，从而形成学校的教学特色，实现学校文化的自我建构和教师的专业成长。基本程式是：

一是情景导入。这是涵化课堂的起点和基点，主要在于创设情境，营造氛围，激发学生好奇和探究的兴趣。

二是感知体验。这是情景导入后的自然走向，是建立在"学生是学习活动的主体，教师的职责是组织、帮助和指导学生进行学习的"的基础之上的。学生走进文本、感知文本、体验文本，联系生活、体验生活、创造生活。感知体验是对文本的领悟与涵化，更是心灵的涵化，生活实践的涵化。

三是对话探究。对话是师生、生本、生生的交流过程，探究是依托对话的探究。孩子从感知体验中得到的收获、乐趣、成功，需要在探究中交流；对感知体验中产生的疑问、设想，需要在对话中碰撞、思辨。课堂上不在乎求得所谓认知的统一，而在于孩子各抒己见的撞击，在撞击中闪现智慧的火花，产生奇思异想。因此，对话探究的过程是最丰富的涵养化育过程，是涵化课堂最期盼的美妙境界。

四是建构生成。建构生成主要是促进学生的知识内化，也是情景导入、感知体验、对话探究后顺理入境的结果。学生学习的过程是在教师的引导下自我构建、自我生成的过程。建构生成什么，这是教者设计课堂模式时应该早已预设的目标。建构生成的过程是拓展、是检验、又是新的生成。

2. 丰富语文实践活动。新课程标准指出语文教学要"沟通课堂内外，充分利用学校、家庭和社会等教育资源，开展综合性学习活动，拓宽学生的学习空间，增加学生语文实践的机会"。因此，语文教学要植根于学生实践生活的滋养，注重儿童情感、心灵、人格的建构，培育儿童的精神文化。在教学中我们特别注重培养学生的实践能力，通过实践发现自己的问题、需要，再有目的地学习。强调由个体经历——形成经验——产生需要——自主寻求解决问题的方法，在实践中提高语文综合素养。

一是体验式实践活动。"过程和方法"目标是语文课外实践性学习的核心目标。它指的是学生亲历实践性学习过程，在实践情景中运用和熟练掌握各种语文实践的方法，领悟语言运用的规律，获得积极的体验和丰富经验。如郊游、五分钟新闻发布会、演讲比赛、参观博物馆、纪念馆、办板报和手抄报、慰问演出、故事会、专题调查、收集风俗民情等活动，鼓励学生全员参与，手脑并用，合作探究。这些实践活动应重实践的过程，轻实践的结果。

二是吸纳式实践活动。我们经常开展一些常规性的语文课外实践性学习。比如：（1）"七个一"学习活动：学生每期完成一项社会考察、调查、访问、参观等体验性学习；每月至少读一本课外书籍，观看一部好影视；每周背一首好诗词、一段优美文章；每天收集一句佳句，一个好词。（2）收看、收听、发布新闻活动：组织学生每天收看或收听 10 分钟新闻，记下自己喜欢的内容，参加班级 10 分钟新闻发布会。通过这些常规性的课外实践性学习，学生自主选择学习资源，在广阔的时空里经常接触语文材料，丰富知识，扩大见闻。

三是交流式实践活动。以信息的交流和运用为目的，开展灵活多样的语文课外实践性学习活动。例如，（1）"三赛"活动。即演讲赛、辩论赛、故事赛，培养学生口语能力。（2）"征文"活动。通过开展语文课外实践学习活动，引导学生写影视、书籍评论、主题征文、周记、观察日记、科普小论文、调查报告、考察方案等，培养学生书面表达能力。（3）"制作"活动。办板报、办手抄报、搞小制作、设计贺卡、剪报、收集资料、做实验等，培养学生动手实践能力和创新精神。（4）合作探究活动。如组织学生参加税收宣传、爱国卫生宣传、清扫街道、调查当地有关环保和交通秩序问题等实践性学习活动，培养学生社会责任感和社会实践能力。（5）"交心"活动。要求学生经常与家长或朋友交心。通过真诚交流，对他人和自我做出评价和反思，从而不断生成新的自我，培养学生的价值判断能力。

3. 自主选择学习资源。在当今和未来的社会生活中，"学会选择"已成为时代的需要，"注重选择"已成时代之精神。而学生的学习过程，其实就是一连串的选择活动。课标指出：语文课程资源包括课堂教学资源和课外教学资源，自然风光，文物古迹，民俗风情等都可以成为语文课程的资源。各地区都蕴藏着自然、社会、人文等多种语文课程资源。

语文课程应该是开放而富有创新活力的，学习资源无处不在，无时不有。教学中应借助于教师的文化内涵、人格魅力，教材媒体本身的知识和文化价值，教师对文本的领悟和教学智慧以及人类共有的优秀文化等相关元素，为学生创设适宜的情景，提供丰富的学习素材和信息，影响并引导学生寻得自身发展的基点与目标，根据自身的发展需要自主选择学习的资源，主动地探究、发散地思考，在主动参与的过程中，获得适切的发展。学生也应成为课程资源的开发者和建设者。在语文教学中教师要引导学生自主选择资源。

一是自主选择阅读资源。阅读是一项反映个性和人格的活动，而读物的选择是个性的表现。只有让学生选择自己感兴趣的读物，他们才能深入理解读物的内容，受到读物的感染，也更易引发儿童的共鸣。首先是广泛阅读。就是让学生不但阅读书本上的文章，还鼓励学生搜集资料报纸的、网上的美文以激发其阅读的积极性。其次是整理分类。教师引导学生把搜集到的资料在讨论交流的基础上分块，如可按历史人物、名胜古迹、革命斗争、建设成就等进行整理，使阅读具有系统性。三是自由组合。将全班按学生的阅读兴趣分成不同的小组，让学生自由选择其中一组，优化组合读书成员。学生之间相互促进、合作，达到共同提高的目的。

二是自主选择生活资源。家庭、社区为孩子学习语文提供了丰富的社会生活资源。"语文学习的外延等于生活的外延"。生活即语文，语文即生活。因此，我们在语文教学中，加强与生活的联系。树立大语文教育观，开放语文课堂，将学生从抽象、虚拟的课本堆中解脱出来，让语文走进生活，让生活走向语文，让学生自主选择生活资源。给学生感受自然、社会、事实、事件、人物、过程的机会，使学生在与现实世界的撞击、交流中产生对世界、对生活的爱，从而自发地、主动地获取知识，同时又在这一过程中陶冶情操、磨炼思想、完善人格。"保证人人享有他们为充分发挥自己的才能和尽可能牢牢掌握自己的命运而需要的思想、判断、感情和想象方面的自由。"（《学会生存》）

三是自主选择"伙伴"资源。目前，随着课改的深入，学生自主选择伙伴的活动时间也在大大增加。习惯上，这些伙伴都是由我们教师指定，可以体现一定的组织优势。如果教师放手让学生根据具体的学习情况自主结对、自由组合，在寻求伙伴上给学生尽可能多的选择权，学生就会学得更加积极主动，学习收效也更大。因为，每个学生在学习上都有属于自己的好朋友。课堂上，让学生自由选择好朋友，在宽松、愉快的学习氛围中，共同研讨学习上的疑难，交流自己学习的收获，无疑会促进他们的学习。

新课改强调的是"自主、合作、探究"的教学方式，它呼唤与之相适应的新教学组织形式的诞生。在新课改实践中，我们推出了许多以人为本的课堂教学组织形式——"歌舞晚会式""答记者问式""智者闯关式"……构建气氛民主、便于交流的开放性课堂，让学生自主选择"伙伴"资源，改变了教师对课堂的垄断地位，提高了课堂效率。

4. 尊重差异突出个性。 苏霍姆林斯基认为"人的个性，是一种由精神力量、思想、感情、意志、性格、情绪等因素组成的极复杂的合金"。个性是一个本质特征的综合体现，是作为个体的人性的总和。儿童是生动的个体，存在着个性差异，涵化教育强调要充分尊重他们的个性，以学生的个性差异为基础，关注学生的潜能、需求和实质性发展，创造良好的个性化教育发展环境，使学生原始个性得到张扬。开展多样性的个性化评价，让每一名学生都获得成功。

一是成立组织，体现个性。我们以社团为依托，组织学生喜爱的学习、活动、发展为一体的组织，以俱乐部的形式，让学生自由加入，实行会员管理。主要有小书法家、小记者团、小足球队、小播音员、冲浪文学社、淮杂体验社等。

二是搭建平台，张扬个性。通过开展"读书节"等活动，为学生搭建张扬个性的平台。学校成立冲浪文学社，每学期开展一次全校性的"诗歌朗诵"及以"读书与做人"等为主题的读书征稿、演讲活动。期末学校进行"书香班级""阅读之星""最美朗读者"等评比活动，并进行宣传、奖励。学校设立雏鹰电视台和红领巾广播站，台长、站长、撰稿人、播音员等均由学生担任，学校还出资和县广播电视台联手打造了"西塘少年"栏目。校内校外的这些平台为学生搭建了展示的大平台。学生在潜移默化中受到各方面的教育。各种活动培养了学生坚忍顽强、办事认真的意志品质和助人为乐、关心集体等良好品德；塑造了学生"有敬、有执、有容"的健康的个性品质。

三是升级激励，发展个性。学校实行了书法、朗读、课外阅读等的考级制，分项制定学生素质发展评价标准，一看兴趣度，二看参与面，三看发展量，让学生自由选择报考。学校在全面考核的基础上，为学生颁发等级证书，促进学生个性发展。

四是科学评价，彰显个性。个性化评价方案全面替代了长期把学生分成三六九等的评价老模式，一改过去定性评价学生。针对孩子的个性差异、潜能、兴趣和发展状况，设立了"十佳少年""风采少年""阳光少年""优秀少年""自强少年"等众多奖项，由同学、老师和家长一道共同寻找学生的闪光点，申报奖项。每个学生都找到了自己的优点，找回了自信，找到了自己今后发展的方向。

近年来，我们除了通过涵化教育课堂教学实践的研究，精心构建出涵化文化课堂范式外，还将经典诵读、生活作文、生命践旅、家长讲堂等一大批浸润着涵化教育理念的特色项目推向深入，形成重自主、重多元、重拓展的新语文文化课堂。摈弃教育的功利色彩，本着学生的整体发展、终身发展、个性发展，追寻"春风化雨，润物无声"的教育境界，孩子在文化的滋养中获得了全面的发展，他们变得有爱心、有张力、有特长、有品位，生活中处处充满了阳光。

基于涵化教育理念的语文教学策略

小学阶段的学生大多年龄都比较小,智力、理解能力以及知识吸收能力等方面都还不太成熟,因此机械性的知识传授模式不仅难以帮助小学语文教师达到预想的教学目的,甚至反而会慢慢消磨掉小学生们的语文学习兴趣。基于此,教师就可以慢慢转变自己的教学观念,创新性地将涵化教育引用到具体课堂教学活动中,进而在深刻把握此教学模式具体概念以及实施意义的基础上不断进行策略研究与革新,以充分利用其有效价值优质完成语文学科教学任务。

一、涵化教育概念分析

在以涵化教育理念为指引展开学科教学活动之前,小学语文教师首先需要做的是对相关概念进行全面分析与把握,以为实现高效教学奠定良好的理论基础。

1. 涵化

所谓涵化,主要指的是拥有不同文化内涵的两个群体持续发生接触,经过一段时间以后,两个群体文化发生迁移的现象,比如,20世纪,牛仔裤作为一种时尚穿着风行世界。涵化理论又可称为培养理论,其核心观念是借潜移默化的影响方式将具有一定价值与意识倾向的内容传达给受众人群,改变他们原有的思想观念,使他们形成新的、具有现实性的社会观念,而这也充分凸显出了涵化理论本身所具有的主流价值观影响特征。

2. 涵化教育

涵化教育是一种"涵养化育,自然天成"的教育理念,在具体教育教学活动中,学科教师通常都会先对所教学生实际情况进行全面了解与分析,进而根据具体学情采取相应的有效教学策略,以为学生们创设一个自由而生动的学习发展空间,益于学生主动积极地投入相关学习活动中,进而在潜移默化中逐渐丰富学科知识,提高综合素养。

二、涵化教育在语文教学中的实施意义

在现阶段的小学语文教育教学过程中，涵化教育理念逐渐为各任课教师所接受并用于指引自己的具体教学活动，以下将主要从两方面入手对涵化教育模式的具体实施意义进行详细分析。

1. 践行素质教育的有效策略

当前阶段，随着素质教育理念的提出与推行，语文学科教学目标也就相应发生了一定的转变，即各任课教师不仅要担负起基础性语文知识传授任务，同时还要着重培养学生们包括自主学习、思考探究、想象联想等在内的综合语文素养。据此，小学语文教师就可以将涵化教育理念引入具体教学活动中，并在此理念指引下克服灌输式教学主张的影响，探索出一系列诸如小组合作、视频引用等更加适用的有效教学措施，益于小学生在极具感染性的课堂教学情境中接受到潜移默化的教育，提高综合素养。

2. 适应新时代小学生综合特点

近年来，随着时代不断发展与变革以及社会环境日趋复杂，小学生们的整体心理结构也就相应发生了一定的变化，比如，更加注重自我，且较容易对教师的教育产生反叛情绪，此外，现阶段小学生们的主体意识也不断增强，希望在学习活动中充分发挥自己的个性特长等，鉴于此，涵化教育模式的优势就显现了出来。涵化教育不同于以往的"说教"教育方式，其主张通过多样化教学策略将语文综合素质培养融入各个教学环节，以益于小学生在具体学习活动中不自觉地进行模仿学习，最终在深入锻炼学习中增强自己的综合能力。

三、基于涵化教育理念的语文教学策略

在涵化教育理念背景下，要想高质量完成相应的教学任务，各小学语文教师就需要基于此理念不断进行教学反思与探索，以最终在优质教学策略的辅助作用下帮助小学生们拥有高水平的学科综合素质。

1. 精心布置环境，营造浓郁文化学习氛围

语文是一门文化内涵极其丰富的科目，在平时的教育教学活动中，小学语文教师不仅要加强基础性语文知识讲解力度，同时还要给予语文文化素养培养这一综合性教学任务足够的重视。具体而言，小学语文教师可以带领学生们对学习环境——教室加

以精心布置，以为学生们营造出浓郁的文化学习氛围，益于学生在潜移默化中逐步增强综合文化素质。

例如，在带领学生们学习完《走，我们去植树》相关知识内容以后，为了强化小学生们的环境保护意识，促使他们拥有绿化祖国的强烈决心，小学语文教师就可以带领学生们对教室环境精心布置一番。例如，语文教师可以鼓励学生们自由结成小组，然后要求他们以"绿化祖国"为主题在教室后的黑板上设计主题鲜明且色彩纷呈的黑板报；语文教师还可以带领小学生们设计一些诸如"爱护花草"等标志，张贴在教室墙壁合适的地方，等等。在此浓郁的文化氛围中展开学习活动，小学生们可以自然而然地受到文化的洗礼，实现高效教学。

2. 注重课前预习，培养学生自主学习习惯

在小学语文教育教学活动中，小学生们所拥有的自主学习习惯是相当重要的，在此习惯的加持下，小学生则会积极主动地投入相关学习活动中，为师生配合展开深一步教学活动奠定良好基础。据此，在平时的学科教学过程中，小学语文教师就需要给予预习环节较多重视，以益于小学生在完成教学任务的过程中逐渐养成良好的自主学习习惯，践行涵化教育理念。

例如，在正式开始为学生们讲解《宋庆龄故居的樟树》这篇课文之前，小学语文教师就可以根据具体教学目标而为学生们布置一定的预习任务。具体而言，小学语文教师可以要求学生们从历史角度入手，通过计算机网络索等手段搜集整理宋庆龄相关信息资料；此外，小学语文教师也可以为学生们布置一定的预习练习题目，如"宋庆龄为什么舍不得文中所述两棵树"等。在此过程中，小学生不仅可以很好地完成相应的学习任务，同时还可以在独立思考探究过程中逐步养成良好的自主学习习惯，以为其深入发展与进步奠定良好基础。

3. 动态视频导入，营造活跃课堂教学气氛

小学阶段的学生一般极易受环境影响而对学习表现出不同的态度，即在活跃的课堂氛围中学习，他们自然而然地就会拥有持续学习的热情与动力，反之，小学生们很可能会慢慢地对整个语文学科失去学习兴趣。鉴于此，从课堂导入教学部分开始，小学语文教师就可以借助多媒体视频为学生们创设出一个生动的视听情境，营造活跃的课堂气氛，促使学生在潜移默化中受到极大感染，积极投入学习活动中。

例如，在带领学生们学习《黄河的主人》这篇课文的时候，小学语文教师就可以在导入教学过程中为学生们播放一些视频片段，为课堂增加活跃创新元素。具体而言，语文教师可以将《黄河大合唱》这首歌播放给学生们听，同时配以气势磅礴的黄河奔流画面，这样在激昂旋律和冲击性画面的双重作用下，语文课堂的气氛自然而然就可

以被点燃起来，为接下来的新知讲授奠定良好的情绪基调。相对应而言，小学生们也会在强烈的视听刺激下产生进一步学习的积极热情，益于语文素养综合提升。

4. 融入生活元素，增加学生知识理解深度

语文既是一门文化学科，同时也是一门生活实践性课程，几乎所有的语文知识内涵都来源于人们的生活实践总结，同时也势必将被学生们运用于实践指导实际生活。鉴于此情况，在平时的教育教学过程中，小学语文教师就可以根据具体教学内容适时引用一定的生活元素，以益于降低学生理解难度的同时，促使小学生在情境感染下加深对相关主旨内涵的理解，抓住其中蕴含的精髓，最终为他们的生活实践提供科学指引。

例如，《第一次抱母亲》这篇课文向我们展现了母爱的伟大以及母子之间的浓烈亲情，而这也是小学生们需要深入体会掌握的重点思想内容，对此，小学语文教师需要抛掉单纯的理论讲解模式而适当联系学生实际开展情境教学。具体而言，小学语文教师可以鼓励学生们静心回想一下母亲对自己的关爱与付出，如有的学生说母亲总是将好吃的饭菜留给自己；有的学生说每到下雨天的时候母亲都要来学校接自己；还有的学生说母亲每天晚上很晚的时候都要来看一下自己是否盖好了被子；等等。在此过程中，通过联想自己生活中的实际经历，小学生们可以在进一步理解课文主旨的同时深刻体悟到母亲对自己深沉的爱，从而像文中儿子那样回馈给母亲同样的爱，尽量在生活中帮助母亲做一些力所能及的事情。

5. 重视合作讨论，提升学生自主学习能力

基于涵化教育理念，学生们的自主学习能力即得到了极大重视，自主学习能力培养同样作为育人重要部分而存在。拥有了高水平的自主学习能力，小学生也会有信心、有能力参与到持续的学习活动当中，以益于自身综合能力稳步提升。据此，在平时的教育教学过程中，小学语文教师需要将小组合作这一有效教学方式运用到具体教学活动当中，以对学生们的自主学习能力进行有效锻炼。

例如，在带领学生们学习《生命的壮歌》中"蚁国英雄"和"生命桥"两个感人小故事的时候，小学语文教师就可以科学地将学生们划分为各个学习小组，然后为小组同学布置一定的作业任务。例如，请同学们想一下还有哪些词语可以用于形容蚂蚁呢？请同学们思考题目为什么叫"生命桥"，其有着怎样的深刻含义，同时在小组讨论过程中共同将这座"生命桥"画出来。在完成小组任务的过程中，每个小学生都需要主动进行思考，进而将自己的想法说出来与小组同学展开积极讨论，以最终得出准确结论并完成绘画任务。这样，小学生们就可以在独立思考与小组交流过程中促使自己的自主学习能力得到有效锻炼，为自身长远学习发展奠定良好基础。

6. 组织实践活动，增强学生语文综合能力

涵化教育与实践练习是具有一定联系性的，两者都是通过一定的载体来对受教育者产生深刻影响，以促使其实现进一步成长。因此在基于涵化教育理念开展语文教学活动的时候，为了让学生们的语文综合能力得到切实有效的锻炼与提升，小学语文教师可以在课堂讲解之余带领学生们开展一些相应的课外实践活动，以益于学生在真实情境中得到切实有效的实践锻炼。

例如，在带领学生们学习《陶校长的演讲》这篇课文的时候，小学语文教师通常都会向学生们传授关于演讲的相关知识内容，以增加小学生的语文学识。基于此，在课下的时候，小学语文教师就可以带领学生们开展一次演讲比赛活动，并鼓励每个小学生都参与其中。在具体开展过程中，语文教师可以为学生们规定一个大的主题方向，如"品德""爱"等，让学生自行选择具体切入点准备演讲内容，在此期间，小学生们可以跟同伴一起交流怎样撰写演讲稿，也可以寻求教师的帮助，以写出观点正确而鲜明的演讲稿。接着，小学生们就需要进行演讲练习，同样，进行这一部分时，学生们可以互相倾听讨论，以在彼此纠正过程中实现共同进步。最后，小学语文教师可以联合其他教师一起对学生们的演讲活动进行评判，以选出表现较优秀的学生给予奖励。经过以上一系列实践活动，小学生的自主探究、拓展思维、合作交流等综合能力就可以得到切实有效的锻炼，最终实现大幅度提升。

总之，在当前的教育教学环境中，基于不断变革的具体学情，涵化教育理念开始为广大小学语文教师所接受并切实运用于具体教学活动当中，但语文教师仍需在深刻把握其内涵意义的基础上不断进行优化与革新，以借助更加科学的教学手段将涵化教育理念的有效指导作用充分发挥出来，实现高效教学。

融合涵化思想，优化语文核心素养培养策略

　　近年来，我国经济科技不断飞速发展，相对应而言，社会对人才的要求也随之逐步提高，即人才不仅需要拥有某项突出的专业技能，同时其各方面的综合素质也要达到一定水平，因此，学科核心素养培养就渐渐引起了人们的极大重视。与此同时，涵化教育思想这一创新教学理念也渐渐为人们了解与熟识，并为众多教师引用到了具体教学活动当中，但是诸多问题的存在是不可避免的。鉴于以上情况，小学语文教师就需要在践行涵化教育思想开展学生核心素养培养活动的过程中，持续进行策略研究与改进，以最终在多样科学手段的辅助下促使小学生综合素养实现大幅度提升。

一、涵化教育思想分析

　　相比于传统教育教学理念，涵化教育思想更加尊重学生个体，同时也更加强调"润物细无声"的教学模式，以最终在学生主体和环境影响双重作用下达到育人目的。在此科学教育教学思想的指引下，任课教师就需要对所教学生学习特点、学习习惯等进行全面了解与分析，同时对具体教学内容特点进行科学把握，进而据此展开持续的教学研究活动，最终在科学教学手段辅助下将学生主动学习的积极性充分挖掘出来，师生紧密配合实现高效教学。另外，涵化教育思想对课堂教学环境也有一定的要求，教师需要打破学生对教学课堂固有的单调、严肃、无趣等印象，而借助多样化教学策略为学生们营造出一个文化气氛浓郁的趣味课堂，益于学生在其中自然而然地受到熏陶与感染，最终在增强学习兴趣的同时逐步提升学科综合能力。

二、语文核心素养解读

　　在正式展开小学语文核心素养培养活动之前，各任课教师不仅需要准确理解涵化教育思想深刻意蕴，同时还要对语文核心素养具体内涵及特征进行全面分析解读，以明确具体教学目标。

1. 语文核心素养内涵

"核心素养"这一名词其实最早是由国外研究人员提出的，主要指的是帮助学生们快乐生活、为社会和谐发展做贡献的一种重要素养。慢慢地，随着我国教育教学研究事业不断发展，各学者就将核心素养概念纳入了我国具体教育研究内容当中，并最终取得了一定的成果，为相关学科教学提供了极大助力。具体到语文学科，语文学科核心素养包含的内容是非常广泛的，主要可以分为语言建构与运用、思维发展与提升、审美鉴赏与创造以及文化传承与理解四个方面，而每一方面又具体包含各个不同的细节内容，比如学科学习兴趣、思考探究能力、基础性语文知识、情感感悟能力以及语文阅读语感等。语文核心素养体现语文学科价值的关键内容，同时也是学生在学习过程中需要着重理解掌握的综合能力，在此能力加持下，学生们才能够在社会生活中拥有更大的实践动力，进而在其中占有一席之地。

2. 语文核心素养特征

作为语文学科本质的重要体现，语文核心素养最突出的特征即综合性以及实践性，例如，语文核心素养培养内容中的重要一项即基础语言知识，而基础语言知识的获得通常是学生有效开展其他学科学习活动的前提，学生只有识得、积累了丰富的语文字词才能够在读懂其他学科文字描述的基础上展开深一步的学习探究活动，进而在不断的实践练习中逐步提高跨学科学习能力。此外，语文核心素养还表现出一定的阶段性和终身性特征，具体而言，语文核心素养的阶段性是由学生个体学习发展的阶段性所决定的，通常而言，学生自身的智力、思维、心理等都会经历一个不成熟到成熟的过程，同时学生在不同的成长阶段也会相应接受到不同水平的具体教育，而以上这些都在一定程度上影响到了学生语文核心素养的阶段性发展。与此同时，语文核心素养培养不是一朝一夕的事情，学生们不可能单凭一两节语文课就拥有高水平的能力素质，而这也充分显现出了语文核心素养的终身特性。

三、融合涵化思想的优化教育策略分析

在有效掌握涵化教育思想以及语文核心素养相关知识内容以后，小学语文教师需要对自己以往的教育教学活动进行深入分析，从而在发现不足的同时以涵化教育思想为指引持续展开策略研究与改进活动，最终借助更加科学有效的教学手段实现高效教学，助力小学生语文核心素养迅速提升。

1. 打造民主课堂，提升学生语文学习兴趣

在小学生语文核心素养培养活动中，各任课教师首先需要关注的就是学生学科学习兴趣的培养，然而传统的机械性教育教学模式却无法辅助教师达成此目的。因此，在现阶段具体教育教学过程中，小学语文教师就需要基于涵化教育思想的指引而将民主元素引入教学课堂，让学生在民主学习氛围中充分感受到自己学习主人翁的地位，从而慢慢增强学习语文知识的兴趣与热情，为深一步学习发展奠定良好基础。

例如，在为学生讲解叶绍翁的《游园不值》这首诗之前，小学语文教师就可以根据既定教学目标为学生们布置一定的课前预习任务，其中包括：搜集作者叶绍翁的生平简介；通过查字典等方式解决生词问题，并尝试理解诗句传达的意思；流利而有感情地朗诵诗词；深入分析并体会诗词内容蕴含的作者思想感情；等等。接着，在正式语文教学课堂上，教师就可以将课堂前十几分钟交给学生，即选择几名学生上台，让他们以老师的角色分享自己的预习学习成果，向学生们传授相关语文知识，以实现共同进步。在以上教育教学过程中，小学语文教师就可以在突出学生主体作用的同时营造出民主性的课堂学习氛围，益于学生在主动学习过程中深刻体会到学习的快乐，从而大大增强语文学科学习兴趣。

2. 创设问题情境，拓展学生思考探究能力

在小学语文教育教学过程中，作为语文核心素养重要内容的思考探究能力一直以来都是教师教学的重点，同时也是学生持续学习发展必备的一项重要品质。当思考探究能力达到一定水平时，小学生就可以在基础知识学习之余有能力进行深一步的探索学习，从而促使自己学科能力实现综合提升。据此，在平时的课堂教学过程中，小学语文教师就可以在涵化教育思想的指引下适时为学生们创设系列生动的问题情境，益于学生在步步深入探寻答案的过程中逐步增强自身思考探究能力。

例如，在为学生们讲解《轮椅上的霍金》这篇课文时，小学语文教师就可以适时为学生们创设一个生动的问题教学情境，即先向学生们提出以下思考问题："文章第二段说命运对霍金十分的残酷，那么具体残酷在哪儿呢？""课文主要描写了关于霍金的哪些事情？从这些事情中我们可以感受到霍金是一个什么样的人？"接着引导学生深入探究并积极站起来发表意见，例如，有的学生回答说："命运对霍金的残酷在于疾病剥夺了他的身体自由。"等等。在以上问题情境教学过程中，每个学生都要充分调动自己进行深入研究与分析，以在问题解答过程中逐步打开语文思维，使自己的思考探究能力得到科学有效的锻炼，最终实现迅速提升。

3. 重视课外阅读，丰富学生语文知识积累

在以学生核心素养培养为目的展开教育教学活动的过程中，小学语文教师需要将阅读教学手段充分利用起来，益于学生在不断学习积累中逐步拥有丰富的语文知识储备，为深一步综合性学习奠定良好基础。但是在以往的学科教学过程中，大多语文教师都将阅读教学重点放在了教材课文上，而对拓展性阅读材料有所忽略，这就在一定程度上大大限制了学生语文知识的有效积累与丰富。鉴于以上情况，在平时的教育教学活动中，小学语文教师可以在基础阅读教学之余时时向学生强调课外拓展阅读的重要性，并定期为学生布置一定的课外阅读任务，益于小学生在任务完成过程中很好地拓宽阅读视野，逐步丰富自身语文知识积累。

例如，在带领学生们学习完《三打白骨精》这篇课文以后，进入作业布置环节，小学语文教师就可以根据具体教学内容为学生们布置一定的课外阅读学习任务。具体而言，语文教师可以从《西游记》《三国演义》以及《水浒传》等名著中选取一定量的片段内容，然后要求小学生在课下一周时间里完成阅读活动，在此基础上，学生还要从中选取自己喜欢的段落进行详细分析，并将其中较好的表现手法、表达技巧等记录到笔记本上，便于在阅读教学课堂上与其他同学展开有效交流活动，最大限度地增加语文知识的积累。

4. 联系生活实际，增强学生情感感悟能力

语文学科与实际文化生活息息相关，很多语文知识都来自前人的生活经验总结，同时学生学习语文学科的最终目的也在于从中吸取科学文化知识以指引实际生活行动。据此，在平时的语文课堂教学过程中，各任课教师就需要充分结合学生生活实际展开具体教育教学活动，益于小学生的情感感悟能力得到科学而有效的锻炼，在此基础上，小学生在语文学习过程中就可以迅速理解把握课文传达的情感意蕴，并将其转化为自己的深刻认知，最终为学生有效展开生活行动提供科学指引。

例如，在带领学生学习《师恩难忘》这篇课文的时候，小学语文教师就需要在知识传授过程中适时融入生活元素，益于学生在深刻理解把握课文思想主旨的过程中逐步提升情感感悟能力。具体而言，本课一项重要教学目的即帮助学生体会作者对老师的感激与怀念之情，进而促使其拥有尊师、爱师的美好品质，因此在具体教学活动中，小学语文教师就可以引导学生联系实际思考以下问题："同学们最喜欢哪位老师呢？他做了哪些事情让你觉得印象比较深刻？""面对教师的谆谆教导，学生们是怎样回应的？具体怎样做才能够显示出对教师的尊重爱戴呢？请同学结合自己的实际行为进行回答。"等。在以上联系生活教学过程中，小学生不仅可以深刻理解文章所传达的思想主旨，同时还可以将其投射到自己实际生活中，深刻体会教师对自己的付出与关爱，最终促使自身情感感悟能力得到有效锻炼与提升。

5. 多样朗读训练，培养学生语文阅读语感

在小学语文教育教学过程中，任课教师的主要教学任务在于培养学生听、说、读、写等各方面能力，最终益于学生学科综合素养稳步提升，其中，读这一重要核心素养内容尤其需要师生给予较多重视。据此，在平时的教育教学过程中，小学语文教师就需要借助多样化朗读形式对学生读的能力进行科学训练，从而使得小学生在大量有效的实践锻炼中逐步拥有较强的语文阅读语感，以提高语文知识敏感性，益于迅速捕捉语文课文中的关键知识点。

例如，在为学生们讲解《林冲棒打洪教头》这篇课文的时候，小学语文教师就可以带领学生们展开多样化的朗读训练活动。首先，语文教师可以自己朗读一遍，要求学生们跟随自己的朗读进行默读；其次，教师可以领读形式带领学生们阅读文章，即教师读一段内容，学生们随之跟着重复读相同段落；最后，小学语文教师可以将学生们划分为不同的学习小组，要求学生分别扮演课本中的林冲、柴进等进行分角色朗读。在以上一系列多样教学活动中，小学生们就可以在科学朗读训练中逐步增强语文阅读语感，为综合学科能力进一步提升增添助力。

总之，在现阶段的教育教学环境中，语文核心素养培养渐渐引起了人们的广泛重视。在具体教育教学过程中，小学语文教师需要融合涵化教育思想持续展开研究活动，以在不断优化改进中探索出更加科学有效的教学策略，促使小学生语文核心素养迅速提升。

涵化教育理念下小学语文阅读教学的操作策略

　　涵化教育是以"涵养化育，自然天成"为核心育人理念的一种校本探索，它以遵循儿童自然发展规律、尊重儿童的自主发展需要为特征，通过主体的合理交往对话，引导儿童自主体验、主动建构，实现儿童素质的全面适切的发展。"涵化教育"理念下的语文阅读教学，旨在能借助于教师的文化内涵、人格魅力，教材媒体本身的知识和文化价值，教师对文本的领悟和教学智慧等相关元素，来为学生创设适宜的情景，影响并引导学生寻得自身发展的基点与目标，从而获得适切的发展与成长。它注重儿童情感、心灵、人格的建构，立足于在对话中提升儿童的品质，强调语文教学要在对话中得到知识与能力的滋养，优化教学的过程与方法，提升学生的情感态度与价值观。它改变了阅读教学的"独语"状态，实施"对话式"阅读教学，让学生在"多维对话"的场景里，在思与思的碰撞、心与心的接纳、情与情的交融中，彰显着生命的灵性。

一、"涵化教育"理念下阅读教学的特征

　　1.**它是民主的、平等的教学**。民主、平等是对话教学中的第一法则。因为对话的现代意义不仅仅是狭隘的语言交谈，而且是师生双方各自向对方敞开心灵并彼此悦纳。没有民主与平等，就没有师生之间真正的对话。师生之间应成为"伙伴"，对话的伙伴。这样的师生关系，真正地具有人性，它自身就具有极大的教育价值。

　　2.**它是沟通的、合作的教学**。"教学，是拥有教学理论素养的教师与学生进行沟通的文化"。坚持民主的、平等的师生关系法则，教和学双方必然会走向积极的沟通与合作。在教和学双方的沟通与合作中，对话的精神才得以体现。成功的教学，教师与学生之间必然存在着情感和思维上高质量的对话。

　　3.**它是互动的、交往的教学**。有沟通和合作，必然会有互动与交往。互动和交往是在沟通、合作基础上的进一步的行为。教师、学生和文本之间，在互动过程中，实现着多种视界的对话、沟通、汇聚、融合，从而在一定程度上使各自的认识偏见得以克服，并产生新的视界，让真理的探求不断增加新的可能性。

　　4.**它是创造的、生成的教学**。对话性教学，不是简单的传递信息，而具有重新建构意义、生成意义的特征。在对话精神的作用下，教师、学生和文本之间，就教学内

容进行平等交流、真诚沟通，互相借鉴，取长补短，在合作的氛围中，各自生成或建构了自己的认识与知识，与传话式的教学相比较，整个教学过程是充满创造色彩的。学生不再是知识的"接收器"，而是知识的"发生器"。

二、"涵化教育"理念下阅读教学的策略

1. 积极培养对话意识。在一个刻板呆滞的课堂氛围中，富有活力和创造的对话是难以实现的。对话的原始意义是交谈。但并非任何交谈都是对话。对话过程本质上是不同主体以各自不同的方式、声音共同参与的精神历程。良好的对话氛围产生于教学主体间的对话意识。必须有这样一种"对话意识"，即一种民主的意识、平等的意识、合作的意识，致力于共同创造新的精神境界和倾听他人的渴望。如果没有这种对话意识，没有这种渴望，即使有再华丽的辞藻、再优美的句子，都不是对话；而有了这种对话意识，即使言辞上再激烈，甚至是针锋相对的争辩，也是对话，还可能是更高级的对话；甚至，只要有了这种对话意识，人们相互之间默默无言也是对话。正如人们所说的："没有对话意识的问答，就像一个只有骨肉而无灵魂的僵尸，绝非真正的对话。"

2. 善于创设对话情境。阅读教学是对话的过程，应通过创设多种多样的对话情境，让学生积极参与，激发他们对话的欲望和热情。比如：（1）创设课文情境。利用媒体创设情境，具有生动、形象、逼真的特点，有让人宛如身临其境的感受，既提供了对话的素材，又能很好地引起学对话的欲望。（2）创设问题情境。一个巧妙的设问，是一支点燃学生的火把。比如，南湖一小刘全老师教学《"你必须把这条鱼放掉！"》伊始，便让学生看题目，想问题。学生抓住课题是人物的一句话这一特点纷纷质疑：这话是谁对谁说的？"这条鱼"是什么鱼？为什么让他"必须"放掉？这些问题激活了学生的阅读期待，诱发了学生和文本以及师生、生生之间对话的渴望。（3）创设活动情境。像"演一演""做一做""说一说""唱一唱""画一画"等活动方式，都能很好地调动学生对话的积极性。

3. 善于把握和丰富学生的"前理解"。在备课时，有的教师常常更多地只考虑自己如何把握文本的思想内容、写作特色，而忽略了学生认知水平。这种情况，实际就是教师用自己的"前理解"取代了学生的"前理解"。"前理解"正是理解之所以成为可能的重要条件之一。因为没有"前理解"就不可能有理解，恰如一个出于纯生物状态的婴儿是不可能有什么理解的；"前理解"构成了理解者的视野，一个人能够理解什么，理解到什么程度，恰恰取决于其"前理解"。因此，教师在阅读教学中，要防止自己的"先

入之见"甚至"个人偏见"对学生阅读的干扰,因此首先要组织学生独立阅读,并且静听学生。此其一。第二,教师应尽可能扩大学生的阅读面,"前理解"只有在不断"理解"中才得以增强。第三,阅读教学要加强师生、生生之间的交流,听听各种不同的"前理解",以扩大自己的"前理解"。对任何一个文本,不同的"前理解"都只能从某一个"窗口"看到文本的一道"风景",而不同"前理解"视觉的交叉,则使我们可以借助别人的眼睛看到更多的"风景"。

4. 鼓励、尊重并引导学生有创意的阅读。接受理论和解释学都告诉我们,任何读者理解到的意义都不完全等同于作品原来的意义,而且不同读者面对同一作品所理解到的意义也都不可能完全一样。所谓"有一千个读者,便有一千个哈姆雷特",便是此理。因此,阅读教学完全应当给学生多元解读、自主发现文本含义的空间,不能再搞过去应试教育下的一元论了。但是,真理往前多跨出半步往往就走向了谬误。如果把有创意的阅读理解成不顾作品的意义而随心所欲地"自由理解",则只有"创意"而无"阅读"了。这里的关键在于,创造的基础是阅读,不能抛弃作者的本意。鼓励学生有创意的阅读,就是善于引导学生用自己的"前理解"去阅读,同时又借助别人的"前理解";努力发现别人没有发现文本的其他含义;对理解到的意义做出自己独到的价值判断而不仅仅停留于理解本身或人云亦云;在理解意义的基础上产生联想而生成新的意义和塑造新的形象;将阅读与生活相联系,用阅读去影响生活,等等。有创意的阅读,只能生长于对学生独特见解的珍视,更离不开教师合理的引导。

三、"涵化教育"理念下阅读教学的模式

1. 情景导入。这是涵化课堂的起点和基点,是营造涵化课堂文化,吸引孩子进入涵化情境,激发好奇、生疑、探究的冲动。情景有原生活情景、移用情景、自创情景等,而原生活情景却是涵化课堂取之不尽用之不竭的源泉。情景的创设以及筛选要求具有诱惑力、穿透力、可再生的张力,使涵化课堂在起始的第一时空吸引孩子的视听、注意力,从而进入涵化境界。

2. 感知体验。这是情景引入的自然走向,走进文本、感知文本、体验文本,走进生活、体验生活,在感知体验中得以涵养化育。此时此境的感知体验是学生为主体的语文学习实践,在体验中形成经验,发现问题,从而引发解惑的强烈需求。她是文本蕴含的涵化,是心灵的涵化,是生活实践的涵化。

3. 对话探究。课堂上的对话探究,是直接从感知体验中生发出来的。对话是师生、

生生的交流过程，对话是为探究的对话，探究是依托对话的探究。孩子从感知体验中得到的收获、乐趣、成功，需要在探究中沟通交流；对感知体验中产生的疑难、设想，需要在对话中互相质疑、碰撞、争论、辩白，甚至还要有必不可免的争吵。这样的课堂不在乎求得所谓认知的统一，而在于孩子发表丰富多彩的不同意见的撞击，在撞击中闪现智慧的火花，产生奇思异想。因此，对话探究的过程是最丰富的涵养化育的过程，这是涵化课堂最期盼诞生的美妙境界。

4. 建构生成。建构生成是情景导入、感知体验、对话探究的涵化全程的顺理入境的结果。建构生成什么，这是设计课堂模式时早已预设的涵化目标。建构生成的过程是拓展，是检验，又是新的生成。课堂上要创设新的涵化情境，让孩子已生成的知识、智力、智慧及身心面临新的挑战，让孩子跳起来采摘树上成熟的桃子。

"情景导入—感知体验—对话探究—建构生成"是互相衔接、密不可分的"涵养化育、自然天成"的阅读教学通用模式，它是孩子展示自我的舞台，是孩子健康成长的精神家园。

涵化语文
教改实践

涵化课堂的课前预热方法浅探

涵化教育理念下的语文课堂，不再是知识传授的课堂，而是师生、生生情感交流、心灵沟通和生命对话的场所。涵化课堂倡导教学活动回到真实的情境，回到孩子真实的生活中，在春风化雨般的文化熏陶、感悟和建构中，不断提升学生的语文核心素养。

涵化课堂，注重课前的情境创设，即"课前预热"。课前平等融洽的对话交流、气氛渲染，为正式授课进行巧妙的铺垫，让课堂变得和谐、灵动、高效。

一、平等对话，拉近心理距离

不少公开课，尤其是"零起点"的竞赛课，师生之间是陌生的，加上很多听课老师坐在后面，学生会存在一定的戒备和胆怯心理。如果课堂教学"强行入轨"，很难实现良性效应的互动。此时，课前师生之间的交流沟通尤为重要。

在"江苏省第九届凤凰语文论坛暨课堂教学主题观摩研讨活动"中，我执教《山谷中的谜底》一课，课前三分钟的师生互动如下：

师：同学们，咱们初次见面，你对我有哪些了解？

生：我知道您今天要教我们学习《山谷中的谜底》一课。

师：这是幻灯片上最显眼的文字，说明你的视力很正常。

生：我知道你的名字叫荀以勇。

师：这也是幻灯片上的。有什么好方法记住我的名字吗？

生："荀子"的"荀"，"以为"的"以"，"勇猛"的"勇"。

师：三个字组成了三个词语，有水平！其实记忆也有窍门，对于一个陌生的词语我们可以采用联想法，例如：以前有个勇敢的荀子，今天有个"荀以勇"。好，你们还有哪些发现？

生盯着老师看。

师面向一位眼睛发直的学生：不要把我当怪物看，好吗？你这样直勾勾地，看得我心里发毛。对了，要像这位同学一样，"含情脉脉"地看！

生哄堂大笑。

师：追加30秒时间，继续免费欣赏。

生继续观察老师。

师：通过观察，你又有什么发现？

生：荀老师个子高。

师：你的个子也很高，做人就要像我们这样顶天立地，对吧？

生：荀老师长得帅。

师：嗯，既"高"又"帅"，差一点我就成"高富帅"了。但愿不是"金玉其外，败絮其中"。

生：我通过观察，可以肯定荀老师是男的。

师：放心，我和你一样，是中华人民共和国男性公民。刚才同学们谈的都是轻而易举就能看到的，还有哪些需要仔细观察的？

生：荀老师是单眼皮、小眼睛。

师：可以说得中听点儿，叫"丹凤眼"。小眼睛聚光哦！

生：荀老师头上有丝丝的白发。

师：有时白发是操劳的结果，更是智慧的结晶。

生：荀老师有络腮胡子。

师：早上才剃的，又长出来了，真是"野火烧不尽，春风吹又生"。

师：这些都是通过仔细观察能够发现的特点，你们还想知道些什么？

生追问老师的年龄、籍贯、爱好等。

师：你们都像审问犯人了。是的，这些问题我不告诉你们，就是一个又一个谜。当然，你们也可以通过各种途径揭开谜底。这节课，就让我们一起到加拿大的魁北克，去探究山谷中的谜底。

师生间平等的、充满趣味的互动对话，迅速消除了陌生感，缩短了师生之间的距离。看似信手拈来不经意的交流，在拉近师生关系的同时，培养了学生的观察能力，自然转接了课文的学习。

二、点燃热情，激发学习信心

第斯多惠说过："教学的艺术不在于传授本领，而在于激励、唤醒和鼓舞。"在市学科带头人、教学能手课堂教学观摩展示活动中，执教《理想的风筝》一课。上课前才知道，这篇课文二实小六年级的学生前天已经学习完了。当时临时决定，改用五年级的学生进行授课。

师：同学们，今天上课，你们有什么发现吗？

生：我通过观看屏幕知道今天学习的课文是《理想的风筝》。

师：你真善于观察，还有其他发现吗？

生：这篇课文是苏教版第十二册的。

师：是的，这是一篇六年级下册的课文，正常情况下，我们要到明年的这个时候才学习。早就听说我们二实小五（3）班的同学学习能力是最强的，今天我们提前学习这一课，有信心吗？

生齐答：有！

师：好！那么你们打算怎么学习这篇课文呢？

生：……

自信是学生走向成功的重要力量源泉，是学生有效学习的前提。课前我引导学生留心观察，了解今天的学习内容。充分信任他们，并激发他们学习的信心——我们五年级学生也能学好六年级的课文！事实上，这节课的教学效果确实也出乎我的意料，他们在课堂上的表现甚至超越了之前试教的六年级学生。可见，只要我们适时地增强学生的自信心，"让孩子抬起头来走路"，他们就能认识到自身拥有的巨大潜能和广阔的发展可能性。

三、紧扣主旨，构建教学意境

在省凤凰语文"课堂进阶"名师工作室教学观摩研讨活动中，我讲授《孔子游春》：

师：同学们，我们又见面了！上午咱们接触的时间虽然很短，但老师已从心底里把你们当作朋友了，你们呢？

生：我们也把您当作朋友了。

师：太让我高兴了！我来自建湖，乘车到宿迁得两个小时，也算是远方的客人吧？

生：嗯。

师：孔子的哪句名言最能表达你们此时的心情？

生：子曰："有朋自远方来，不亦乐乎！"

师：台下的老师也是咱们远方的朋友，我们一起和他们打声招呼——

生：子曰："有朋自远方来，不亦乐乎！"

师：孩子们，窗外春意浓，你们的热情让我们这个电教厅的春意更浓了。这节课我们继续跟随孔子一起到泗水河畔，欣赏那如画的春景，聆听圣人春雨般的教诲。

这里的"预热",根据课堂上的"远方朋友",创设情境,让学生回顾孔子的名言:"有朋自远方来,不亦乐乎!"进而由学生的热情引入到浓浓的"春意"。在春风化雨般的交谈中切入教学,既把握了整体意境,又切合了课文主题。

四、巧用游戏,调动学习兴趣

紧扣学习内容和教学目标,课前精心设计游戏活动,能有效地调动学生的学习兴趣,使其进入跃跃欲试的亢奋状态,便为课堂教学的有效开展奠定了基础。

1. 谜语猜猜猜

如在讲授三年级上册的《石榴》一课时:

师:同学们,喜欢猜谜语吗?今天老师带来了几则谜语,看看谁能最先猜出来!

第一个谜语的谜面是:一个小胖子,藏着黑珠子,剥开黄身子,露出白肚子。猜猜这是什么水果?(龙眼)

第二个谜语的谜面是:一棵藤儿弯又弯,上面满是珍珠串。有紫有绿真好看,生的酸来熟的甜。这又是什么水果?(葡萄)

第三个谜语的谜面是:胖娃娃最爱笑,笑红身子笑破嘴,笑得大嘴合不上,露出满嘴红玛瑙。猜猜这是哪一种水果?(石榴)

师:三个谜语下来,老师已经知道咱们班的同学真的不简单,相信今天的课堂上,大家一定会有更精彩的表现!

小学生爱猜谜语,三个谜语激发了他们的兴趣,让他们有了成功的体验。一旦意识到自己在老师眼中是了不起的,孩子学习的积极性便油然而生。看似简单的猜谜语,其实并不简单!老师课前预热用意在于:从谜面的描述中感性认识龙眼、葡萄、以及本文的主角——石榴,为下面的课堂教学埋下了伏笔。

2. 竞猜想想想

在江苏省"杏坛杯"优质课竞赛中,我执教《让生日过得更有意义》的语文综合实践活动课:

师:同学们,我们今天实践活动的话题是什么呢?请看《打破砂锅猜到底》——

在振奋人心的音乐声和引人注目的动画情境中,依次出示以下词组:一年一度—热切盼望—收到祝福—长大一岁

师:生日,是我们幸福成长的记录点。现在就让我们再次走进那段温馨的时光。(播放《祝你生日快乐》歌)

师:同学们,生日歌响起来了,我们也一起唱起来吧!

游戏符合儿童的天性。正如苏霍姆林斯基所说:"没有游戏,就没有、也不可能有完满的智力发展。对于孩子来讲,游戏是最严肃的事情。世界在游戏中向儿童展现,儿童的创造性才能也是在游戏中显示的。""超级联想"、唱《生日快乐》歌一下子调动起孩子们的兴奋点,激发起学习的兴趣,激活了他们的思维,为学习新知做了很好的铺垫。

3. 诗词背背背。

小学生年纪小,好胜心强,在上课前安排一些竞赛活动,如朗读比赛、写字比赛、背诵比赛等。对比赛优胜者及时鼓励表扬,学生学习的劲头会更足,学习的兴趣会更浓。

在省教师培训中心组织的教学观摩活动中,我讲授《夹竹桃》一课:

师:同学们,课前三分钟让我们再次走进《中国诗词大会》。问诗词大会,谁主沉浮?

生:我主沉浮!

师:今天我们交流的是"飞花令"含有"花"的诗句。按以前划分的两大组,今天哪一组先来呢?

两大组的学生依次背诵含有"花"的诗句,最后评出优胜组。

师:大家积累的含有"花"的诗句真不少。同学们,万紫千红、美不胜收的花儿,引无数文人墨客留下了不计其数的经典诗篇,而著名语言学家、散文家季羡林先生却独爱夹竹桃。这节课我们继续走进他笔下那蓬蓬勃勃的夹竹桃世界。

本课的课前预热紧扣"时代脉搏",将家喻户晓的竞赛感强、观赏性高的电视节目《中国诗词大会》引进课堂。"飞花令"不仅考查了学生的诗词储备,还培养了学生合作协调能力和适者生存、优胜劣汰的竞争意识。同时,由写花的诗句自然过渡到"夹竹桃",可谓是独具匠心的设计,起到了水到渠成的效果。

五、视听引路,渲染教学情境

夸美纽斯曾说:"一切都是从感官开始。"没有感官的参与,就不会有学习。课前预热,教师可以充分运用各种手段刺激学生的视觉、听觉、嗅觉、动觉等,让学生在最短的时间内进入最佳的学习情境中。

1. 音乐渲染。

如《嫦娥奔月》一文,不闻师声,音乐悠扬先起,学生迅速安静下来聆听歌曲《但愿人长久》。充满诗意的语文课堂拉开序幕。接着出示苏轼古诗词《水调歌头》:"明月几时有,把酒问青天……人有悲欢离合,月有阴晴圆缺,此事古难全。但愿人长久,千里共婵娟。"自然引入文眼——月。

2. 画面渲染。

如《黄山奇松》，课前通过课件播放黄山旅游胜地的美景照片，让学生对黄山闻名于世的"四绝"——奇松、怪石、云海、温泉有了初步的认识，为学生学习课文，领略黄山松树的奇特美丽奠定了基础。

3. 影视渲染。

如《七律·长征》一诗的课前预热：在《长征组歌》背景音乐的衬托下，视频播放着长征途中红军战士不怕牺牲、英勇战斗的一个个感人画面。现代化的教学媒体带领学生穿越时空，置身长征的特定情境之中。他们如临其境，对长征有了初步的直观认识，为后面的自读、自悟、探究、质疑进行了有意义的铺垫。

课前预热的方式还有很多，"涵化"理念下的语文课堂强调每一种情境的创设都要引入意境、适合学境、切合情境。总之，看似可有可无的"课前预热"，能够在相互的交际交流中拓展知识，拉近师生距离，顺势引导点拨后续的学习内容与学习方法，不经意间奠定了课堂的基调，完美了整个一节课。

优化教学策略 提升学生学力

当前，新课程改革如火如荼，语文课堂教学花样翻新，"示范课""研讨课""成果汇报课"等屡见不鲜。课堂上学生秀出真我，畅所欲言，自主探究，气氛活跃，而传统的"讲授型"课堂似乎逐步退出了舞台，甚至我们颇有视之为洪水猛兽的架势。但是，在热热闹闹的课堂背后，我们不难发现许多语文课堂教学一味标新立异，流于形式，忽视了真正重要的课堂实质，教学效率依旧低下，学生的语文素养得不到真正有效的提升，这恐怕是与课改精神背道而驰的。

小学语文课堂是教师、学生与文本之间对话的一个过程，学生是我们语文课堂教学的主体，要想提高课堂效率，我们必须优化教学策略，激发学生的学力。语文教师的教学活动对学生的学习和身心发展起着主导作用，而语文教学是否卓有成效，关键在于教师。教师只有在了解学生学力的情况下，才能更好地开展课堂教学，真正达到事半功倍的效果。那么，在新课改当中，我们又如何优化教学策略，提高课堂教学效率，促进学生学力的提升呢？

一、精心设计，让课堂教学"有的放矢"

课堂是学生学习的主阵地，合理科学的教学设计是上好语文课的前提。教师要想在教学时有效地完成教学任务，就必须深入钻研教材，找出知识的主线，把握教学关键，挖掘教材本身的智力因素，分析研究教学内容，根据新旧知识的联系，以学生原有的知识经验为基础，精心设计，认真选取，优化语文教学过程，从而提高语文教学的效率。

1. 入情入境，走进文本

一堂课如同一首优美的散文，开头便要漂亮，引人入胜；一堂课又恰似一支动人的乐曲，开头就要定好基调，扣人心弦……好的导语像磁石，能把学生分散的思维一下聚拢起来；好的导语又是思想的电光石火，能给学生以启迪，提高整个智力活动的积极性。因此我们要创造科学有效的导语形式，把握课文特点，根据学生好奇心理，运用喜闻乐见的形式导入新课。

《高尔基和他的儿子》课堂教学一开始，老师出示高尔基的图片问：在苏联的文坛中，有一颗耀眼的明珠，他的名字叫高尔基，同学们对他了解吗？接着，让学生交流从"作家卡片"和课前搜集的资料中获得的信息。课前有目的的阅读、收集、积累，可以使学生对课文内容有整体的了解，缩短时代的距离，让学生很快便进入情境之中，走进人物的世界。

2. 去粗取精，把握重点

课堂时空有限，有效教学要关注教学效益，就必然要关注教学时间安排的合理性。如果教学内容取舍不当，教学实施中非语文活动太多，就会冲击了语文训练，也就造成教学效益低下。教师应根据教材所要达成的目标和要求，根据学生的实际情况，制订明确、集中、适切的课时教学目标，把准课堂教学的重点。然后，充分发挥孩子的主动性，让出更多的时间和空间给学生多读、多思、多议、多写，让他们与文本充分接触与对话，不断生成新的思想，进而加深对文本的理解，形成独特的情感体验。例如：《高尔基和他的儿子》这课的重点是体会父子间的深情，了解不仅高尔基爱他的儿子，他的儿子也非常的爱高尔基。教学中，紧扣"爱"字，让学生了解高尔基不到十岁的儿子顾不上休息来到爸爸的身边，一直忙着种各种各样的花草，体会高尔基儿子的孝顺懂事，从而感悟儿子对父亲深深的爱。

3. 提问有度，简明扼要

课堂上的提问是一种艺术，好的提问可以启发学生的创造性思维。提问要因人而异，对于优秀的学生，要激励他们多去思考一些有一定深度的问题，拓宽他们思维的广度；而对于那些中等生和相对薄弱的学生来说，则要提出一些他们能力所及的问题，照顾到每一位孩子，让他们积极投入课堂中来，激发起他们学习的兴趣。讲授《高尔基和他的儿子》这节课，学习课文的第四自然段时，教者抛出这样的一个问题：你仿佛看到了什么，闻到了什么，又听到了什么？问题虽小，却照顾了每一个层次的学生，每一个学生都能应对这样的问题，并能直抒胸臆。问题简洁，却极有价值。

4. 自读点评，学有所悟

在教学中，要引导学生在学习语文的过程中探索作者的情感体验，加深对课文的理解，捕捉作者熔铸于作品中的情与意，获得与作者情感上的共鸣。如《高尔基和他的儿子》教学中，在让学生读悟第三自然段时，要求：读一读，想一想，你觉得高尔基的儿子是一个怎样的孩子？从哪儿看得出来？用"___"标出你感受最深的语句，圈划重点字词，在书旁空白处写出你的体会。这样让学生在阅读时圈划字词，写点评，旨在教给学生边读边悟的读书方法，随时记下思维灵感的火花。相信经常这样的训练，学生良好的读书习惯必将养成。然后，给学生充分读书、感悟、小组讨论、大组交流的时间，让他们自主参与学习。小组讨论，学生在交流中碰撞出思维的火花，在切磋中激发创新灵感，他们成了课堂的主人、学习的主人。大组交流，着重引导学生抓住语言文字"谈体会、细分析、感情读"，不仅体会到儿子的勤劳、懂事和孝顺，而且掌握了课文"叙述事情，景物描写"的表达感情方式，同时也培养了学生良好的读书习惯。教师的主导作用充分体现在学生主体作用的发挥上，学生学得自在，学得轻松。

二、突出主体，让主观能动发挥"淋漓尽致"

著名语文教育专家周一贯先生就明确指出："反思传统语文课堂教学设计，最基本的一点是学生主体地位在语文课堂教学设计理念中的失落。"传统的语文课堂教学方式就是老师讲解提问，学生举手，获得准许后才能回答。而如果有学生未获得教师批准就脱口而出问题的答案，则被视为"插嘴"，被视为扰乱课堂纪律，甚至被视为对教师大不敬。长期以来，学生的课堂主体地位被粗暴地剥夺，学生的主观能动性也就无从发挥，不难想象，这样的语文课堂教学，学生又能收获什么？《语文课程标准》指出："学生是学习和发展的主体。语文课程必须根据学生的身心发展和语文学习的特点，关注学生的个性差异和不同的学习需求，爱护学生的好奇心，求知欲，充分激发学生的主动意识和进取精神，倡导自主、合作、探究的学习方式。"语文课堂必须坚持学生的主体地位，教师、文本都应该为学生服务，最大限度地挖掘学生的主观能动性，从而发展学生思维，开阔学生眼界，提升学生的语文素养。

1. 释放学习时空，落实主体地位

学生是学习主体，教师抛出有价值的问题后首先要给学生自学思考的时间、质疑的时间和互动交流的时间。应让学生先充分自学、思考，再让同学交流、回答，学生自然就参与了学习体验的全过程。同时要给学生空间，要有预习、有自学、有练习、有复习，而不是所有时候都由老师讲。老师要相信学生能力，该放手时就放手。

2. 引导学会质疑，落实主体地位

问题是启动人们认识活动的启动器和动力源，是从未知到已知的转换器，没有问题就没有人类的创造。"学起于思，思源于疑。" 语文课程必须爱护学生的好奇心、求知欲，充分激发他们的问题意识和进取精神，从而挖掘潜能、调动思维和学习积极性。同时注重引导学生提出有价值的问题。学生产生疑问之时，正是他们积极参与学习，认真思考，主动探究，使思维向深入发展之际。训练学生质疑、释疑，是培养学生思维能力和自主意识的重要手段，这远比教给多少知识更重要。教学中，"高尔基还是一个怎样的人？""我们可不可以把题目改成《高尔基爱他的儿子》呢？""高尔基和他的儿子之间究竟发生了一个什么样的故事呢？""高尔基的儿子是个怎样的孩子？"……高质量的质疑问难推动了整个课堂的教学进程，点燃了学生创造性思维的火花。

3. 注重自主学习，落实主体地位

学生在课堂上不应该是一个被动的接受者的角色，教者要增强学生课堂主人翁意识，启迪学生智慧，发展学生能力，培养学生创新精神。魏书生说得好："教师不替学生说学生自己能说的话，不替学生做学生自己能做的事，学生能讲明白的知识尽可能让学生讲。"激发学生积极性让其全程主动参与学习过程，是唤醒主体意识的最有效方法。同时，教师要让自己成为学生课堂学习的主导者、参与者、合作者、促进者，合理有效地调控课堂教学，积极参与学生的讨论话题，平等发表自己的见解。恰当巧妙地把新旧知识、课内外知识有机地结合起来呈现给学生，给学生提供有效的思考线索，并且对学生的思维成果及时反馈、点评。教师与学生真正一起完成学习任务，共同成长。《高尔基和他的儿子》教学中，教者教给学生课前自主预习的方法，并鼓励、表扬，树立自信；减少书写性作业，少做题，引导多阅读等；讲求自主学习的策略和方法，让学习不再费力；抓住学生学习优点等，将教师的评价、学生自评及互评相结合……在这里，课堂是学习的课堂，更是学生的课堂。学生与学习是课堂本质终结关注的对象与任务，把学生的自主自学、生动学习作为教学方式变革的重点，坚持"感知体验""对话探究""建构生成"，坚信"没有一种花不绽放"。

4. 加强合作学习，落实主体地位

合作学习是指学习者为了完成某些共同任务，在明确责任的基础上，以小组形式开展互助性和促进性学习。在新的小组合作教学模式中教师诚心诚意地信任、尊重和鼓励学生，把学生作为独立人格，独立尊严的个体，充分发扬民主，平等对待。学生在小组讨论、小组交流学习的过程中，始终带着满意、互动的积极情感主动参与学习，敢于发表自己独立见解，敢于与老师、同学争论。课堂上，师生各抒己见，互相启发，互相补充。在民主、和谐的学习氛围中，学生都参与到学习过程中，真正成为学习的主体。

三、智慧碰撞，让学生思维"纵横驰骋"

教育家鲁宾斯基说："对于形成任何一种能力，都必须引起对某种类型活动的十分强烈的需要。"所以需要是生产动力的源泉，是激发学生积极思维的"催化剂"，教学中应创设积极求知情境，把教师要教的，变成学生自己要学的，找到学生和文本语言的"撞击处"。"撞击处"最能拨动孩子们的心灵之弦，找得准，撞得正，一石激起千层浪，在学生和文本之间就会产生巨大的"磁场"，就会生发学生和文本之间情、理、意、趣的"高

端对话"。教学中，我们要努力创设和谐自主的课堂氛围，用情感染学生，让他们去"标新立异"，去"异想天开"，让他们在敢想、敢说中引发思维的碰撞，在碰撞中点燃智慧的火花，使语文课堂充满活力，从而提高课堂教学的有效性。

1. 紧扣课文之"美"，引发碰撞

教师靠什么点燃起学生思维的"火花"，靠什么激发起学生探究新知的需要？靠文本自身的艺术魅力！语文的阅读材料内容丰富，她如同一个五彩缤纷的乐园，处处充盈着美丽和芬芳。教师要积极创造条件，通过各种方式引导学生去感受她的美，升华她的美。用美的力量去燃烧学生思维的"火花"。具体方法为：赏赏、赛赛、读读、画画等。教学《高尔基和他的儿子》时，教者自始至终以"读"为主线，通过各种形式的读，引发学生的思维火花，引导学生自己说出感悟。在一次又一次朗读中，老师挖掘学生朗读中的个性闪光点，巧妙地组织语言评价，不断强化朗读技巧，渗透文字理解力，真正领悟到文字之美、景色之美、父子情之美。

2. 巧设学生之"争"，激发碰撞

在语文课堂中，让学生有一种竞争的意识，在竞争中学生思维得以活跃，在生生之间的智慧得以碰撞。在教学的过程中，教师可以用生动而富有启发性的语言激发学生的思维，通过一系列逐层深入的问题引发学生思考，从而激起学生思维的火花。如《高尔基和他的儿子》这课伊始，老师便问：题目可否换成《高尔基爱儿子》？孩子们议论纷纷，并据理力争，最终激发了思维，使思维的火花得以碰撞，最终了解了原课题的意思：既写了父亲爱儿子，也写了儿子爱父亲，他们的爱是双向的。

3. 妙用文本之"白"，生发碰撞

教材中留有许多空白，"文本空白处"是文章作者不可点破的韵外之意，是只可意会的弦外之音，不可言传的独具匠心。这些空白既可以是内容的深化，也可以是内容的新解；既可以是情节的衔接发展，也可以是情节的转折变换。这些看起来似乎"无"的空白之处，其实渗透着极其丰富的"有"，为学生的想象留有极大的空间。适时的补白，能使课堂"为有源头活水来"；适度的补白，会让课堂"看似寻常最奇崛"；适情的补白，终让课堂"拨开云雾见天日"；适用的补白，终使课堂"能探风雅无穷意"。我们老师要善于抓住文本的留白处，进行挖掘、拓展，让学生展开丰富的想象，进而培养学生的语言表达能力。如在教学《高尔基和他的儿子》第四自然段时，老师叙述后接着追问：花开得多吗？你从哪个字看出来的？自由读读，你仿佛看到了什么？闻到了什么？又听到了什么？这里教者有机地挖掘课文中可以培养学生想象的"空隙"，学生通过想象，思维开拓了，想象空间打开了。学生在想象中遨游，不仅加深了对课文内容的理解，还培养了学生的思维能力、言语表达能力和创新能力。

四、用好媒体，让语文课堂"锦上添花"

语文新课程标准明确指出：工具性和人文性的统一，是语文课程的基本特点。语文学习更多地注重学习中人文精神的熏陶与情感的交流，注重以真情感染读者，以形象唤起美感，以意境领悟主旨，以培养语言意识和语文习惯为目标。多媒体课件里的文字、声音、图片、动画等极大满足了学生感官需求，激发了学生学习兴趣，缩短学生从形象思维到抽象思维的距离，达到"启其所感，导其所难"的目的。

1. 入题时，燃起兴趣

"凡富有成效的学习，学生必须对要学习的材料具有浓厚的兴趣"。学习兴趣是推动学生学习的一种最实际的动力，它促使学生津津有味地去学习，并得到较大的满足。具有学习兴趣的学生，其求知欲一般不会减弱或消失，而求知欲的满足，反过来又会丰富和深化学习兴趣，使儿童产生与更高认识水平相适应的学习兴趣。小学生年纪小，好奇心强，在学习过程中，大多表现出对活动过程本身产生的直接兴趣。教师要抓住学生的年龄特征和认识规律，紧扣教材，选择和设计形象生动的媒体资源，从而激发学生的学习兴趣。如《高尔基和他的儿子》教学开篇，就出示高尔基的图片，激发学生了解高尔基的欲望。进而交流高尔基的资料，加深学生对高尔基的认识。

2. 疑难处，豁然开朗

多媒体技术在综合处理和控制符号、语言、文字、声音、图像等方面具有高超的能力，运用这一特有功能，可以变抽象为具体，变静态为动态，从而化枯燥为生动。课文中的重点、难点，用传统的教法，不但费时费力，而且效果不好，最后是事倍功半。如果借助电教手段，使教学直观化、形象化、具体化，难点便可以迎刃而解了。《高尔基和他的儿子》一文中高尔基为什么会到意大利的一个小岛上修养，教师相机介绍写作的时代背景，并播放相关影视资料，让学生对当时苏联的情况有所了解。再如，学生因没有生活经历，对"镢头"一无所知。教师通过引导观察图片，让学生认识到镢头就是像锄头一般的农具，并进一步体会到儿子的年龄不大、个头不高，却能使用镢头劳动，从而加深领悟儿子的勤劳、孝顺。

3. 拓展处，展开想象

"想象是人在头脑里对已储存的表象进行加工改选形成新形象的心理过程"。电教媒体可以为学生提供生动具体的表象，激发学生的好奇心和求知欲，给学生以思维上的启迪，使其插上想象的翅膀，积极主动地去思索、去创造。当出现画面情景时，教师可设计各种问题，进行质疑。在直观形象的图像烘托下学生就会在对事物的感受和情感体验中，发挥合理的想象，对事物的感知理解越深入，思考分析就越透彻。如《高尔基和他的儿子》中，"春天到了，儿子种的花全都开了……"教者适时播放春天花儿竞相绽放的画面，让学生真正有了一种身临其境的感觉。在感受景色之美的同时，拓展延伸让学生说说仿佛看什么、闻到什么、听到什么。学生的思维被打开，想象无比美妙。在整个教学过程中，教师只是学生学习的指导者、学习交流的组织者、学习兴趣的激励者。

总之，一堂高效课必须有张有弛，节奏快慢结合，就像一首歌，高低音结合才会有跌宕起伏的感觉，才是一首优美的音乐，让人余音绕梁。新课程理念下的课堂教学注重学生潜能的开发和综合素质的发展，在教学中融入自主学习、质疑讨论、合作交流、主动探究、拓展延伸等教学环节，由此培养学生动手动脑，学会分析判断、感悟体验等综合能力。

学思结合，让语文核心素养在课堂落地生根

在教育部《关于全面深化课程改革落实立德树人根本任务的意见》中，"核心素养"被置于深化课程改革、落实立德树人目标的基础地位。为核心素养而教将成为我们的共同行为取向。语文核心素养，主要包括"语言的建构和运用""思维的发展和提升""审美的鉴赏和创造"和"文化的理解和传承"四个方面。语文核心素养落地生根，主阵地在课堂。

现代教学的本质是什么？我们语文教学的落脚点和归宿点到底在哪里？如何在课堂主阵地上培养学生的语文核心素养？"让学引思，让核心素养在课堂落地生根"这一话题正切中了关键，为我们实践新课程理念指明了方向。"让学"，是以生为本，让学生切切实实地亲身经历学习的过程，在时间、空间上给予保证，让学习活动真实发生。教学中，教师退位，让时间、让空间、让机会、让活动给学生。"引思"，就是引导、引发学生主动探索，积极思考，在学习活动中保证学生处于好学、深思的思维状态。

一、让学引思，引学激思

学习的本质是不断地自我更新，是学生的自我发展和生长。学生总是带着个人的经验背景和自己的独特感受来到课堂学习的，在老师的引导启发下，通过学、思、行的统一，使智慧得到自由释放，能力得到全面发展。所以，教师不只是知识的传播者，更是孩子情感之弦的拨动者，是学生思维之花的点燃者，是学生智慧之门的开启者。

1. 点燃激情，做愤悱情境的营造者

孔子曰："不愤不启，不悱不发，举一隅不以三隅反，则不复也。"学习过程中，当学生处于愤悱状态时，便是学生求知欲望最为旺盛之时。因而，作为课堂教学的组织者、引导者的教师，在教学中一定要遵循孩子的心理规律和认知规律，努力激发探究的欲望，使之处于情感的"愤悱"状态。在此基础上，朝着促使学生"举一反三"的目标，精要地点拨，启发他们的主观能动性，引领他们积极思考，主动探索。老师利用学科特点、自身优势、学生实际，充分调动学生的积极性和学习的激情，才能真正做到"化教为学"。因此，师者要善于启发，敢于启发，点燃学生的求知欲，最终达到"自能读书，不待老师讲"的境界。

2. 引学激思，当智慧教学的引航者

（1）以教材为抓手，提取有价值的教学内容

一位教育家说过："抛开了教科书和听课笔记，忘记了为考试而背的细节，剩下的东西才有价值。"这里"剩下的东西"，可以理解为学生在经历学习后所积累下的方法和经验，在体验情感后所积淀的思想和精神。

在语文学习中，学习的内容是一篇篇精选的课文，但课文只是学习的一个载体。更多的教学内容隐藏在课文之中。我们教师应"凌驾"于课文之上，把它作为例子，教会学生听、说、读、写，从而切实掌握运用母语的规律。因此，在学习活动开始前，我们教者要潜下心来，细心挖掘课文所隐含的语文学习内容和价值，让学生通过听、说、读、写等活动，着力训练孩子对语言的感悟和表达能力，从而促进学生语文素养的不断提升。在课堂教学中教师要创设探究的话题，引导学生主动探究，指导学生进行语言实践，更容易让学生看到知识背后承载的方法和蕴含的精神。唯有如此，学生所掌握的知识才是有生命的，才能跟随他一生。

（2）以学情为前提，让出有宽度的探究时空

一堂好的语文课要着眼于培养学生某一方面的能力：较独立的获取新知的能力，分析和解决问题的能力，搜集、处理信息的能力，语言文字的感悟和表达能力，团结协作与社会活动的能力等。而任何一种能力的获得，绝非是"讲"或"听"出来的，而是孩子们自己"悟"后"练"出来的。教学是一个双向互动的过程，是教师的"教"与学生的"学"的有机融合，而教师的"教"，也是促进学生的"学"。巴莱多的"二八定律"告诉我们：从教学内容来讲，80%的内容孩子们完全可以通过自主学习和合作探究掌握，仅有20%左右的内容属于重点、难点，需要老师的点拨讲解。

如教者执教《山谷中的谜底》一课，师："'弯曲'一词让我们想到了什么？"生："低头、软弱、垂头丧气、屈服、弱者、无能、没出息……"师："是的，读到这里老师想：面对暴风雪，雪松只是一个劲地弯曲，它们在向风雪低头，它们是一群弱者！——同意我的看法吗？"（生全部不同意老师的看法。）师："看来我是势单力薄了，但我绝不'弯曲'。当然要想驳倒我的观点，必须做到有理有据。把我说服了，你们就是我的老师。"接着教者课件出示"辩论小贴士"，引导学生抓文中关键词句，阐明理由，证明雪松不是弱者。

这里，教者设置悬念，抛出话题，创设辩论情境，让出探究时空，尊重学生的体验和理解，引导他们用"抓关键词，讲理由"的方法，突破理解中的难点。孩子们在辩论探究的过程中，提高了表达能力，加深了对雪松可贵品质的认识，受到了情感熏陶，达

到"润物无声"的境界。因此,在备课和实施课堂教学活动时,教师要敢于取舍,留下更多的时间,为学生创设一个自主、合作、探究的学习环境。

(3) 以需要为目标,铺就有启迪的思辨之路

教师的第一教学意识,就应当是"学生意识"。"教"的存在是因为"学"的需要,只有学生对学习内容产生了强烈的学习需求时,"教"才能真正融入学生的学习行为中,形成高效的教学互动。因此,课前教师就要制订具体的教学目标,让学生明白本节课要"学什么",课前预设一定要密切联系学生的学习实际。当然,课堂也有许多不确定性,预设不但是在课前,也会出现在课中。这就要求我们了解孩子,走进孩子的内心,根据课中的应对现场即兴设计,真正体现"因学设教",让"教"更好地为"学"服务。

特级教师于永正,一次去常州上课,讲得是《燕子》,他在徐州讲过这篇课文,效果不错,可是意想不到的是在常州上课却遇到了问题。他问:"小朋友们,为什么说青的草,绿的叶,各色鲜艳的花,都像赶集似的聚拢来?"可不知何故,孩子们全不举手,也不摇头,个个露出迷惘的神色。这时,于老师凭着他丰富的经验已经明白,常州小朋友头脑里压根就没有"赶集"这个概念!换个什么呢?台下听课的老师为于老师捏了一把汗。只见于老师随即改变教路:"小朋友,到过农贸市场吗?人们到农贸市场去买东西就叫'赶集'。人们赶集时是同时去的吗?"学生说:"不是同时去的,是陆续去的。""那么,春天的草、叶和花是同时长出来,各种花是同时开放的吗?"学生们说:"不是的,也是有先后的。""农贸市场人多不多?热闹不热闹?"学生们:"多,热闹!""春天来了,草和花又怎样呢?""草儿争先恐后地从泥土里冒了出来,花儿也竞相开放了,很多很美,也很热闹。"……

这里,于老师随机应变,破解"死穴",及时改变教路,使之切合学生的学路。因为即兴的"因学施教",孩子们的话语像潮水一样倾吐而出,课堂涌动着生命的活力。当然,这只是教师对一个概念"赶集"的调整,但因小见大,我们足以感受到在课堂上教师调整教路以顺应学路展开是多么重要。简而言之,教师在课堂上要"会教",要组织好群体活动:书声琅琅,以丰富学生的语言、培养学生的语感;议论纷纷,以发展学生的思维;情趣融融,以丰富学生的情感,让课堂成为名副其实的学堂。

二、乐学爱思,会学善思

《新课标》指出:要积极倡导自主、合作、探究的学习方式。坚持自主、合作、探究的学习方式,既是一种学习方式的变革,更是一种教师教学方式的变革。构建自主、

合作、探究的学习方式，是实施素质教育，培养学生核心素养的重要途径。

1. 课前主动学，做好合作交流的充分准备

学生是学习的主人。预习过程是学生自我阅读的主动学习过程。学生在课前有了足够的预习，课堂上他们就可以大胆质疑，踊跃发言，积极参加课堂活动，学生的主体作用就能充分发挥，听课的效果就会非常好。

教者要交给学生适切的预习方法，引导学生"运用自己的心力，尝试了解"新的学习内容。例如，通读或默读课文遇上生字词，要动手去查阅工具书；对不理解的地方要圈圈点点，提出质疑；对体现全文主旨的中心句、关键句，就要做标注等。在这一过程中，学生的自学能力得到了培养。对于学困生来讲，充分的预习还为他们减轻了上课的难度和压力，有利于改变学习被动的状态。可见，预习是学习中的一个至关重要的环节，是体现学生主体地位、培养学生自主学习能力的重要途径。因此，强化预习，是让课堂成为生本学堂的保证，也是为学生终身学习和发展打下坚实基础的前提。

2. 课上互动学，促进个体团队的协同发展

"独学而无友，则孤陋而寡闻"。夸美纽斯认为，学生不仅可以从教师的教学中学到知识，也可以在和同伴的相互学习中获得知识。在学习过程中，同伴相互探讨切磋，交流学习经验，更能增强学习的效率。

先学后教，有充分的课前预习为前提，课上以小组为单位汇报他们搜集到的信息和掌握的知识。然后在老师的引导下，同学之间对不懂的问题进行质疑讨论。课堂上，同学们有时为一个问题争得面红耳赤；为了说服对方，大家把自己搜集的资料展示出来，力求让对方心悦诚服。在小组合作学习的过程中，小组每个成员都积极参与，学习任务共同分担，大家集思广益，畅所欲言。发挥集体的智慧，大多问题都能迎刃而解。如果小组合作学习后，仍有问题解决不了，老师再发挥主导作用，引导、启发、点拨、解惑。合作学习，为每一位学生参与学习活动提供了主观能动性，为发展学生合作探究能力、提高学生的核心素养以及终身学习的能力奠定了坚实的基础。在这种生生互动、师生互动的学习氛围中，他们找到了自信，获得了乐趣，学会了学习，张扬了个性。

3. 课后灵动学，拓展延伸探究的空间渠道

课后学习不仅仅是巩固性、检测性的作业，更应该是学生学习拓展和探究的延伸。从学习程序看，课后是课堂学习的延续，引发学生继续进行探究性学习，可以培养学生收集、整理和运用信息的能力；从学习内容看，探究性学习可以根据学生的兴趣，自主选择学习内容，进行自主探究活动，有利于学生的个体发展；从学习资源看，探究学习把学生的学习生活、实践经验等都纳入其中，有利于学生树立正确的人生观和价值观。

同时，根据实际条件，引导学生借助电脑、手机等媒体拓展学习的空间，研究问题，发现问题，增长知识，并引导学生通过 QQ、微信等工具相互交流信息，探讨问题。这样，可以更加快捷、方便地扩展学生的视野，丰富学生的知识，提升学生的能力，促进学习效果。

总之，课堂应该是属于学生的课堂，应该是生长气息浓郁的学堂。老师肯"让"会"引"，学生才能乐"学"善"思"。我们老师要基于儿童立场，在把握"让学""引思"之间辩证关系的基础上，探索"让"与"引"的规律，真正把课堂还给学生，让学习真正发生，学生的语文核心素养就能在课堂上落地生根。

追寻小语课堂的"最佳路径"

随着素质教育的推进，优化课堂教学结构，提高课堂教学效率，培养学生的语文核心素养，已成为语文教学的焦点、热点问题。经过十几年的探索，人们已形成共识：提高学生语文学习能力的主阵地在语文课堂。

而小学语文课堂教学，都应该从教学的出发点走向教学的落脚点，于是两点之间就有了一个路径。路径是一个隐喻，其背后的决定因素往往是组织者、引导者——语文教师。正如世界建筑大师格罗培斯用最简单的方式设计迪尼斯乐园路径那样，语文课堂要实现真正意义上的"低耗高效"，语文教师必须追寻课堂的"最佳路径"。

一、探路："适度引领"下的"简约之美"

语文教学的"简约之美"具体体现在简明的教学目标、简要的教学内容、简化的教学环节、简便的教学手段。语文教学的"简约之美"并不是对教学环节的"简单处理"，也不是对文本"蜻蜓点水"式的感悟，它简去的是复杂的结构，烦琐的分析，机械的训练，冗长的引导。犹如国画大师的一幅写意画，常常了了几笔，形神兼备，呼之欲出。语文教学就是于简单之中蕴含深刻，于平淡之中体现着高超，呈现出一种从容简约之美。她是繁华之后的朴实，是绚烂之后的平淡。

语文教学的"简约之美"，应该是学生在教师的引领下，主动参与语言文字的训练过程，在积累语言，培养语感和发展思维的同时，领悟生活的哲理与文学的浪漫，实现言语与人文素养的兼得。

1. 简明的教学目标

教学没有目标，就如同航海没有指南针。教学目标是教学的起点，也是教学的归宿，更是一节课的灵魂。课堂是一个常数，如果目标太多，每个目标所分配的时间就会变少。长此以往，就会影响学生言语智慧的生成和素养的提升。相反地，如果目标简明，课堂上就能够集中精力，解决主要问题，学生就能够在反复触摸文本的过程中，获得丰富的感受。如教学《夹竹桃》，根据高年段的教学要求，制定了这样一个最重点的教学目标：品味散文优美的语言文字，感悟夹竹桃的韧性可贵。教学中引领学生通过读悟，重点体会语段在表情达意方面的作用。目标的指向集中了，孩子们有的放矢，更有利于目标的有效达成。

2. 简要的教学内容

语文到底教什么？叶圣陶先生说："教材无非是个例子。我们要借文本之力，使学生得语文之力。我们不能仅仅盯着文本内容，满足于文本意思的获取，我们要跟着内容跳出内容教。教什么？我们要清醒地认识，将非语文的因素剔除，确保语文不缺位。"老师教学一篇课文时，首先要思考的是"教什么"，然后再思考"怎么教"。

【案例】《开天辟地》一课，针对学生年龄特点，在"语用"训练理念下，教者确定的教学内容有：

（1）了解神话特点。通过朗读，品味语言，初步感受神话故事的神奇魅力，感受盘古的创造精神，激发学生对神话这一特殊文学样式的浓厚兴趣。

（2）学会复述。在教师指导下初步学会抓要点，用自己的话复述课文。

（3）仿写。读懂第七自然段，并能仿照其构段方式，练习写话。

明确了"教什么"，然后再考虑"怎么教"。比如，复述这个能力训练，对于一般学生，需由故事本身，让学生抓住"混沌一片""开天辟地""顶天立地""化生万物"四个画面，走进故事，然后用自己的话复述。而对于优秀学生，可适当提高训练难度，进行创造性复述，重新编创故事。

3. 简单的教学流程

新课标提出："阅读教学是学生、教师、教科书、编者文本之间对话的过程。"简单的教学流程决定对话质量，自由对话，方能达到阅读教学最高境界。我们的课堂教学基本流程是：情景导入—感知体验—合作探究—建构生成。这样的流程易于操作，同时注重儿童情感、心灵、人格的建构，注重培育儿童的精神文化，让课堂不仅成为知识传授的过程，还要成为学生对人生体验的过程，更要成为师生对话的过程，在感悟和对话中获得精神的交流和共享。

二、引路："潜心会文"中的"深处漫溯"

叶圣陶说："语言文字是一座桥梁，这边的桥墩站着读者，那边的桥墩站着作者，通过这座桥梁，读者与作者会面，不仅仅是会面，而且还和作者的心情相契合。"人与文的对话，有眼到、口到、心到三种境界，而唯有"心到"，才是人与文的真正相遇。潜心会文，是引领学生走向文本深处的不二法门，是学生自主阅读的一段历程，是有效阅读教学中一块不可或缺的"基石"。

1. 潜心会文，读出书中三昧

潜心会文，可以有效地引领学生个体独自走进文本世界，与文本及文本作者展开一场跨越时空的对话，做一次心灵与思想的旅程，使阅读教学不是止于正确、流利、有感情地朗读，而是自己读出书中的"三昧"来。如在教学《推敲》第7自然段时，在用"推"好，还是用"敲"好这个问题时，韩愈为什么认为用"敲"字会更好些呢？请学生再认真读一读韩愈的话，并联系课文的第2自然段，想一想他的观点有道理吗？这种"反刍"式的潜心会文，向更深处漫溯。唯有自求得之的学习过程，才能把学生真正引入文本深处，获得属于自己的原汁原味的语言感觉。嚼别人的馍没有味道，会自己的文才有劲道。

2. 潜心会文，读出文本深度

潜心会文，可以有效地引导学生静下心来，安安静静地把自己的心放置到文本之中，反复地揣摩，仔细地推敲，认真地品味，不断地咀嚼，走进文本言语的深处，走进作者心灵的深处，去倾听文本的声音，去感受文本的色彩，去体验文本的意境，去触摸作者的情愫。静能生智，潜心会文中的"静思默想"，催生的正是学生对于文本有效、有深度的解读。让"心"和"文"贴近，再贴近些，学生和文本之间就会自然产生一种"语言共振"。阅读教学中，引导学生做圈点批注，就是营造一种潜心会文的氛围：让学生心无旁骛静思默想地读，读出自己的个性思想；言简意赅提纲挈领地注下自己的阅读感悟。

3. 潜心会文，读出自我体验

潜心会文，可以有效地引导学生在文本阅读中投射进自己的影子、情感、生活，将自己的知识积累、生活体验、人生阅历等置于文本的"召唤结构"之中，从而对文本进行具体化的"二度开发"，学生在潜心会文中，虚心涵泳，切己体察，议论纷纷，说出自我，可以对文本产生具象化、个性化的解读。潜心会文是一种有"我"的阅读，穿越文本激活文字，身临其境自我体验，罗曼·罗兰说过："读书是为了发现自己，检阅自己，超越自己。"引领学生潜心会文，是决定阅读教学有效性的核心因素。

在阅读教学中，只有老师引领学生实实在在的潜心会文，才会产生出最佳的阅读教学效果。潜心会文，就像那丝丝春雨，没有它来润泽文本，就没有万语千言的满园春色。

三、行路："放飞思维"后的"一路飘香"

我们不能带领孩子周游世界，但可以教给孩子走路的方法。学生在简约的课堂结构下，在掌握了切实的方法之后，"路"靠自己走，在行路中慢慢收获学习的能力。学力的发展不是一朝一夕,而是慢慢"熬"出来的力量,语文的学力是种子的力量,在行路的过程中播下"爱、语用、思维"的种子,在生命的拔节中静待花开,收获一路飘香。

1. 绽放童化语文魅力,激活热爱能力

新课标指出:"培养热爱祖国语言文字的情感,增强学习语文的自信心。""热爱"是情感也是一种能力,是对语文课程特点工具性和人文性的融合。高万同老师说:"语文教学的真谛,就是引领学生借助语言文字,跨越时空,与形形色色的志士仁人相遇、交往,从而不断地提升和完善自我。"而小学语文是儿童的语文,情趣是小学语文课堂教学的最高境界,就是要将学习内容与儿童的生活方式——游戏相融合,让学生置身于游戏中,乐此不疲,让课堂情趣盎然,使儿童从内心生发对语文学科的热爱,在润物无声中能力得到提升。

例如,于永正老师在执教《我和祖父的园子》这课时,通过入情入境的朗读知其意,得其趣,悟其神。他让学生挑出自己最喜欢的充满童真童趣的语段,然后于老师先化身为"爷爷",声情并茂示范朗读,指导学生通过表情朗读,接着师生分角色表演对话,在发现学生没能很好读出"我"的天真活泼和调皮时,于老师转而扮起了萧红,角色之间的巨大反差让学生忍俊不禁,给儿童带来极大的新奇与兴奋,在鲜明的反差中深刻感受人物的形象与特点。

情趣化的语文课堂,是儿童生命成长的乐园。这样,在课堂的熏陶下,我们要更好地培养学生热爱母语,热爱祖国的语言文字,更有信心学好语文。因为热爱语文,所以学生才会更有兴趣玩味语言文字,去体会语言文字无穷魅力。

2. 创造性地使用教材,发展语用能力

新课标指出:"语文课程致力于培养学生的语言文字运用能力,提升学生的综合素养。"语用能力在理解文本的基础上挑战超越文本中发展,在创造性地使用教材中体验,既加深对文本感悟理解,更发展了语用。

在我们的课堂实践中,带领学生抓住核心问题,挑动学生发现问题,通过"读写结合,质疑解疑"等手段,拨动学生创新的火花。例如,讲授《天游峰的扫路人》时,让学生学习作者的写法,抓住人物的语言、动作、神态等写一写人物的典型事例,要求突出人物的精神品质,巧用对比衬托的方法;批注式阅读,注一注,从关键词句中你品味出了什么;补白式阅读,让学生想象补白,30年后,作者再来看扫路人,老人会是什么样的?他们相遇后又会说些什么?教学完这课后,布置学生为这位老人写一段"感动中国"颁奖词。这样,老师带领学生解读文本自身的高度上,带领他们超越自己,获得新的生命成长,还要带他们去生命的远方,从语文中获得能力的提升,获得智慧的生长,发展了学生的语用能力。

3. 切实地让对话在场,发展思维能力

日本佐藤学教授在《学校的挑战——创建学习共同体》一书中指出:"所谓'学习',是同教材的相遇与对话;是同伙伴与教师的相遇与对话;也是同自己的相遇与对话。通过同他人的合作,同多样的思想的碰撞,实现同教材的新的相遇与对话,从而产生并雕琢自己的思想。"所以,教学就是无止境的相遇。

【案例】教学《天游峰的扫路人》这课时,引领学生以疑促读,辩中悟情,辩中发展思维,通过辩论会让学生充分感受老人乐观开朗、自强不息的精神。

师:老人看上去年纪很大,每天还要扫天游峰,他累不累?细细品读课文后,说说自己的观点,准备以小组为单位展开辩论。

累的理由:

生1:在顶天立地的天游峰,上山九百多级,下山九百多级,一上一下一千八百多级。老人每天一上一下要扫一千八百多级,怎能不累呢?

生2:游客们仅仅是看风景,还常常气喘吁吁,大汗淋漓,甚至望而却步,半途而返。而老人还要清扫路面,说明老人这份工作真不轻松。

不累的理由:

生1:喝的是雪花泉的水,吃的是自己种的大米和青菜,呼吸的是清爽的空气,而且还有花鸟做伴,老人的生活充满诗情画意,所以他不觉得累。

生2:因为老人喜爱这份工作,就如同我喜爱唱一首歌,不管唱多少遍都不会觉得累,兴趣是做好的老师。老人以苦为乐,当然不会觉得累。

师:同学们刚才各抒己见,辩得有理有据。从你们的辩论中,我们又看到了一位怎样的扫路人?

就这样,在学生似懂非懂处"引",在渐入深处时"推",让师生换位体验,层层深入,学生也就能够走进语文学习的深处。这样的对话"在场",学生会有自由感,在课堂中你来我往的愉悦对话,让学生形成阅读兴趣,在关键的文本处咬文嚼字,向着学生思维深处漫溯。特级教师孙双金说:"好的课堂像登山,登山的乐趣在过程中,虽然艰辛,但乐在其中。"发展学力的课堂应该这样,引领学生攀登知识的高山,攀登情感的高山,攀登思维的高山!

苏霍姆林斯基说:"在人的心灵深处,都有一种根深蒂固的需要,那就是希望自己是一个发现者研究者探索者。而儿童的精神世界中,这种需要特别强烈。"学生在热爱的激情下,有效地与文本对话,在学生的心中悄然播下学力的"种子",这粒粒"种子"随着年龄的增长就会生根发芽,成为流淌在血液中,驻扎在精神里一股强大的力量。

"高山仰止,景行行止。虽不能至,然心向往之"。教学有法与"教无定法"是辩证统一的，教学规律的可寻性与教学方法的灵活性也是辩证统一的。追寻小语课堂的"最佳路径"是一种美好的向往。引领学生向往美好，带领学生走向美好，是我们小语课堂永恒的价值追求。它指向语文学科能力的发展，它指向语文素养——"语言的发展，思维的发展，精神的丰富"的协调发展。

　　行走在小语教学的路上，遵循"优化课堂结构，发展学生学力"的宗旨，从学生的最佳起点出发，寻找最美的风景，追寻"最佳路径"，定能更加愉悦地抵达"青草更青处"！

践行合作探究 打造生长课堂

新课程积极倡导"自主、合作、探究"的学习方式，小组合作学习改变了知识本位的传统教学，突出学生的主体地位，能够激发学生的学习兴趣，在群体成员之间形成开放、包容的学习氛围。小组成员相互合作、相互鼓励、相互促进，使课堂焕发出勃勃生机。

一、情景导入，用"兴趣"开启合作的"大门"

教学中，教师要想成功实施合作学习，必须调动学生的学习兴趣，激发学生的合作热情。通过创设生活情景、行为情景、媒体情景、e环境等，把学生吸引到合作的情境中。

1. 以"图"生趣，心向往之

这里的"图"可以是文本外的图画，也可以是课本中的插图。教师在教学中，可以抓住图中的内容"做做文章"。例如，在教学《秋天的记忆》这篇文章时，教师展示图画：史铁生坐在轮椅上，显得很急躁。他的母亲蹲在轮椅旁，脸色苍白，百般哀求地说些什么……教师设问：图中妈妈的脸上表情是怎样的？她当时的心情又是怎样的？他们母子在说些什么呢？儿子的腿又是怎么一回事？这样的问题定会引起学生的兴趣，教师顺势将学生引入合作学习的环节。

2. 以"境"生趣，引人入胜

良好的教学情境能够调动学生的情感，使其积极参与到认知活动中。在学生探究前，教师可以运用多媒体课件等现代教学手段，播放优美的音乐、美丽的风景、动态的画面，为学生创设广阔的天地，激发他们学习的兴奋点。

如《七律·长征》一课的情景导入：同学们，在中国革命史上，发生过一次气壮山河的历史事件，那就是中国共产党领导的二万五千里长征。整整12个月，每天天上有敌机的狂轰滥炸，地上有数十万敌军的围堵追击，英勇的红军战士不畏艰险，迈开双脚，纵横11个省，行程二万五千里，与陕北红军会师。1935年10月，长征将要胜利时，毛主席慷慨激昂地写下了一首壮丽诗篇，即《七律·长征》。伴随着老师的讲解，播放敌机轰炸、敌军围追堵截红军的电影片断，把学生带到了长征的特定情境之中。学生如临其境，加深了对长征的认识，为下面的自读自悟、合作探究做了有效的铺垫。

3. 以"激"生趣，跃跃欲试

"激"，一是激励，二是激将。心理学研究表明，激励能够刺激人的听觉、视觉和思维，从而使人产生精神上的愉悦。教者可以瞅准时机，运用一些激励手段来调动学生的学习兴趣。例如，在学生合作前，老师说："同学们一向都能够积极思考，勇于探究，合作能力也很强。老师相信，这一次大家的表现一定会更加出色！"同学们听了老师那温暖的话语，学习兴趣瞬间被激发。

"劝将不如激将"。在学生小组合作前，老师故意说一两句让学生着急的话，从而激发他们的"斗志"。例如，在教学《詹天佑》第五自然段时，学生质疑："詹天佑为什么要与工人同吃同住，不离开工地？""为什么不多打几口井？"笔者故意说："同学们，这些问题的答案，要不要老师来告诉你们呢？"学生纷纷摇头，积极要求自己解决。

4. 以"赛"生趣，高歌猛进

争强好胜是人的天性，特别是儿童，在教师的"教练口令"或"裁判语言"的"蛊惑"下，立刻会产生"当今社会谁服谁"的刚勇。教师可以充分利用学生的这一特点，巧妙调动他们合作的兴趣。如在探究问题确定好以后，老师说："这个问题有一定的难度，我们几个小组赛一赛，看哪一小组解决问题的能力最强？"学生一听到这富有挑战性的话，立刻雄心勃勃、跃跃欲试。

二、对话探究，用"思辨"发掘合作的"宝藏"

合作学习是一种新型的组织教学形式，它能培养学生自主发现问题、分析问题、解决问题的习惯和能力。课堂上，老师要引领学生积极地思考与辨析，让每一名学生的思维都活跃起来，只有这样才能促进小组合作学习的高效率。

1. 质疑问难，发人深思

（1）从题目上挖掘

题目是全文的"眼睛"和"窗口"。有些课文，只要抓住题目，就能扣住行文线索，进而了解全文内容，初步体会到文章的思想感情。例如，讲授《把我的心脏带回祖国》一文，可以围绕课题设立以下合作探究的问题："我"是谁？他为什么要把心脏带回祖国？"带"的经过、结果怎样？问题一出来，学生立即处于"悱愤"状态，投入感知课文内容的学习中。

（2）从文章结尾处挖掘

有些文章的结尾是"神经中枢"，掐住这个"神经中枢"进行探究，往往能起到牵一发而动全身的效果。如《詹天佑》一文结尾是："这个消息立刻轰动了全世界，中外游客赞叹不已。"教师抓住这句话进行表达训练：这一句你读懂了吗？那家曾经嘲笑我们中国没人的外国报纸又会做何反应呢？

学生按要求展开想象，进行练笔。写好后，在组长安排下，组内成员进行互评互改。这个问题虽然寥寥数字，但学生要答好，就必须再次认真回顾全篇课文，展开丰富的想象，更需要与他人合作交流，互学相长。

（3）从过渡句中挖掘

过渡句是上下文的纽带，具有承上启下的作用。所以，抓住过渡句挖掘合作探究的问题，也能达到统领全篇的效果。如教学《小草和大树》一文时，老师出示文字"沉重的打击只能使弱者低头叹息"，预设合作探究的问题：面对困境，夏洛蒂和她的两个妹妹又是怎么做的呢？引导学生小组合作，通过抓关键词句，感受三姐妹面对逆境时坚强不屈的品质。

（4）从定式点挖掘

思维定势是阻碍学生创新能力的"绊脚石"。小组合作学习中，老师要巧妙地引导学生发掘文本中的思维定式点，逆向思考，激发创造。如教学寓言故事《滥竽充数》时，在学生领悟寓意的基础上，进一步引发学生思考：滥竽充数是否都是南郭先生的错？学生在讨论、探究、碰撞中逐渐明晰：如果齐宣王不"贪大求洋"，能够深入实际，了解"民情"；如果其他人中有"正义之士"，给予指正……南郭先生就不会有可乘之机，也不会落到如此下场。

（5）从"课后思考"或"预习提示"中挖掘

如今使用的新教材，每篇课文除了"课后思考"，还安排了"预习提示"，设计的问题都是经过教育专家和一线老师深思熟虑、精心挑选的，所以，其理所当然地应成为课堂上挖掘探究的"宝藏"。在教学《詹天佑》一文时，根据书后思考练习3，让学生当小小工程师，根据对文中"两端凿进法"和"竖井开凿法"的理解，画出简单的施工示意图。孩子们在绘图过程中，对詹天佑的敬意油然而生。

2. 巧妙引导，别有匠心

《礼记》中说：善学者，师逸而功倍；不善学者，师勤而功半。这句话从正反两方面强调了"善学"的作用。运用小组合作学习时，应力求做到以下几点。

（1）科学组建

首先，要对学生进行科学分组，合作学习才能更加有效。一般情况下 4～6 人一组较合适，人数太少或太多都会影响合作学习的效率；其次，小组的成员要合理搭配，要充分考虑学生的理解能力、个性差异及平时表现等，力求做到每个小组都有不同层次的学生。这样，可以达到取长补短、相互学习、共同提高的目的；最后，各个小组尽量做到实力均等，从而有利于形成组与组之间的"公平竞争"，也便于老师进行指导。此外，小组成员要有明确的分工，如组长、记录员、汇报者等，各个角色按期轮换，让每个学生都得到锻炼。

（2）适时点拨

学生的合作是否有效、高效，与教师的参与指导是分不开的。因此，学生合作学习时，教师不应"作壁上观"，而要走进学生中，巡视学习情况，随时介入并进行有效指导，帮助学生解决疑难，提高合作效果。当然，教师介入时要注意两点：一是介入指导的时间要适时。教师是小组合作的指导者，要全过程地关注学生合作的进程，一旦发现需要点拨时，要像"及时雨"一样发挥作用，不能聒噪或过迟；二是介入指导的程度要适中。老师的介入不必面面俱到，防止剥夺学生尝试错误和在合作情境中解决错误的机会。如在教学《姥姥的剪纸》一文，研究到"开阔的草地"时，让学生联系生活实际谈谈自己与姥姥之间的故事。学生各抒己见，叙述着心中的感动。老师时而鼓励，时而指正，放中有收，收中有放，学生在倾诉与倾听中受到了亲情与感恩教育。

（3）科学评价

采用多种形式开展小组竞赛，对各小组的学习过程实时评价，着力关注学习反馈（主要指目标的达成）、合作探究（主要指学生课堂合作学习中的表现）、情感态度（指学习习惯与学习态度）三大部分。具体操作如下：

①每间教室的黑板上有"小组积分表"，用于随时记录各小组课堂学习的积分。

②课堂学习积分原则：学生答对一次加1分，也可分为C类学生发言一次积3分，B类学生发言一次积2分，A类学生发言一次积1分。

③发言过后，根据积分细则，学生上黑板在本小组栏目中记录分值。教师上课时，根据小组积分的多少，调控各小组的发言次数，力求使小组之间的积分平衡。

④每节课由小组记录员在记录本上记载本节课小组及成员的得分。

⑤积分每周一汇总，由记录员记录在教室后面的积分表中。

⑥班级对各小组及组员的积分每月一汇总，评出4个优胜小组，每小组评出一名优秀学员，进行奖励，并存入成长记录袋。

3.自由合作，无拘无束

交流表达能力是合作学习所培养的主要能力之一。学习中，学生的阅读、理解、表达能力，思维和创造力等都会得到不同程度的提升。当然，每个学生个体都有较大的差异性，他们在探究学习结束后，各人的收获、体验也是不一样的。这时教师就要给学生提供一个广阔自由的时空，让学生充分交流，进行智慧碰撞，以他人之长补自己之短，最终达到共同提高的目的。

（1）范围自由

可以是固定的小组，也可以是学生根据自己的意愿临时组建的小组；可以是组内的个体交流，也可以是组际之间的共同交流；可以在课内交流，也可以在课外交流。

（2）对象自由

学生的学习所得除了组内成员进行交流外，还可以向组外的同学、老师、家长、亲人、朋友甚至是素未谋面的陌生人表达。

（3）形式自由

合作交流的形式不一定是口语表达，还可以是写字、作诗、画画、辩论、表演课本剧等形式。

三、拓展时空，让"生成"畅通合作的"道路"

任何学习，只要给学生充分的时间，95%的学生都可以达到预定的要求，其他学生也只是时间的问题。所以，时间也是合作学习中的重要资源。

1. 课前自学，含苞欲放。

课堂教学应关注学生的现状和发展需要，在上新课之前教师下发"导学单"，让学生提前自主学习。"导学单"对学生应达到的学习要求都给出详细说明，鼓励学生提出自主学习后不能解决的问题。以下是《莫泊桑拜师》第二课时的"导学单"。

一、根据拼音，写出相对应的字。
tǎn（ ）白　　（ ）露　　（ ）克
jié 直（ ）了当　快（ ）　　（ ）白无瑕

二、这一节课你最想探讨的问题有哪些？

1._____

2._____

三、自学莫泊桑拜师的经过，完成表格：

次 数	起 因	印象深刻的话	理 解	其他发现
第一次				
第二次				
第三次				

四、感悟人物特点，说说莫泊桑和福楼拜给你留下的初步印象。

莫泊桑：_____

福楼拜：_____

"导学单"的使用是要更好地了解学情。教师在上课前通过学情调查，对学生预习时的兴奋点、难点、学习心理需求等方面做到心中有数，然后根据学生的掌握情况，及时调整教学目标，让"教"为"学"服务。

2.课中探究，百花争妍。

课堂上的合作探究，是直接从感知体验中引发出来的。通过每堂课不少于 15 分钟的自主学习、小组合作讨论、动手实践操作等活动，引发师生、生生互动对话。学生在感知体验中获得的成功和乐趣，在探究中交流、分享；在感知体验中产生的疑问和设想，在对话中碰撞、辨析。课堂中，不在乎求得所谓知识的归一，而在于孩子发表丰富多彩的见解，在思维的碰撞中释放智慧的光芒。如讲授《莫泊桑拜师》第二课时，探究的问题筛选于学生自主学习单上的提问，他们对"福楼拜是什么样的老师？莫泊桑是什么样的学生"很感兴趣，于是笔者就让孩子们合作交流，通过抓关键词句来领悟莫泊桑的勤学和福楼拜的善教；在读有所悟的基础上，放手让他们交流阅读的体会。问题的设计分三个层次：首先，是对文本内容的挖掘。读文中的问句，说一说自己有哪些发现。其次，通过不同句式的比较，体会语言形式之美。最后，学以致用，设置情境，进行角色扮演。

这里，把文本内容引向生活，凸显教学活动的价值导向。问题层层深入，学生的思维越来越活跃，小组交流与班级分享越来越开阔，课堂中的每一个人都有了"如何仔细观察"的收获。

3.适时迁移，花香满园。

叶圣陶先生说过："语文教材无非是个例子，凭这个例子要使学生能够举一反三，练成阅读和写作的熟练技巧。"迁移应用可以及时地巩固学习效果，拓展学生思维，是对学生进行语言训练的有效途径，也是课堂教学的延伸。如教学《理想的风筝》第二课时，学生通过合作探究，领略到文章主要内容及表达方式，此时再引入一些语用训练，巩固学生的积累，对课堂教学进一步升华和拓展。

师：刚才我们品读了刘老师的神态、动作、语言等细节描写（板书：细节描写），感受到了他热爱生活、笑对人生的形象。（师出示课文插图）你们看，追赶风筝的刘老师是幸福而充实的。此时此刻，你一定看到了他的表情，听到了他的话语，读懂了他的心声。请同学们展开想象，从神态、语言、动作、心理活动等角度写一写抓住线绳的刘老师。

接下来学生进行写作，小组合作交流、修改，推选一名同学总结发言，在全班分享。

总之，阅读是写作的基础，迁移是综合技能的再现和运用。学生从阅读的材料中获取知识，进而转化为写作能力，最终通过"读"和"写"双重逆转的过程，把书本知识转化为基本技能。

4. 课后延伸，锦上添花

课后学习不仅仅是巩固性、检测性的作业，更应该是学生学习拓展性、探究性的延伸。从学习程序看，课后是课堂学习的延续，可以进一步培养学生收集、整理和运用信息的能力；从学习内容看，可以根据学生的兴趣，自主选择学习内容，进行自主探究，促进学生个性发展；从学习资源看，可以把学生的实践经验和生活体验等纳入其中，帮助学生树立正确的人生观和价值观。如教学《七律·长征》时，教师在引导学生回顾学习收获之后，进一步激励学生：同学们，这节课马上就要结束了，可长征的精神将永远铭刻在我们心中，永远激励着我们前进。让我们走出课堂，继续收集有关长征的资料和故事，观看与长征相关的影视作品，吟唱赞颂长征精神的歌曲，进一步感受红军战士大无畏的英雄气概和革命精神。

这样的作业设计，结合语文特点，开展实践活动，"以课本为桥梁构建大语文阅读体系"，实现了课内外融合，缩短了大社会与小课堂的距离，贴近学生的生活实际，培养了学生的创新能力和实践能力。

总之，在小组合作学习的过程中，不仅有学生的独立思考和实践操作，还有学生之间的信息交流和公平竞争，更有学生之间的互帮互学和取长补短。教师一定要立足学生实际，积极为他们创造适合小组合作交流的条件，帮助他们实现真正意义上的合作学习，为他们的生命成长厚积"能量"。

古诗教学要点亮"四盏灯"

小学古诗教学要点亮"四盏灯",即着力于四个环节:导入引"渡",朗读求"悟",联想入"境",诵读融"情"。从而较好地解决了时空差距、意韵单纯、情感乏味及背景障碍等学生学习中的困难,收到明显的效果。

一、导入引"渡"

为了使学生在学习之前大概地感知古诗内容,激发他们初步具有与诗歌内容基本适应的思想感情,需重视导入新课的准备工作,具体方法可因诗而异。

1. 从已学过的旧诗引"渡"。如讲授郑燮的《竹石》,可让学生朗诵已学过的《菊花》《墨梅》等诗。因为这几首诗有一个共同点:看起来写的是物,实际上是在赞颂人的一种精神。通过旧诗的诵读体味,就能帮助学生触类旁通,从而对《竹石》一诗的内容和表现手法有所认识,有所感触。

2. 从历史背景和作者意图引"渡"。杜甫的《闻官军收河南河北》反映了诗人听说多年战乱被平息,国家重归一统后无比欢快的心情;陆游《示儿》则抒发了诗人渴望收复失地、统一山河的强烈爱国之志。这些都可以通过对时代背景的适当介绍,让学生初步体味诗人的爱国情怀,进而导入新诗。

3. 从插图引"渡"。讲授王安石的《泊船瓜洲》时,先出示课文插图,通过对图画的介绍,在学生酿成一种特有情绪基础之上,启发其想象,使他们有身临其境之感,进而入诗入境。

4. 从具体情节引"渡"。讲授《游子吟》时教师可先让学生回忆生活中妈妈关爱自己的感人情景,以此引入新课。

二、阅读求"悟"

诗歌的语言精练、含蓄、形象,如单由教师分析讲解,学生虽能了解诗的大意,但不能很好地悟出诗中蕴藏的思想内涵。这样,就不能使学生受到教育感染,引起共鸣。

所以教师要千方百计引导学生通过朗读牵引"愤、悱"效应，点激灵性，引发感悟。

1. 帮助学生扫除阅读障碍，让学生便于悟。一方面，学生自己能理解掌握的常用词语，敢于放手让学生自学。另一方面，让学生了解一些古汉语常识：（1）字音有别，如"乡音未改鬓毛衰"中"衰"在这里读"cuī"。（2）字义词义不同，如"停车坐爱枫林晚"的"坐"，在诗中应理解为"因为"的意思。（3）通假字，如《暮江吟》中"露似真珠月似弓"的"真"是"珍"的通假。

2. 深究细读，分析语言特色，使学生能够悟。诗是最精练的语言，短短几十字中，表现出尺幅千里的画图，必须压缩结构，省略某些句子成分。如"一岁一枯荣"就把"每年秋天，野草枯黄了，第二年春天，嫩绿的小草从泥土里钻出来。岁岁循环，年年如此"的意思压缩在五个字中。学生初读时往往不明其意，这就要求教师在教学时要引导学生细读分析，补足省略部分。另外，古诗因受格律的限制或为了增加诗的韵味，词序常做适当的变换，如按正常语序理解，就不能说通或有悖诗人的愿意。教学时让学生了解古诗的这一特点，理解诗意时要做适当的调整。如《山行》中"远上寒山石径斜"一句，抓住其语序倒置特点，根据问题"什么远远地向上延伸？"不难看出，这一句的正常语序是"寒山石径远上斜"。

3. 师生共读共议，研习古诗的炼字炼句，让学生悟到位。许多传诵千古的名句正是诗人反复锤炼的烨烨生辉的诗魂。因此教师应帮助学生抓关键词句，理解它在整首诗中的"点睛"作用。《咏柳》中"不知细叶谁裁出"紧承上句"万条""绿丝绦"的描绘，通过"不知"的设问，从未知的侧面写杨柳如碧玉般姣好可爱，蒙上了一层神秘的色彩。言"叶"为"细"，可见春早。一个"裁"字，把大自然的造化之功形象化、人格化了。教学时应注意引导学生反复研读，加以理解、体会，逐步领悟诗人对春柳的赞美，对春天的热爱、希冀与向往。

三、联想入"境"

古诗常借助精练的语言，运用丰富的想象，新颖的比喻、夸张、拟人等手法，创造出生动的艺术形象，产生强烈的艺术效果。正如别林斯基所说："在诗中，想象是主要的活动力量，创造过程只是通过想象才能完成。"为使学生充分理解诗的艺术形象和深刻含义，达到"入境始与亲"的境地，就必须引导学生联想。诗中省略的内容，次要的画面，以及未尽之意，要加以补充，使内容充实，画面完整，并让学生把诗的艺术形象和自己生活经验结合起来，进行再造性思维。

1. **通过理解内容，用诗中形象唤起学生联想。** 杜甫《绝句》（"两个黄鹂鸣翠柳"），用简洁明快的笔调描绘了一幅"草堂春景图"。不仅对仗工整，而且远近、动静结合，互映互衬，画面色彩明丽，意境宏阔深远。教学时，要引导学生循着诗的思路，抓住诗句中的形象，展开联想。如第一句中的"翠柳"，调动学生的生活经验，联想春天细柳轻绿如烟似云、细波翻腾的景象。"鸣"可引导学生联想小鸟清脆悦耳的鸣叫声，然后把黄鹂放入翠柳中：细柳泛绿的早春美景中，鹅黄两点，"鸣"于翠柳之中。柳静莺动，柳翠莺黄，动静相衬，翠黄相间……如此联对，便能获得身临其境的美感。

2. **抓住生动形象、情感浓厚、意义深刻的语言，启发学生联想。** 在讲授《九月九日忆山东兄弟》时，紧抓"每逢佳节倍思亲"这一千古名句，让学生联系上下句，自己体会。学生在理解诗意的同时，体味到"倍"字深刻反映了诗人在重阳节极度思念家乡亲人的情感。进而引导学生谈自己有没有过这种人生体验，是什么时候，为啥会有这种体验？学生在老师的启发、引导下，各自倾诉自己的感人故事，从而和作者产生了情感共鸣。

3. **引导学生对诗歌中的意境进行体味，充盈学生的感受。** 诗歌中的意境是由许多个别形象综合起来的。教学时，要引导学生从个别到整体，再现诗歌中意境，让学生认知。《枫桥夜泊》一诗中有"月落""乌啼""霜""江枫""渔火""愁眠""钟声"这些个别形象，把它们融合起来：月西落，夜清冷，寒鸦啼，满地霜；望着江岸幽暗的枫树，江中明灭不定的渔火，船上的人久久不能入睡；苏州城西十里外的寒山寺，那一声声空灵旷达的钟声，穿透幽深清冷的夜空，传到了停泊岸边的客船中。一幅"秋江夜泊客愁图"，在学生的研读、玩味中，形象地再现于学生的眼前。

四、诵读融"情"

诵读乃古诗教学的重中之重。古诗的特点是感情丰富，造句形象而含蓄。对于有些诗歌，若仅仅停留在词语和内容的分析上，就不能"语语悟其神"。只有通过反复融情朗读和吟哦，才能不断加深领会、理解诗中的未了之情、未尽之意。正谓"高声朗诵，以畅其气；低声漫吟，以玩其味"。在读得正确、流利、自然的基础上，指导学生读出重音，读出节奏，读出诗的意境、感情，体会诗中语言的音韵美、情境美。

链接课内阅读，推开语言生命之门

根据新课标的要求，在教学中要牢固树立阅读为写作服务的思想，把阅读教学始终贯穿于作文教学之中。无论是低年级的用词说话、看图说话，还是中高年级的读段、写段和写一篇完整的作文，这一系列的作文训练，都要与阅读教学紧密结合。叶圣陶说过："语文教材无非是例子，凭借这个例子要使学生能够举一反三，练成阅读与作文的熟练技能……"教材中所选的课文，有的是名篇著作，文质兼美；有的则经过专家反复修改，语言文字规范，具有一定的代表性、典范性。这些文章，是学生学习写作的最好范文。在阅读教学过程中，要时刻注意把阅读中的作文知识有效、合理地切入，用教材中规范的语言建构、丰富学生的语言世界，为学生推开语言表达之门。

一、重积累，让学生言之有物

有人说：阅读是吸收，习作是释放；阅读是根，习作是果实。课堂阅读教学是指导学生学会积累语言的"主战场"，很多课文的思考练习中都出现了"背诵自己喜欢的自然段，摘抄好词、佳句"这样的练习，教师应该在课堂上多方面指导学生获得丰富的语言，掌握积累的方法，指导多读多背，让课文中的语言文字尽可能多地印在学生的脑海里。指导摘录优美的词、句、段，要求学生配备一本摘录本，做到笔记、脑记相结合。词句是文章的砖瓦，长期积累，久而久之，词汇丰富了，写文章就下笔有神了。

当然，积累要建立在阅读感悟的基础上。阅读教学中，我们要善于引导学生用心、用情去感悟课文中的那些富有生命情感的灵性语言，把他们积累、内化为自己的"东西"，逐步地提升自己语言表达的功底。如三年级教材《北大荒的秋天》这篇课文中，开篇的第一句"九月，从第一片树叶落地开始，北大荒的秋天也就来了"就很值得玩味。这样的句式打破了常规的时间短语，让语言具有浓浓的诗意。习作中，我们引导学生借助这样的表达框架作为支撑，学生的思维被打开，也蹦出了许多精彩的语句，如：从夕阳躲到西山的背后开始，夜幕也就降临了；从桃枝上鼓起第一个花苞开始，春天也就悄悄地来临了；从耳畔响起第一声渺远的鸡啼开始，新的一天又开始了……前两句是一种模仿，而从第三句开始，孩子们已经有了自己的感悟和拓展，有了生命的活力。

二、悟篇章，让学生言之有序

精妙的语言需要章法的支撑。文章都有一定的写作顺序：事情发展顺序、时间顺序、空间顺序等。在学生的习作中，不知道如何安排文章结构，条理不清的现象不少见。在阅读教学时，我们要善于引导学生揣摩文章的表达顺序，领悟到一些谋篇布局的技巧和方法，让孩子们潜移默化地把习得的方法运用到自己的作文之中，形成言之有序的能力。

例如，教学《秦兵马俑》一文，要引导孩子们发现课文是总分总的结构，文中的第二、十二自然段也是总分总的结构。还可以出示五上课文《黄山奇松》以及四上课文《九寨沟》，让他们琢磨这些课文在结构上的共同点。在这样的前后联系中学生领悟到状物说明的文章经常会运用总分总的结构。合理的结构，使文章条理分明，衔接自然，达到用完美的形式表达优美的语言，从而增强它的表现力和感染力。"得法于课内，得益于课外"，课内阅读教学就是"授之以渔"。引领学生关注课文的结构、顺序，在习作中加以模仿，并不断加深认识，长此以往，他们以后就会习得作文的"有序性"，就能把握语言内在的逻辑关系。

三、明表达，让学生言之有法

表达是语言的最基本功能。表达就意味着表达方式已经存在。因此，无论阅读或是写作，还是口语交际，表达方式训练必是语文教学的重要板块。阅读教材文质兼美，情文并茂，里面有很多表现手法值得学习模仿。如《鸟的天堂》课文第二部分是动态描写。作者运用了以静衬动，动中寓静的方法，先淡淡描写一句"起初周围是静寂的"，为群鸟活动的"热闹"场面铺设了背景。接着，作者按照点面点的思路，从鸟形、鸟声、鸟色、鸟类和鸟的动作等方"热闹"场面，让人想象到群鸟生活在这样的环境中是怎样的快乐和幸福。学习这一段时，可以把学生的注意力放在学习表达方法上，而不是放在对内容的理解上。为了让学生将学到的知识内化，并转化为写作技巧，可以指导学生仿写一只动物或一群动物。

再如《姥姥的剪纸》一文第二节中，为了体现姥姥剪纸技艺的高超，作者的表现手法尤其突出。既有正面描写，又有侧面烘托。既有"普普通通"和"无所不能"的对比，又有"你姥姥神了，剪猫像猫，剪虎像虎，剪只母鸡能下蛋，剪只公鸡能打鸣"的夸张。

这一正一反，一对比一夸张，让人物感受到对姥姥剪纸技艺高超的赞美之情。这种立足词句的表达方法，既是高年级阅读教学的重点，也为学生的自我表达提供了实践的章法。在教学这段时，我们可以抓住关键词语让学生来体会，在以后的习作中，遇到相同的语境，学生的表达自然就得心应手，会适时运用了。如一位同学写身边的小能人，就能活学活用，写出了心目中小画家的风采："一支普普通通的彩笔，一张普普通通的白纸，在她手中左一笔，右一笔，一只栩栩如生的小狗就完成了，大家见了都忍不住啧啧赞叹：'你同学神了，画马像马，画驴像驴，画只小兔蹦蹦跳，画只小狗汪汪叫。'"短短几句话，勾画出了人物的心灵手巧。孩子从文本中，习得表达方法，形似神也似。

四、巧迁移，让学生言之有趣

语文课程标准强调：阅读的目的之一是更好地写作表达。课内的阅读教学就是让学生在揣摩品味课文语言的过程中，领悟文章表达顺序的基础上，培养读写兴趣，习得读写方法，形成读写能力，养成读写习惯，确保他们能够自行读写，积蓄终身发展的能量。我们在阅读教学时要引导学生对语言文字进行积极、主动的感受体悟，寻找与自己生活中的共鸣之处，从而激发创作兴趣，与言语对象发生共鸣。

如在讲授《我和祖父的园子》时，我发现孩子们对这两段话特别感兴趣："花开了，就像花睡醒了似的。鸟飞了，就像鸟上天了似的。……我玩累了，就在房子底下找个阴凉的地方睡着了。不用枕头，不用席子，把草帽遮在脸上就睡着了。"我就顺势引导学生进行拓展练笔：等她醒了，她又会闹出什么好玩的来呢？请以"我睡醒了……"为开头，展开你的想象，写一写。可以自由写作，也可以仿照自己喜欢的文中句式来写。

这个拓展练笔为孩子创设了情境，激发了他们的写作兴趣，既鼓励孩子们自由写作，也提醒他们运用文中学到的方法。交流时有的孩子能仿照文中句式，活学活用，写道："我睡醒了，愿意打几个滚就打几个滚，愿意拔几棵草就拔几棵草，愿意捉几条虫就捉几条虫……"有的把人物的动作神态写得活灵活现："我睡醒了，看到祖父在休息，就将狗尾草伸到他的鼻子底下挠，祖父笑盈盈地看着我，我摘下玫瑰花，偷偷插在祖父的草帽上……"孩子就是孩子，当他们想怎么写就怎么写的时候，语言往往格外活泼灵动，趣味盎然。这样的拓展练笔能把阅读教学与写作训练有机地结合起来，使得读写协同发展，相得益彰。学生动笔思维，以"读"促"写"，把读写有效地整合起来，充分发挥了学生指尖上的智慧。

贴近学生需要的练笔才是最好的。我们要充分利用好手中的教材，挖掘文本资源，寻找贴近儿童立场的读写结合点，激发学生练笔的兴趣，让孩子们在大量的练笔中学会习作。如在讲授《装满昆虫的衣袋》这篇课文时，学生沉浸在法布尔对小动物的迷恋之中，引起了学生自己与小动物打交道情景的回忆。教者抓住这一契机，让学生描述一个喜爱的动物，回忆一个印象深刻的场景。一个学生这样写道："终于见到爷爷刚抱回家的小狗了！我慢慢地靠近小狗，只见它小巧玲珑，全身雪白雪白的，没有一丝杂色，远远望去，活像一团雪球在滚来滚去。它那一双透着灵性的大眼睛用警惕的眼神看着我，它的嘴一咧，那洁白的牙齿就露了出来，好像在说：你可别来惹我，别看我年龄小，牙可不是一般的厉害哦，要不来试试？我很快发现，这只小狗不仅可爱，而且很有音乐感。一天，我在听音乐。谁知，小狗听到后，骨头也不啃了，马上向录音机走来，在录音机旁蹲下，随着音乐的节奏把尾巴摇过来摇过去，真像个指挥家挥舞着指挥棒！"小作者抓住特点，按一定顺序细致刻画，将自己熟悉的动物描述得形象鲜明，字里行间流露出喜爱之情。这样的练笔的设计，学生想怎么写就怎么写，心里有什么感受就尽情抒发，贴近了学生的实际需要，有效激发了学生写作的兴趣。

总之，听、说、读、写是语文教学的一个整体，不能脱离整个语文教学来单独训练某一方面能力，它们是整体互动、互相促进提高的过程，其中读与写的关系更是紧密。"读写结合，相得益彰；读写分离，两败俱伤。"这句话形象地写出了阅读和写作间的紧密关系。教材是教与学的凭借，课本是我们最好的老师。我们要充分挖掘文本资源，精心选择读写结合点，激发学生练笔的兴趣，拓展习作范围，让孩子们在大量的练笔中学会习作，爱上写作。

打造"经典阅读"特色 建设书香诗意校园

"每个生命都是一粒神奇的种子，蕴藏着不为人知的秘密。而阅读，则能唤醒这蕴藏着的美好与神奇"。怎样去唤醒这份神奇与美好，如何在孩子的心灵播撒幸福的种子？多年来，我校深入实施素质教育，以"涵养化育，自然天成"为育人理念，以培养"有敬、有执、有容"的阳光少年为目标，建构涵化教育文化场，大力倡导"水一样浸濡"的教育观，"没有一种花不绽放"的儿童观，"春风化雨，润物无声"的教师观。用凝固的物态文化，丰厚的经典文化，鲜明的现代文化，涵养每一个学生的生命。以"推进课外阅读"为重点项目，勉励全体师生"读万卷书，行万里路；读高雅书，做高尚人"，号召大家从培养阅读兴趣开始，树立强烈的课外阅读意识，养成良好的阅读习惯，掌握科学的阅读方法，进而提升自己的人文素养，奠定幸福的人生基础。

一、营造浓厚阅读氛围，建设阅读乐园

1. 铺设诗意的阅读环境。环境是潜课程。

走进建湖实小校园，只见楼宇掩映，花木扶疏。这里，每一处风景都传情，每一面墙壁都达意，每一座雕塑都励志。校门口，高清大屏每天播放图文并茂的文学经典作品，让孩子们享受文学之美。教学区内，《少年中国》文化墙、造型独特"智慧塔"，启迪孩子们奋发图强；学生创作的经典童话和名人名言，引领孩子们思考、感悟、励志；所有班级的文化墙、黑板报，展示了孩子们天真烂漫的童年生活；丰富多彩的班级图书角，开启着同学们的性灵与智慧。自然的绿色文化和环境文化构造了春风化雨、润物无声的阅读环境，唤醒了师生的文化自觉意识。

2. 构建立体的阅读空间。

多年来，学校努力打造"书香校园"，先后建立藏书室、学生阅览室、读书成果展览室等。每年购置大量优秀的中外儿童文学作品，订阅200多种报纸杂志。新建电子阅览室，创设网上电子阅读社区，建立网上图书馆，开辟"绿色书吧"在线阅读，为学生创建了一个多角度、个性化的阅读空间。为充分发挥校园网功能，在网站上设立"经典阅读"专栏，刊登教师精选的文质兼美的电子图书；设立"自然·天成"杯征文专栏，鼓励学生将读书心得进行投稿。另外，其还建立了学生博客群，为孩子们之间的阅读和沟通架起桥梁。

3. 追求适切的阅读管理。

成立"书香校园"推进工作领导小组,形成以校长室总负责,教导处、教科室牵头落实,年级部和各班级具体操作的管理网络。强化课程实施管理,将阅读指导课纳入课程计划,分年级制定阅读计划,明确阅读内容。内容有《国学小书院》《新人文读本》《盐城市小学生课外阅读必读书目》和自选书目。做到每天"三读",即"阳光晨读""温馨午读"和晚上的"亲子共读"。充分利用图书馆的有效资源,保证图书的流通量和使用率。强化阅读的过程管理,积极实施"小助手在行动",引导学生自我管理,自我约束,自觉形成浓浓的阅读氛围。通过"读书明星""书香班级""书香家庭"等评选和学期末课外阅读知识书面测试等方式,提高阅读管理的效益,促进学生阅读水平的提升。

二、探索高效阅读方式,提升阅读品位

1. 经典阅读文本系列化。

根据学生的身心特点和认知水平,按年级段科学地编排必读书目。低年级以童话为主,如《格林童话》《一千零一夜》《三毛流浪记》《古代寓言故事》等;中年级以趣味性的文学作品为主,如《淘气包艾米尔》《中外动物故事》《今天我是升旗手》《自然百科知识》等;高年级以作家系列或名著为主,如梅子涵系列,曹文轩系列等。鼓励学生自主选择,自主阅读这些优秀的儿童读物。同时注重利用国学经典涵养学生品行,打造孩子儒雅的人生。每天的晨读,在老师的引导下,孩子们潜心诵读古代经典之作:一年级《三字经》,二年级《千字文》,三年级《千家诗》,四年级《大学·中庸》,五年级《论语》,六年级《古代名诗名句选读》。孩子们在读中受到"国学"文化精髓的熏陶,提高审美情趣,提升人生境界。

2. 教材和经典文本一体化。

一是课前搜集信息,广泛阅读。在教学每一节课前都有一个环节——搜集阅读与所学课文相关的资料。要求学生通过多种途径查找资料,在查找、收集资料的过程中去阅读、思考。**二是课后延伸,拓展阅读**。《课程标准》明确指出:"培养学生广泛的阅读兴趣,扩大阅读面,增加阅读量,提倡少做题,多读书,读好书,读整本的书。鼓励学生自主选择阅读材料。"根据课文内容、作者、文章主人公,根据体裁、单元训练点,或根据学生的学习动态等,引入大量的补充阅读材料,让优美的文章滋润孩子的心灵,陶冶孩子情操,潜移默化地影响他们的精神和人格。

3. 阅读方式自主化。

在"涵养化育，自然天成"教育理念指导下，我们确立学生主体发展意识，不断拓宽学生自主发展的天地，营造学生广阔多样的自主学习环境，让学生主动参与，自主发展。让每个学生都有一颗聪慧的心灵，都能善于发现问题，为学生的终身学习打下了良好的基础。在课外阅读中，学校向学生推荐必读书目，各班级还组织好书共读等活动。在活动中指导学生有选择地读书，激发学生读书的兴趣，传授给学生阅读的方法，教会学生做读书笔记，组织阅读成果的展示。

三、搭建多彩阅读平台，丰富学生命体验

1. 开展"图书漂流"活动。

一是让图书在"跳蚤市场"漂流。为扩大学生的阅读量，挖掘并发挥旧书的利用价值，学校定期组织开展"跳蚤市场"活动。学生将家中收藏的旧书籍或玩具等物品带进校园，进行集体"以书换书"或"以物换物"。**二是让图书在班级漂流。**各班级建立了图书角，孩子们将自己喜爱的图书带到班级，充实到图书角里，共同阅读。**三是让图书在全校漂流。**为让学校图书馆的藏书漂流起来，全校师生都置办了《借书证》，安装了先进的电子借阅系统，延长开放时间，方便师生随时借读。规定以班级为单位进行统一借阅，每两周进行轮换。"图书漂流"工程，漂出了学生浓厚的阅读兴趣，漂出了学生惊人的阅读量，漂出了学生的阅读交流能力，更漂出了未来的文学大家。

2. 实施"一二三四"工程。

一是"每日一讲"。各班级在每日阳光晨读后，随机让1～2名学生进行读书感言交流，或谈自己的感受或进行好书推荐。**二是举办"两节"。**即"读书节"和"英语节"。读书节，每年邀请一名儿童文学大家来校与学生面对面交流，对学生的阅读、写作进行指导，并进行好书推荐，从而激发学生阅读的热情。同时举行阅读知识抢答赛、读后感征文比赛、经典诵读、读书故事会、"读书笔记"评比、编演课本剧、班级读书会等系列活动。英语节，邀请外籍教师来校讲学并与同学们载歌载舞，组织学生开展英语演讲、英语课本剧表演、英语故事等比赛，激发学生双语阅读的兴趣。**三是开展典型"三评"。**即评选"校园阅读之星""书香班级""书香家庭"。根据学生、班级以及家庭阅读开展情况，制定相应的评价标准，经过班级推荐、年级部初评、学校审核三个程序，对优秀对象进行表彰奖励。让学生在参与竞争中，提高阅读兴趣与能力。**四是开辟"四块阵地"。**每天利用电子大屏按时播放精彩美文诵读和童趣故事；每周开通"英语之声""校园之声"

广播，讲英语故事、赏经典美文，让学生耳濡目染，潜心感受文学的魅力；积极发挥校园网络作用，让学生上网阅读推荐的"经典"美文，并鼓励学生在自己博客中留下阅读感悟和收获，定期举办"自然·天成"杯校园网络读写比赛；充分利用学校《生活作文报》这个平台，向学生进行阅读指导与好书推荐，将学生的阅读成果——优秀习作进行刊登，让学生饱尝成功的喜悦。

3. 推进家校共享阅读。

学校积极开展"经典阅读家校共享模式及效能"的研究，每年组织"阅读暑假天""缤纷寒假日"等家校共读的活动，营造良好的家庭阅读氛围，实现阅读与生活相融。**一是"书房展览会"**。学生和家长一起整理书房，书籍分类摆放，并拍成照片。全校推选出1000幅富有特点的书房照片进行展览，让大家评选出"校园百佳书房"。**二是"温馨的夏夜"**。在夏夜，听父母或长辈讲故事、说童谣、猜谜语等，以照片或日记的形式记下印象深刻的事或场面。一、二年级学生为照片配几句介绍的话；三到五年级学生以《难忘的记忆》为题写一篇习作，表达真情实感。**三是"好书俱乐部"**。与父母长辈一起读书，体验读书的乐趣。可以读同一本书，也可以根据各自的喜好读不同的书，然后相互交流认识与感受。开学后把自己喜欢的一本书以读书笔记的形式配上插图向大家介绍。学校组织投票评出10种学生最喜爱的书。**四是"亲子美文诵读会"**。假期中，家庭组织一次美文诵读会，用磁带或光盘的形式记录下自己与父母美文朗诵的内容及过程，到学校进行展评。**五是"亲子美文驿站"**。以"读书"为主题，自己与父母、长辈各写一篇富有新意的文章，可创作童话、诗歌，也可以叙述暑假中读书的乐事。通过"家校共享"系列活动，实现阅读与学习、阅读与生活、阅读与成长的融合。

四、打造卓越师资队伍，点亮阅读明灯

1. 让读书成为一种习惯。

一朵云推动另一朵云，一棵树撼动另一棵树，一个思想影响另一个思想。在教师中积极倡导"书香为伴"的思想，践行"阅读生活化、学习终身化"的学习理念，鼓励教师做"点灯人""引路人"。引导教师将朴素的"读书是一种需要"上升为"读书是一种责任""读书是一种乐趣""读书是一种有益的生活方式"，促进教师提高业务素质，享受阅读、享受教育、享受人生。在鼓励教师自主阅读的同时，学校在校园网站上开设"一多读吧"专栏。每周向老师们推荐一篇美文，每位老师及时阅读，踊跃跟帖，发表感言。老师们在书的海洋中畅游、在美的春光中沐浴，提高了文化修养，

塑造了和谐身心，更重要的是老师的阅读激发了学生参与读书的热情，将阅读的种子播撒在学生的心里。

2. 开展读书交流活动。

定期开展读书汇报会、读书沙龙等活动，让老师们在阅读中丰富思想，提升境界，成就事业。**一是行知论坛**。为教师创建读书型组织，建立多层面的"行知论坛"，把大批教师紧紧汇聚在"我与读书同行"这一中心周围。学校每两周举办一次读书汇报会活动，让每一位教师在经典阅读园地里诗意地行走，幸福地成长。**二是青年教师研习会**。组织青年教师开展研习会读书交流，让老师在阅读中感受名家的智慧，大师的深邃，为自己精神的河流注入了勃勃的潜流，并写下读后感言编辑成《行知诗篇》进行珍藏。同时，以青年教师研习会的读书活动为基点，向全体教职工辐射，激发教职工阅读的热情。**三是名家进校园**。先后邀请省内特级教师、资深教研员和著名作家走进校园，与教师"面对面"， 让青年教师聆听名家讲座，开阔眼界，激发阅读热情。

3. 开展经典阅读课教学研讨。

阅读课堂是孩子们健康成长的精神家园，在"涵养化育，自然天成"教育理念指导下，我们确立学生主体发展意识，依据新课程教学理念，构建了"情景导入—感知体验—对话探究—建构生成"的阅读课教学模式。正常组织教师开展绘本阅读课、阅读推荐课、阅读交流课等观摩研讨活动。反复研究，互相启发，集群体智慧，博大家之长，不断推动阅读工作向前发展。最终达到唤醒学生自主阅读意识、激发学生自主阅读欲望、保持学生自主阅读兴趣和诱导学生形成自觉阅读行为的目的。

"阅读是教育的灵魂"。在"涵化教育"理念引领下，我校精心打造"经典阅读"特色品牌，扎实推进素质教育进程，切实提升了孩子们的知识积淀和文化底蕴。孩子们在书香飘逸的诗意校园里，畅享阅读的快乐，抒写绚丽的人生。

涵化教育理念下经典阅读的操作策略

腹有诗书气自华。阅读对提高个人的素养有巨大的作用。一个人的精神发育史就是一个人的阅读史，而一个民族的精神境界，在很大程度上取决于全民族的阅读水平。阅读的重要性已让越来越多的人所认同，而一个正当有效的阅读，一个理想的阅读，更应该是一个以阅读经典为基础的阅读。

久熏兰草身自香。在"涵养化育，自然天成"理念指导下的课外阅读让学生快乐走进经典阅读的殿堂，激发阅读的兴趣，培养良好的阅读习惯，感受到阅读的美妙，并在老师有效方法的引导下，把融汇在经典诗文、名著中的中华民族的智慧、胸怀以及健康的道德准则、学习方法、意志品质等，潜移默化地根植于学生的心田。有助学生形成"有敬、有执、有容"的人格品质。

根据预期的阅读理想，如何从学生的年龄特点、心理特点着手，为孩子们选择"适切"的读物？又怎样指导他们开心地"读"？

一、营造氛围，激发兴趣

1. **环境渲染**。校园里、教室里张贴古代名人的画像和书法家撰写的名言警句；在黑板报上专门开辟"民族文化快餐"一角，每天为学生提供一首或一段古诗文，既营造一种浓厚的文化氛围，又让孩子们在耳濡目染古人的为人处事的方式中规范自己的言行，提高个人修养。学校图书馆正常开放，让孩子们尽情地徜徉在阅读的快乐中。

2. **时间保证**。减少孩子们的作业量，确保孩子们有充分的时间阅读。

3. **人文情景**。**一是教师率先垂范**。苏霍姆林斯基说："把每一个学生都领进书籍的世界。培养起对书的酷爱，使书籍成为智力生活的指路明灯——这些都取决于教师，取决于书籍在教师本人精神生活中占有何种地位。"要让学生爱读好书，教师自己必须以好书为友，博览群书，成为学生的书友，与他们一起交流、探讨，共享读书的情趣。**二是营造书香家庭**。利用开家长会或者和家长交流的空隙，指导营造家庭读书氛围的方法。如讲解名人指导孩子读书的故事；家长在孩子生日时送一套书，形成阅读期待；出门带书随时阅读等。

二、推荐好书，快乐阅读

《教育与自我教育》一文中指出："在学生的周围有一个千万本书籍汇成的书籍的海洋。"（苏霍姆林斯基语）据估计，一个最勤奋的读者，毕其一生所能读完的书也不会超过2000本。因此，学生要进行阅读就必须严格地挑选书籍。

1.**老师推荐**。我们要根据孩子的特点，用上"适切"的方法让他们情不自禁地爱上书。**一是据年龄特点推荐**。低年级推荐图片大而鲜艳，文字少的绘本读物；对于经典读物，例如：《三字经》《千字文》等可以跟着音像诗歌诵读；中高年级推荐图少但是很有哲理的或者抽象能培养思维的作品如：《论语》《三十六计》《包公案》《世界百篇经典散文诗》等。**二是据类别推荐**。书的体裁众多，有童话、科幻、神话、小说……读童话可以培养、开发和保持孩子们的想象力。科幻作品能帮助他们插上飞翔的翅膀。好的小说，总是讲究创意、想象、悬念、技巧，更讲究文字的色彩、声音和情感。教师要根据学生的兴趣爱好因势利导推荐各种类别的书籍。**三是按作者推荐**。学校把名家请进校园，黄倍佳、曹文轩等著名作家来到孩子们的中间，和孩子们面对面地交流，他们教孩子写作方法、读书的方法，回答孩子们各种各样的问题，受到了孩子们热烈的欢迎。他们是孩子们心中的偶像，校园里迅速掀起了一股读黄倍佳、曹文轩作品的热潮。**四是课内阅读辐射推荐**。通过与教材相关的名言警句、诗词赋文、传说故事、名人逸事等导入新课，激发学习兴趣。以课文为基点，进一步向这个作家的其他作品扩展；以节选的文章为基点，向整篇（部）著作拓展；以课文为基点，向同类题材的作品扩展等。

2.**自主选择**。充分尊重孩子，放手让孩子们自由选择自己喜欢的书籍，同时要让学生明确自己选的书籍是有意义的、健康的。

三、教给方法，快乐读书

1.**连猜带读**。遇到不认识或者不理解的词语不要急于查阅字典，这样会影响阅读的兴趣，我们建议孩子们联系上下文猜一猜词语或者句子的意思。

2.**边读边画边注**。不动笔墨不读书，我们建议孩子们将自己喜欢的句子或词语摘录下来，或者写下自己的心得体会。

3.**精读和略读相结合**。教会孩子们抓住关键的词语、句子、段落反复读，熟读成诵。学会在读的过程中筛选对自己有用的材料。

4. 提供积累好词句段的方法。创新背诵形式，提高背诵效率。对于书中精彩的片段我们建议孩子们背上。可以采取多种形式，如师生赛背、接火车背、同一时间内看谁背得多等。

5. "读"与"思"相结合。一边阅读，一边思考，将"读"与"思"有机结合起来，可以更好地加深对读物的理解，对那些优秀篇章、名言佳句，反复诵读，做到"读了又思，思了又读，自然有味"，能极快地提高学生的阅读兴趣。

四、创设活动，体验成长

学校成立冲浪文学社，每学期开展一次全校性的"读书节""诗歌朗诵"及以"读书与做人"等为主题的读书征稿、演讲活动。以班级为单位，每月组织1～2次与课外经典著作有关的活动。如读书故事会、红领巾书市、优秀读书笔记展评、课本剧表演比赛、读书演讲比赛、古诗词诵读大赛、我最喜爱的图书推荐评选活动、读书知识竞赛等。力争让每个学生都参与其中，为每个学生创造更多的表现机会。每学期结束进行"书香班级""阅读之星""小小朗诵家"等评比活动。

孩子们徜徉在灵动的读的情景长河中，天天感同身受地与大师交流，与名家吟诵，建立一个阅读场，在不知不觉地阅读中，自我品味，自我理解经典诗文中的精妙，渐入诵读佳境，在这样涵化的熏陶下，孩子们的阅读能力自然天成。

涵化教育理念下快乐阅读操作体系

一、涵化教育背景下快乐阅读的思考

（一）快乐阅读的好处

古人说得好：腹有诗书气自华。书读到一种境界时，身上自然有一种特别的气质。这种气质，就是我平时常提的那种"书卷气"。这种"气"，它从人的灵魂与骨头、从人的眼底无声无息地散发出来，这就是人世间最美丽的东西。阅读对提高个人的素养有巨大的作用。一个人的精神发育史就是一个人的阅读史，而一个民族的精神境界，在很大程度上取决于全民族的阅读水平。

良好的家庭教育要有书籍，家长要像懂得法制知识一样懂得教育的知识。教师是全人类灵魂的工程师，更要"无限地相信书籍的力量"。一些优秀教师的教育技巧的提高，正是由于他们持之以恒地读书，不断地补充他们的知识的大海。衬托着学校教科书的背景越宽广，犹如强大的光流照射下的一点小光束，那么为教育技巧打下基础的职业质量的提高就越明显，教师在课堂上讲解教材（叙述、演讲）时就能更加自如地分配自己的注意力。而作为学生，也靠阅读来扩充知识。阅读是对"学习困难的"学生进行智育的重要手段。学生学习越感到困难，他在脑力劳动中遇到的困难越多，他就越需要多阅读：正像感光度差的照相底片需要较长时间的曝光一样，学习成绩差的学生的头脑也需要科学知识之光给以更鲜明、更长久的照耀。

阅读的重要性已让越来越多的人所认同，有人倡议在全国设立"阅读节"，建立学习型社会。各地各校纷纷开展书香校园建设、班级书吧建设、中华经典诵读等。

阅读，成为一种美好的精神活动，一种获取知识的重要源泉，一个民族自强不息的重要标志。而一个正当有效的阅读、一个理想的阅读，更应该是一个以阅读经典为基础的阅读，应该将经典阅读作为整个阅读的核心。何谓经典？凡是圣洁的、美感的、雅致的、庄重的、忧郁的、悲悯的、富有意境的东西，便是经典。经典是经过一代代汰洗和沉淀的，经典是一种至高无上的东西。阅读经典才是高尚的阅读，才能提升个人修养，提升一个国家的品位。

（二）预期的阅读理想

多读经典必将会达到久熏兰草身自香的效果，建湖县实验小学在"涵养化育，自然天成"理念指导下的课外阅读主题研究能够让学生快乐走进经典阅读的殿堂,激发阅读的兴趣,培养良好的阅读习惯,感受到阅读的美妙,并在老师有效方法的引导下,把融汇在经典诗文、名著中的中华民族的智慧、胸怀、以及健康的道德准则、学习方法、意志品质等,潜移默化地根植于学生的心田。有助学生形成"有敬、有执、有容"的人格品质。从而体现"教育是通过人类共同的文化来滋养儿童文化,使之不断建构并趋于成熟的过程""儿童的发展就是儿童文化在人类文化影响下的生长"的教育主题。

二、涵化教育背景下快乐阅读操作策略

根据我们的预期的阅读理想,我们不免会问,我们如何根据学生的年龄特点、心理特点为孩子们选择"适切"的读物?又怎样指导他们开心地"读"?

(一)选择好书,推荐阅读

苏霍姆林斯基在《教育与自我教育》一文中指出:在学生的周围有一个千万本书籍汇成的书籍的海洋。其中有些书是毫无意义的,它们既不能丰富学生的智慧,也无助于陶冶学生的情操。而另一些书简直是有害的。据估计,一个最勤奋的读者,毕其一生所能读完的书也不会超过 2000 本。因此,学生必须严格地挑选书籍。

1. 老师推荐。

我们应当努力去揭示书籍的真正的美,只有这样才便于学生找到他喜欢的书。我们为孩子们推荐一些书——《建湖县实验小学课外必读书目》。当然,我们不能把一张目录纸让孩子们贴在家中的墙上,要知道这是一个信息高速发展的社会,电视、网络上的内容精彩纷呈,这一切都深深地吸引着现代的孩子,如果他们对读书没有兴趣或者是兴趣不大的话,那么这张目录卡对他们而言就是一张废纸。我们要根据孩子的特点,用"适切"的方法让他们彻底爱上书。

(1)根据年龄特点推荐。低年级可以推荐图片大而鲜艳,文字少的绘本读物;对于经典读物如:《三字经》《千字文》等可以跟着音像诗歌诵读;中高年级的孩子可以推荐图少但是很有哲理的或者抽象能培养思维的作品,如《论语》《三十六计》《包公案》《世界百篇经典散文诗》。读故事性强、语言生动、适合儿童阅读的中外名著。如《爱的教育》《郑渊洁童话》《草房子》《窗前的小豆豆》《我要做个好孩子》。先认真研读,然后精心选择精彩片段,每天阅读课有声有色地向学生描绘,美其名曰"精彩瞬间",讲到最吸引人的地方,戛然而止:"欲知下文,请看——"学生的阅读欲望被撩拨起来了,显得急不可待,课外纷纷找到这些书来看。这样,学生的阅读目光都锁定在教师引导阅读的名著上了。

（2）根据类别推荐。书的体裁众多，有童话、科幻、神话、小说……读童话可以培养、开发和保持孩子们的想象力。孩子们最喜欢胡思乱想了。科幻作品能帮助他们插上想象的翅膀。好的小说，总是讲究创意、想象、悬念、技巧，更讲究文字的色彩、声音和情感。小说的审美艺术与文字表达别出心裁。那些优美、生动、惊险、新鲜、人物鲜活、妙趣横生的故事，给孩子们带来了许多快乐、许多启发。教师要用心地推荐这样的类别书籍。在我校"第四届科技节"上，我们专门请了《科学大众》的首席编辑谢飞老师给孩子们做了声情并茂、讲演结合的科学小知识讲解，我们及时向孩子们推荐一系列的科学知识的读物——《小哥白尼》《少年1000个早知道》《十万个为什么》等，极大地调动了孩子们学科学、用科学的积极性。

（3）按作者推荐。学校还把名家请进校园——黄倍佳、曹文轩都曾来到孩子们的中间，和孩子们面对面地交流，他们教孩子写作方法、读书的方法，回答孩子们这样那样的问题，受到了孩子们热烈的欢迎。他们简直就是孩子们心中的偶像，所以根本就不用老师提醒。校园里迅速掀起了一股读黄倍佳、曹文轩作品的热潮。

（4）按照年代推荐。古代经典的优秀读物——《唐诗三百首》《西游记》《三国演义》《上下五千年》等，现代的许多的经典读物也有不少——《毛主席诗词》《春》《寄小读者》等，网络、电视、报纸上也有不少的经典之作，教师都可以推荐给学生。

（5）课内阅读辐射推荐。通过与教材相关的名言警句、诗词赋文、传说故事、名人逸事等导入新课，激发学习兴趣。以课文为基点，进一步向这个作家的其他作品扩展；以节选的文章为基点，向整篇（部）著作拓展；以课文为基点，向同类题材的作品扩展等。如下表：

年级	课内阅读课题	单元阅读的主题	课外链接的读物	阅读目的
一（下）	吃水不忘挖井人	伟人故事	《名人故事》（金蔷薇卷）	从伟人身上学到优秀的品质
二（下）	沉香救母	母爱	《纸船》（冰心）《秋天的怀念》（史铁生）《只想给你第二次生命》（尤天晨）	为了让孩子们能够更好地感悟母爱，更深地理解母爱，领悟母爱中蕴含的智慧，以便更好地指导自己的行为。
三（下）	长城和运河	祖国山河	《莫高窟》《黄果树瀑布赞》（李有贵）赞美祖国山河的古诗	了解祖国的山河美丽，激发学生爱国情怀
四（下）	燕子	春天的美好	朱自清《春》冰心《我们把春天吵醒了》	了解春天的美丽，春天的生机勃勃的精神

续表

五（上）	黄鹤楼送孟浩然之广陵	离别诗	骆宾王《易水送别》 王维《送元二使安西》 李白《渡荆门送别》 高适《别董大》	1. 诵读、积累离别诗，感受诗中感情。 2. 背诵、积累这些古诗。
六（上）	轮椅上的霍金	逆境成才	夏洛蒂《简·爱》 张海迪《轮椅上的梦》 笛福《鲁宾孙漂流记》 海伦·凯勒《假如给我三天光明》	1. 了解古今中外名人逆境成才的境遇，激发学生正视命运、乐观向上的情感。 2. 背诵、积累这些文学作品中的名言警句

2. 自主选择。

放手让孩子们自由选择自己喜欢的书籍，同时要让学生明确自己选的书籍是有意义、健康的。

(二) 营造氛围，潜移默化

1. 时间的保证。

减少孩子们的作业量，我们学校严格执行"五严"规定——低年级无作业，中年级半个小时，高年级1个小时的作业量，确保孩子们有大量的时间阅读。

2. 环境的保证。

（1）空间情景。

一进我们校园便能看到梁启超的《少年中国说》铜字文化墙。激发孩子们从小树立"报效祖国"的伟大理想。在教室、办公室的墙壁上张贴古代名人的画像和书法家撰写的名言警句，在黑板报上专门开辟"民族文化快餐"一角，每天为学生提供一首或一段古诗文，既能营造一种浓厚的文化氛围，同时也让孩子们在耳濡目染古人的为人处事的方式中规范自己的言行，提高个人修养。学校的每周图书馆的开放让孩子们尽情地徜徉在阅读的快乐中。"一多书吧"让学生下课之余也能触摸到书的芬芳。

（2）人文情景。

①教师率先垂范。苏霍姆林斯基说："把每一个学生都领进书籍的世界。培养起对书的酷爱，使书籍成为智力生活的指路明灯——这些都取决于教师，取决于书籍在教师本人精神生活中占有何种地位。"的确，榜样的力量是无穷的，教师的示范作用更能使学生的内心产生震撼，生发出一种向老师看齐的内驱力。因此，要让学生爱读好书，教师自己必须以好书为友，博览群书，成为学生的书友，与他们一起交流、探讨，共享读书的情趣。

我校认真组织教师率先诵读中华文化经典诵读教材《弟子规》《三字经》《千字文》《孝经》《大学》《中庸》《论语》等书籍。还在校园网站设立教师"每周一读"栏目，要求每位老师写一写读后心得。学校还组织语文教师在诵读中，了解教材的结构特点；熟悉教材内容体系，研究教材的人文精神，感悟教材的思想意境。从而为有选择地指导学生诵读这些经典文化，做好充分准备。

②指导学生家长营造家庭读书氛围。利用开家长会或者和家长交流的空隙，指导营造家庭读书氛围的方法。比如：

讲解名人指导孩子读书的故事。如著名的文豪托尔斯泰全家在一张明亮的大灯下温馨读书的故事。让家长和孩子一起阅读，讨论，互相提问。

家长也可以在孩子生日时送一套书，或者在某个固定的时间送书给孩子。他就会形成阅读期待。

出门带上书。家庭旅游时，让孩子带一本心爱的书同行；外出用餐时，也可以带一两本书，让孩子有书可翻；家长出差、旅游返回时，给孩子带一本课外读物以作纪念。

用个小本子记录下孩子平时所说过的精彩的词语或者句子，不定期地让他知道自己在不知不觉中起了变化。

背诵诗歌。孩子都喜欢有韵律的诗歌，所以在用餐前、就寝前或是全家坐在沙发上之时，不妨念一首诗给孩子听。

特殊节日、特殊地方、多读相关的书籍。每逢一个重要的节庆，在节庆期间选一些关于这个节日的书来看。例如：春节、端午节，可以查找有关春节、端午节来历、风俗的书来合家阅读，从而让每一个家庭成员对春节、端午节有一个感性和理性相结合的认知。还可以趁着旅游的雅兴，朗读一首描写记录旅游趣事，介绍旅游目的地的秀丽风光、风土人情的文章，由全家一起朗读。

③课前预热。每节课预备铃响，教师准时进入教室组织学生开始课前三分钟的推荐诵读。这样的诵读有个要求：每天请一名学生推荐一、两句经典美文，如《三字经》中"汤伐夏 国号商 六百载 至纣亡"等，带领大家读几遍，诵读完了以后要让学生说说对于诗文的理解与感受，从而对美文有更深刻的理解，也丰富孩子们的课外积累，让孩子们在潜移默化中养成随机积累的好习惯。

小结：让孩子们随手能找到书，读到书，随时都能和经典对话，达到"久熏兰草身自香"的读书效果。

（三）**教给方法，快乐读书**

我们的阅读指导课上的方法有：

1. **连猜带读**。遇到不认识或者不理解的词语不要急于查阅字典，这样会影响阅读的兴趣，我们建议孩子们联系上下文猜一猜词语或者句子的意思。

2. **边读边画边注。**不动笔墨不读书，我们建议孩子们将自己喜欢的句子或词语摘录下来，或者写下自己的心得体会。我校学生都有读书笔记，孩子们在笔记上涂涂画画，尽情地表达自己阅读的快乐，如今，这一阅读方法已经成为学校阅读教学的一大特色。

3. **运用精读和略读相结合的方法。**教会孩子们抓住关键的词语、句子、段落反复读，熟读成诵。学会在读的过程中筛选对自己有用的材料。

4. **注意提供积累好词句段的方法。**创新背诵形式，提高背诵效率。对于书中精彩的片段我们建议孩子们背上。可以采取多种形式，比如：师生赛背、接火车背、同一时间内看谁背得多等。

5. **边读边想象续编故事。**我校孙蕾老师执教的阅读指导课——绘本故事《逃家小兔》让学生想象续编故事。当淘气的小兔变成小鱼溜走的时候，兔妈妈变成钓鱼人等到小兔；当小兔变成石头的时候，兔妈妈变成登山人找到小兔；小兔变成小鸟，兔妈妈变成大树，让小兔飞累了休息，小兔变成空中飞人，兔妈妈变成走钢丝的人来接着小兔。小兔还会变成什么？兔妈妈又是如何找到的？学生想象编写故事，终于得到这样一个结论：无论小兔怎样的变化，妈妈总是能找到他的。因为妈妈爱小兔。在编故事的过程中孩子们想象力得到的提升，同时也明白母爱无边的道理。

6. **诵读。**诵读不仅要声音洪亮，疾徐有致，化无声文字为有声语言，口读耳听，口耳并用，增加了向大脑传输信息的渠道。这不仅使阅读真正活起来，而且印象深刻，便于记忆和理解。诵读者一边缓缓朗读，一边慢慢思考，将"读"与"思"有机结合起来，可以更好地加深对读物的理解，对那些优秀篇章、名言佳句，反复诵读，做到"读了又思，思了又读，自然有味"，乃至愈读愈有味，趣味无穷。诵读者声情并茂，培养语感和情感。朗读时读音响亮，抑扬顿挫，节奏分明。将读者自身的感情融合到读物中去，这就大大增强了读物的形象感、意韵感和情趣感，能极快地提高学生的阅读兴趣。

运用多媒体帮助学生找准诵读情感基调。比如，诵读马凯臻《永远的九岁——写给小萝卜头》时，因为小萝卜头的生活年代和现在孩子们的生活相隔太久，孩子们不能理解小萝卜头追求自由的迫切的心情，此时，语言是苍白的，文字是生疏的。老师组织、引导学生看电视剧《红岩》，孩子们在镜头前真切地感受到敌人的残酷、生活的艰难、小萝卜头的可怜……这一篇文章的诵读，孩子们的感情处理得相当到位，孩子们声情并茂地表达着"你，瘦骨嶙峋却挑着一颗大大的脑袋，令所有见到你的人都心生怜爱。当你像羽毛一样飘落在血泊中时，你只有九岁"。

7. **班级读书交流会。**

（1）多人读一本书。①制作成读书卡片。贴在教室对外展示的戗板上，与全校师生共同交流读书心得。②读书抢答赛。高年级读《三国演义》故事，教师就其中的故事出示相关的竞赛题。

（2）一人读多本书。围绕一个主题让学生找相关的主题的书读，如聪明的一休、梁启超、邓小平、区寄等。学生从不同的故事情节中体会到"聪明"的内涵，从而落实到行动中去，让自己在生活、学习中也变得聪明起来了。

（四）创设活动，快乐读书

1. 学校成立冲浪文学社，每学期开展一次全校性的"读书节""诗歌朗诵"及以"读书与做人""道德教育"等为主题的读书征稿、演讲活动，并作为课题的研究载体和展示平台。

2. 以班级为单位，每月组织1～2次与课外经典著作有关的活动。如读书故事会、感恩活动、红领巾书市、优秀读书笔记展评、课本剧表演比赛、读书演讲比赛、古诗词诵读大赛、我最喜爱的图书推荐评选活动、读书知识竞赛等。力争让每个学生都参与其中，为每个学生创造更多的表现机会。同时，教师要善于积累比赛的过程资料，展现学生阅读成果、人文素养提升的轨迹。

3. 全校开展以班级为单位的读书交流会。形式多样：可以采用表演情景剧、音乐剧、成语对抗赛、古诗诵读大比拼等。

4. 期末学校进行"书香班级""阅读之星""小小朗诵家"等评比活动，并进行宣传、奖励。

5. 读书贸易会。通过一个漂流周，在校园里进行好书漂流，走到哪里就有好书存在，使学生手上的经典诵读书籍更加丰富，知识更加全面，积极性更加高涨。

6. 搭建媒体平台。学校设立雏鹰电视台，红领巾广播站，从台长、站长、采访、撰稿人、播音员均由学生担任，学校还出资和县广播电视台联手打造了"西塘少年"栏目。校内校外的这些平台为学生搭建了诵读的大平台。

童书阅读，点亮孩子阅读世界的明灯

儿童阅读是建立在儿童自己阅读经验和生活经验基础上的阅读，是富有个性的阅读。童年阶段的阅读能激发儿童求知的欲望，能启迪儿童纯真的心灵，并以润物细无声的方式陪伴他们的精神成长，为他们的心灵涂上最初的底色。"在小学里，独立阅读在学生的智力发展、道德发展和审美发展中起着特殊的作用。"苏霍姆林斯如是说。这种特殊的作用，是指对儿童的成长带来积极的体验，获得人格和人性的健康成长。童书阅读正是以承载儿童生命价值的图书为介质，以儿童喜爱的阅读方式，引领孩子在童书蕴含的氛围中徜徉，在享受乐趣的同时获得生命积极成长体验的过程。童书里有生命所需要的一切营养：儿童在与绘本进行心灵对话的过程中，开阔了眼界，丰富了心灵，获得了生命成长的快乐；儿童在与童话、寓言中人物的交流中，学会透过现象看本质，领悟生活的真谛，获得生命成长的滋养；儿童在与儿童小说、儿童诗相伴的岁月里，让真、善、美永驻心田，让假、恶、丑躲进角落，获得生命成长的积极体验……

因此，每一位语文教师都应根据学生的身心特点，推荐适合他们阅读的童书，并指导他们读有所得，读有所获，促进素质的全面提升。

一、推荐优秀书目，提升阅读品位

兴趣是最好的老师，是人们从事任何活动的动力，儿童更不例外，要让童书真正走进儿童的心灵，必须从提高儿童的阅读兴趣入手。古今中外，名著名篇浩如烟海，文学经典数不胜数。然而，如果急功近利，想让学生什么都要涉猎，不但不能使学生在读书中获得营养，反而会大大地挫伤他们的阅读积极性。美国诗人惠特曼在《有一个孩子向前走去》一诗中曾指出："你最初读到什么东西，你最初看到的东西就会成为你未来生命的一部分。"作为老师，我们自然希望看见孩子一步步地走进最好的书里，让他们善良、纯真的心灵在阅读作品中悄悄润泽、澄净。因此我们应该推荐一些优秀童书进入儿童的阅读视野，为儿童找到幸福，找到乐趣，找到心灵栖息的场所。在推荐童书时，我们应注意遵循以下原则：

1. 趣味性原则。英国儿童文学作家达顿曾说："儿童读物是为了给儿童获得内心的快乐而推出的印刷品。"儿童的天性是追寻快乐，在推荐童书时要向孩子推荐那些能让儿童感受阅读的愉悦且具有文学品质和价值的作品。

2. 生活化原则。推荐的书应当符合孩子的年龄特点与阅读口味，是站在孩子的生命角度的，故事就是他们的生活，故事的主角就是他们自己。这样的故事，更能激发他们的阅读欲望，也只有真正反映儿童生活和情感的童书，阅读后才能在他们的生命中留下痕迹。因此，在选书时，教师和家长要学会抛弃自己的阅读成见，关注和理解儿童的阅读口味和审美特征，从培养儿童的阅读兴趣入手，摒弃那些教育意味过重，时代背景过于复杂的作品，选择那些简洁明快，贴近儿童生活的作品。

3. **经典性原则**。梅子涵在《一辈子的书》一文中曾说：我们哪怕可以活上三百岁，有很充裕的时间，还是有理由只阅读优秀的，而拒绝平庸的。推荐童书是一种阅读的引领，是一种生命的关怀，教师的行动不仅仅是迎合学生，更应把最美好、最优秀、最经典的东西带给孩子，使孩子的阅读在潜移默化中有了品位，有了格调。

4. **阶梯性原则**。不同的年龄和学段，应推荐不同的童书，体现"阶梯性"阅读的理念。所推荐的童书应遵循作品的深度和广度略高于年级学生的实际水平，以求学生"跳一跳"能达到一个更高的阅读水平。按照"阶梯性"原则去推荐童书是总体上的要求，但真正具体到一个实实在在的班级的时候，一切选择都要从孩子的需要出发。

二、探寻最佳路径，掌握阅读密钥

童书阅读是一种复杂的智力活动，它包括感觉、知觉、注意、记忆、思维、想象等心理因素，是让孩子在感知文字符号之后理解意义、获取信息的，从而达到精神成长的一种教育。童书阅读被称为"终身学习的基础，基础教育的灵魂"，强调阅读能力形成得越早越好，其核心是培养阅读能力和习惯。童书阅读指导，除了指导选择阅读内容之外，还应该不断总结阅读方法，指导学生运用这些方法进行课外阅读，进而形成能力。

1. **导读引路**。为了培养学生掌握阅读不同类文本的有效方法，要注重在导读阶段下功夫。一般常用的方法是：（1）内容梗概介绍法。适合人物情节强的读物。我一般简要地把主要的人物、事件，精彩的段落或生动的描写，向学生进行介绍，这样足以引起学生的阅读兴趣和愿望。（2）情节介绍法。即在简要介绍全书内容基础上突出某些情节做重点介绍。如《男生贾里》《我的小姐姐克拉拉》。（3）悬念介绍法。绘声绘色地描述一个精彩的片断，当学生饶有兴趣时戛然而止，这样更能激起学生阅读这本书的兴趣。（4）主题串联法。围绕一个主题介绍几本有关读物。

2. **适当点拨**。如我在指导学生阅读《青铜葵花》时，最后是这样引导的：同学们都迫不及待地想去读这本书，其实同学们发现了吗？作者只是写了生活中的一些平淡的事，但作者却写得感人至深，令人回味无穷。在这本书中最能打动你的是什么？用一个词。生：幸福，青铜、葵花生活中虽然有许多的不幸，但生活给予他们的也是幸福的；苦难，书中人物经历了许多苦难，但都能坚强地面对苦难，我想这也是我要学习的……

很显然，对于五年级的学生来说，这样的引领才能真正引导孩子体会到作者创作的本意：在享乐主义泛滥的今天，让孩子明白要正视苦难，尊敬苦难，要乐观坚强地面对苦难，这样长大后才能成为一名强者。一开始让学生由表及里地触摸文本，将"苦难"凸显出来；随后让学生研读文本，感悟"苦难"；再让学生在主动积极的思维和情感活动中，对人物经历的苦难有深层次的感悟，同时受到思想的启迪。在此基础上，让学生在品读、想象、对话、朗读中感悟青铜一家和葵花之间如歌的真情，并从中受到熏陶感染，加深对爱的认识，加深对生命的体验。

3. 策略指导。阅读内容本身的丰富性要求我们不同的文本有不同的阅读策略，适当的阅读策略可以让阅读迅速以最佳状态实现效益的最大化。诗词经典侧重于反复诵读，所谓"书读百遍，其义自见"；散文诗歌需要抓住意象，品味语言，欣赏艺术特色；童话需带学生展开想象；科普读物要着重于精心设计问题，开启学生思维；历史故事则要把握好时代背景、时间、重要事件及人物形象。

4. 精略并重。阅读是大脑接受外界视觉符号（文字、图表、公式、数字）等信息并对其进行加工，以理解符号所代表的意义的过程。阅读有精读和略读之分。对于小学生来说，小学语文课本中的课文学习就要精读，要细细品味文章中的一词一句，抓住文章的实质内容，体会文章所要表达的思想感情，真正把文章读熟读透。略读是指在最短时间内，从大量文章中筛选出自己需要的信息，从而赢得时间，提高阅读效率。未来社会是信息社会，信息量大，传播速度快，传播手段多样化。为了适应这个变化，《课程标准》明确要求学生要"学会精读、略读和浏览"，"能利用图书馆、网络搜集自己需要的信息和资料"。以获取信息为目的的阅读已经进入了我们的生活，因此在课外阅读指导中应教给学生精略并用的阅读方法，让他们学会浏览，能够用最快的速度从阅读材料中捕捉重要信息。

三、搭建实践平台，滋养生命成长

培养学生童书阅读的习惯不是一次性完成的，需要实践体验，不断巩固提高。及时呈现读书的成果，对于进一步深化阅读，引领学生的阅读兴趣，形成良好的阅读习惯起着重要的作用。因此教师应积极组织学生参与实践活动，使阅读更具广度与深度，进一步提高学生的认知能力、审美能力，进一步熏陶感染学生思想，陶冶学生心灵。

1. 创意笔记挖潜能。阅读与习作是语文学习的"两条腿"。以读来促写，以写来促读，二者强强联手，童书阅读就会成为学生生活中一道久吃久香的精神大餐。目前所推崇的新概念阅读强调"表达性阅读"，不但关注阅读吸收中的倾吐（"以意逆志"）；而且重视阅读吸收后的倾吐（"以文会心"）。所以在"深度阅读"时，应逐渐养成"不动笔墨不读书"的习惯，引导学生撰写读书笔记，消化阅读材料。读书笔记的撰写应掌握一条原则：我手写我心，记录下阅读后的真实感受。为了增强趣味性，应积极探索读书笔记新方式。如在《蓝色的海豚岛》读书交流会临近尾声时，向学生推荐新型读书笔记：以"我想对温斯卡说"之类的形式与文中人物对话；整理记者招待会问题单；画画故事的场景；设计学习单，包括最让人感动的情节、最喜欢的人物、最精彩的一段话等。这样学生便可以在自由的状态下释放审美热情，表达审美体验，养成审美习惯，提升鉴赏的情趣。

2. **活动延伸增乐趣**。从作品鉴赏的角度而言，读是悟的基础，说则是悟的表现，那么表演是一种更高的境界，对文章内容有着更深层次的认识，它化语言文字为其他艺术形态。从儿童的心理特征而言，儿童往往有着比较强的表现欲，他们热衷于活动。因此，教师要积极引领孩子参与实践活动，展示个性风采。比如，读了《猜猜我有多爱你》后，教师可布置学生回家与妈妈说一说；读了《我有友情要出租》后，教师可以编写小剧本，让学生相互合作表演大猩猩与咪咪之间的友情故事。

3. **多元评价促发展**。小学生持久注意的能力较弱，兴趣也容易转移，特别是网络的诱惑常常使他们沉迷其中。因此要使学生保持读书的热情，还需要建立多元评价体系，如评比"书香家庭""读书小博士"等。在评价方式上，可以采用随机评价与定期评价相结合、自我评价与他人评价相结合的方式。当然各类评比活动的主要目的是调动每个孩子读童书的积极性，让每一个孩子都享受到读书所带来的快乐。

4. **持之以恒铸品质**。书籍浩如烟海，怎样把热爱阅读的种子，尽早播撒进每个学生心田，让他们认识到阅读是终身需要，并逐步养成持之以恒的阅读品质呢？教师无疑要及早培养孩子有目标、有计划地阅读。这些规划包括人的一生要读那些书？在小学阶段该读哪些书？今年准备读哪些种类的书？哪些精读哪些略读？每天的读书时间安排有多长？如我执教的四年级，指导学生安排好读书的保底时间。早晨20分钟，中午半小时，晚上半小时，并让他们记录每天读书的页数。对学生课外阅读的篇目，字数经常对统计，对阅读笔记经常检查；建好阅读反馈表，请家长一起督促学生阅读；开展"亲子共读"活动，设计亲子共读读书卡，引导家长养成与孩子一起阅读健康书籍的习惯。

童书阅读就是让儿童领悟生命的尊贵，体验生命交流的愉悦，收获生命成长的幸福。而这些都是在潜移默化中实现，没有空洞的说教。金波说："美好的一天，从阅读开始；阅读，从诗歌开始。"作为语文老师，我们应该积极推进儿童阅读教育的开展，让孩子们亲密接触那一本本妙趣横生、耐人寻味的童书，感受言语世界的奥妙，倾听纯净心灵的跳动，享受成长的幸福！"阅读童书，你会守望一生的优雅与美丽"！让我们一起努力，做童书阅读的点灯人！

小学生课外阅读的误区及对策

阅读，有获取信息、积累知识、开发智力、培养能力、陶冶性情、塑造品格的价值，对孩子一生的成长起着基础性的作用。苏联教育家苏霍姆林斯基曾说过："让学生变聪明的方法，不是补课，不是增加作业量，而是阅读、阅读、再阅读。"《语文课程标准》在"教学建议"部分明确提出，要"培养学生广泛的阅读兴趣，扩大阅读面，增加阅读量，提倡少做题，多读书，读好书，读整本的书"。课外阅读作为小学语文教学的重要组成部分，已经越来越受到人们的关注，大量有效的课外阅读对于提高学生的语文素养具有举足轻重的作用。但是，小学生目前阅读的状况又是怎样的呢？

最近我们对部分学校中、低年级学生进行了一项关于"课外阅读现状"的调查，从中发现了一些发人深省的现象：在学生最爱读的课外读物中，排名前两位的竟然是卡通漫画和幽默故事；有65%学生认为阅读的主要目的是促进写作能力的提高；有47%的学生反映自己读的书籍并不是自己喜爱的，是家长强迫自己在阅读；有86%的学生反映自己喜欢上网看动画片、玩游戏；还有90%的家长反映不知道该给孩子买什么样的书……这些数据表明，目前小学生的课外阅读至少存在以下四个误区亟待解决。

误区之一：唯利是图——功利性阅读

从教育环境看，虽然语文课堂内外的阅读生活日益引起人们的重视，但依然存在着在观念上排斥课外阅读。学生课业负担繁重，无法进行自主自由的课外阅读等问题仍然存在。相反，如果老师追求学生作文能力提高得立竿见影，学生就会去多读作文选之类的书；老师追求学生阅读能力提高得立竿见影，学生就会去多读短文练习之类的书……要论责任，比起其他类型的人，教师应为功利性阅读的盛行担负直接责任。从下列司空见惯的校园现象中不难发现，部分教师充当了很不光彩的扼杀学生阅读兴趣的"刽子手"。有些教师，禁止学生阅读课外读物，尤其是小说，俨然已成了一条无形的班规。无论是早晚自修还是课外活动时间，老师们都反感学生看课外读物，认为看课外书会影响文化课的学习。教学评估的不完善导致广大师生群体为追求分数耗尽了精力，从而挤走了学生课外阅读时间；社会和家长、教师的一些落后观念（如认为读课外书浪费时间）或急功近利的思想在一定程度上抑制着学生的阅读空间。

误区之二：拔苗助长——成人化阅读

多数儿童的课外读物过于超前，许多读物的情节过于复杂，内容过于深奥，大大超过儿童的认知范围，无法提起他们的阅读兴趣。除了情节和内容之外，影响儿童阅读的还有读物的语言，在我国的现代文学中，有很大一部分作品的表达方式是半文半白式的，即使是冰心那温婉亲切的《寄小读者》，学生们读起来也非常吃力，更别说鲁迅的《朝花夕拾》和《狂人日记》了。而这些，却是我们许多老师向学生推荐的书目之一。学生在艰难地咽下这些文化大餐之后，会不会因噎废食？这种"拔苗助长"式的阅读不仅无法从根本上提高学生的语文素养，而且会把课外阅读演变成十足的"八股文化"，使优雅隽永的阅读变得枯燥而功利。在现实生活中，我们一些家长或教师急于求成，偏重读物的知识教育和思想教育的功能，要求孩子选择有"教育意义"的书籍内容，而忽视媒介的娱乐放松功能或其他功能，结果使孩子产生了逆反心理。

近年来，社会上还出现了不少关于儿童"读经"的宣传，让小学生从低年级开始就读《大学》《老子》《论语》等，甚至称"目前全国已有100万孩子加入了读经的行列"。对于低年级小学生来说，多背一点文言文，虽然不能完全理解，但可以贮存语料，形成语感，将来他们用到的时候，就能脱口而出。但是，阅读"经典"是否忽略了孩子的兴趣，是否是一个精神愉悦的过程，会不会事与愿违？这些都值得我们深思！

误区之三：浮光掠影——快餐化阅读

调查表明，在最喜欢和经常阅读的书籍种类多选题中，80%以上的孩子选择动漫类图书。学生认为：动漫书的语言很搞笑，画面有冲击力，看起来很轻松。漫画书在儿童阅读生活中大行其道，折射了现今儿童阅读结构不合理的问题。调查显示，孩子阅读首先追求的是有趣、好玩以及新鲜、刺激的阅读感受，而对于知识和文字表达的兴趣则较为次要。因此，他们对于图画书、漫画有一种天然的爱好。但随着年龄的增长，如果孩子一直停留在简单、直观的图画阅读中，他们的思维能力将很难提高。

误区之四：走马观花——网络化阅读

2020年5月13日消息，共青团中央维护青少年权益部联合中国互联网络信息中心（CNNIC）发布《2019年全国未成年人互联网使用情况研究报告》。报告显示，2019年我国未成年网民规模达 1.75 亿，2019 年我国未成年网民规模为 1.75 亿，未成年人互联网普及率达到 93.1%。新型的数字媒体，如新闻网站、电子图书、数字杂志、在线音乐、网络游戏，还有以手机为载体的手机报纸、手机小说、手机音乐等众多新的阅读方式和阅读载体正在悄然兴起，不断地对传统的生活提起挑战，不断地冲击人们的听觉、视觉神经。网络阅读通常是走马观花，虽然快速、方便，但只是增长了知识的宽度，缺少深度。这样的阅读习惯，可能会造成孩子们思维能力弱化。

上述误区的存在，不但影响了课外阅读的质量，而且不易养成良好的阅读习惯，不易培养循序渐进步步深入的阅读素质。作为老师和家长，我们需要了解孩子们真实的想法，但也不能任由他们根据自己的喜好进行阅读。我们有义务采取积极的对策，去进行一种引导，去营造一种氛围，让孩子们广泛地快乐地阅读各类书籍，使课外阅读逐渐走向有序和高效。

对策之一：转变观念，淡化阅读的功利性

阅读求乐，是少儿读者阅读活动的第一需求，寓教于乐，是开展读书活动的基本目标，正如孔子所说："学之者不如好之者，好之者不如乐之者。"课外阅读，老师的指导，应使学生尽量减少功利性阅读。教育主管部门要改变应试教育体制，使青少年真正获得读书的乐趣，在阅读中发展自己的心智。只有淡化阅读的功利性，学生才会去多读文学作品、科普作品，才能潜移默化地受到文学的熏陶、科学的滋养，才能促进学生形成良好的人生观和世界观。另外，成人最好不要片面强调阅读的某种功能，不要强迫孩子阅读。儿童阅读出于学习、缓解焦虑、放松、消磨时间等各种需要，也许他们阅读的某类作品在成人看来，既没有"思想意义"，也没有什么知识，更没有什么美感（在儿童看来很美，很带劲），但他们如醉如痴，尽管没有达到人们想象的那些培养目标，但只要满足了儿童的某种心理需要，有利于儿童的身心健康，就应视为积极的行为给予鼓励。如果成人想让孩子读什么书，要用建议的方式，并告知这部作品中有意思的部分，引起孩子的阅读兴趣，在这种情况下，阅读才能成为真正的儿童主动的活动。

对策之二：推荐读物，让孩子读喜爱的书

生活中，五六岁的儿童苦读《唐诗三百首》《三字经》《千字文》，小学三、四年级的孩子开始研究雨果的《巴黎圣母院》等现象比比皆是。其实，并非所有的名著都适

合儿童阅读，美国儿童阅读研究专家里查德，安德森教授在北京、天津、武汉等大城市调研后发现，中国多数儿童的课外读物过于超前，许多读物的情节过于复杂，内容过于深奥，大大超过儿童的认知范围，无法提起他们的阅读兴趣。人民教育出版社王林博士认为，在小学阶段，学生的课外阅读应以儿童文学为主。因为儿童文学作为语言艺术，它描绘了少年儿童的多彩生活，再现了属于儿童的奇特的想象和儿童的生命成长历程，它因其固有的特点而能深入儿童的心灵世界，给儿童以情感的熏陶和美的情怀，优秀的儿童文学作品，会像珍珠一样镶嵌在孩子们的心里。因此，在选书时，教师和家长要学会抛弃自己的阅读成见，关注和理解儿童的阅读口味和审美特征，从培植儿童的阅读兴趣入手，摒弃那些教育意味过重，时代背景过于复杂的作品，选择那些简洁明快，贴近儿童生活的作品。分年级，有层次地为学生推荐一些合适而有趣味的文学作品。在这里，我向大家推荐一下法国著名文学史家保罗·亚哲尔的观点，他认为，优秀的儿童文学作品应该是：可以解放儿童的心，使他们喜悦的书，这种书可以保护儿童，守住想象世界的幸福，避开现实法则的束缚；能把人类的高贵情感吹进儿童心灵的书，使儿童尊重一切生命——包括动物的生命，植物的生命，包罗万象的生命；承认游戏是重要的，不可或缺的活动的书；启发儿童知识的书，让儿童认识世界，认识自然；含有高尚道德的书，帮助儿童认识人性——人类心情的书。

对策之三：把握个性，引导孩子读有用的书

小学生喜欢阅读动漫类图书，造成这种阅读结构不合理的原因，主要在于一些家长和老师受限于自己的阅读经历和知识结构，没有在关键时期对孩子进行科学引导，放任他们对阅读趣味的简单追求；或者强迫孩子阅读与其年龄、心理成熟度不相符的书籍，造成孩子在3～6岁应该读图的年龄没有读图，而到了应该进行文字阅读的小学阶段还对图画过度痴迷。作为老师和家长，应该在了解孩子阅读个性的基础上，注意有针对性、有侧重、有计划地加以引导。在具体引导时，我们既不能采取他们爱读什么就让读什么的完全自由式阅读，也不能采取不管兴趣爱好如何，硬性规定的绝对命令式阅读。学校可以通过开展好书推荐、读书沙龙、儿童作家进校园、"书香家庭"评选等活动对学生的阅读加以引导。对基础扎实、各方面发展平衡的学生，要引导他们在自己的爱好方面再多读一些书，争取有新的超越；对各方面发展不平衡、有严重知识倾斜的学生，要有意识地引导他们阅读一些虽然感觉阅读兴趣不大却又非常重要的读物，以弥补知识缺陷，争取达到全面发展。只有这样指导，才能调整好孩子的阅读结构，提高课外阅读的整体质量。

对策之四：因势利导，传统阅读和网络阅读相结合

网络化阅读是促使青少年阅读率走高的一个"推手"。不过，网络阅读与看电视一样，具有直观性，它往往只是满足于入眼不入脑的浅表性阅读，满足于过眼烟云式的娱乐性阅读，满足于缺乏精神营养的快餐性阅读。不少学生的阅读仅仅局限于网络阅读，从而蚕食了传统阅读时间。相对于网络阅读而言，传统阅读是一种实实在在的东西，在传统阅读中，我更深入地分析文章内容，并在重点子句上做标记。这种集中精力的阅读方式，让人忘却一切，是一种很好的享受。对于青少年来说更要加强自身素质，处理好网络阅读和传统阅读的关系。北京大学肖东发教授就曾指出，对年轻人来说，时间有限，应注意精力的分配，不能只上网不读书，有时间到图书馆多看看书、书评，对网上的东西要时刻保持清醒的头脑。网络图书通常会采用声、色大餐来刺激读者的感官，而传统图书更能给读者提供理性判断、理性思考的机会。总之，在网络时代下，网络阅读将会进一步发展，而传统阅读也不可能消亡，老师和家长要处理好传统阅读和网络阅读的关系，使其共同发展，互相促进。

涵化教育理念下小学课内外阅读有效衔接与整合

《新课标》指出:"培养学生广泛的阅读兴趣,扩大阅读面,增加阅读量,提倡少做题,多读书,好读书,读好书,读整本的书。"研究表明:一个孩子的课外阅读量只有达到课本4—5倍时,才能形成语文能力。因此,学好语文,三分靠课内,七分在课外。

涵化教育理念下的阅读教学提倡:在为孩子打开课内阅读之窗的同时,为他们推开课外阅读的宽广之门。课文只是学习的一个载体,教师应"凌驾"于课文之上,引领学生带着独特的生活体验走进课本,再带着课堂学习获得的方法和策略走出课堂,走进课外阅读,从而实现阅读教学的课内与课外有机融合,构建"大阅读"教学体系。

一、课前导引,智慧铺垫

预习,是一种良好的学习习惯,更是一种科学的学习方法。教师应抓住预习环节,依据相关的教学内容和目标,引导学生自主搜集一些与教材文本有关的时代背景、人物故事等课外材料进行"导引"。这种"阅读式预习"不仅能激发学生阅读的热情,也有利于学生更好地走近作者、理解文本,更重要的是可以为课内的精彩生成进行智慧性的前置铺垫。

例如,在学习四年级上册《虎门销烟》一课时,我在课前布置预习任务,让学生自主收集虎门销烟的相关背景资料以及文中主人公林则徐的相关资料。通过资料收集,学生已经初步了解了林则徐的崇高形象和虎门销烟的伟大历史意义,为更好地学习课文奠定了基础。

现行的教材基本是主题单元式编排体系,这为布置学生"阅读式预习"提供了便利。如苏教版第八册第六单元的主题是"保护环境",《沙漠中的绿洲》写了阿联酋人民精心侍弄花草,营造美好生存环境的壮举;《云雀的心愿》以童话的形式,告诉人们森林对保护环境的重要作用及破坏森林带来的危害。四年级的孩子,已经具有一定的环境保护意识,但是对植树造林的作用,对树木与人类生存、生活的密切关系还缺乏一定的认识。布置预习时,我围绕"树木与环境"展开,先结合视频让学生了解人类乱砍滥伐造成的自然灾难,再推荐学生收集有关植树造林的、树木与人类密切关系等方面的资料,利用晨会时间组织学生交流并畅谈体会,提高学生对树木作用的了解,增强其植树造林、保护环境的意识。学习课文时,发现学生对课文的品读更加投入,对文本的理解也更深刻。

二、课内拓展，有机补充

1. 迁移原著名篇

课文入选教材时，往往经过编者的改编或删减，变得短小、单薄，故事中的人物形象也不再像原著中那么丰满。此时，教者可以通过补充原著中的章节，使单一的人物形象在学生头脑中变得饱满、"立体"起来。

在《水浒传》原著中，林冲上梁山前后的性格变化是很大的。苏教版五年级上册《林冲棒打洪教头》这篇课文，作者展示的只是林冲忍让谦和、武艺高强的性格特征，并不像原著中的人物形象那么饱满。在教学中，我们可以围绕"话说林冲"的阅读主题，引导学生将课文和名著进行对比阅读，先后出示"误入白虎堂""刺配沧州道""林教头风雪山神庙""水寨大火并"等反映"林冲"上梁山前与上梁山后性格变化的章节，根据不同场合下的不同表现，探究其性格的多面性，领悟林冲性格的巨大转变的根本原因是当时社会环境的黑暗。认识到林冲是一位勇敢刚正却又懦弱的英雄！这样一来，林冲这一人物形象就在学生的头脑中变得"丰满"起来。同时，让学生感受到了名著的魅力，激发了学生阅读《水浒传》原著的兴趣。

在阅读教学中，我们要有全局意识，不能只局限于课文，只看到那片树叶，却不追问树叶是长在哪棵树上的，也不管这棵树来自哪片树林。 教学苏教版五年级下册《我和祖父的园子》这篇课文，如果我们仅仅停留在对文本的学习，孩子们读到的就是这个园子带来的自由、快乐，他们就不会理解这个园子为什么是自由的。在充分阅读感悟文本的基础上，老师不妨进行拓展延伸：课文中的我和祖父的园子是一个无限美丽、自由自在、充满勃勃生机的园子，可在"作家卡片"中，茅盾先生为什么说《呼兰河传》是"一串凄婉的歌谣"呢？在补充了《呼兰河传》中的相关情节之后，学生明白了：在这个园子以外，作者萧红的生活是孤独痛苦的，祖母不喜欢她，继母不喜欢她，爸爸也不喜欢她。只有一个人给了她爱，那就是她敬爱的祖父；只有一个地方给她带来了欢乐，那就是祖父的园子。

实践证明，文本解读的过程中巧妙地引入课外资源，对资源的再创造，能激发学生的学习兴趣，引领学生走进人物的内心世界，感悟文本的丰富内涵，使学生的学习更有深度，更能拓展学生阅读的宽度。

2. 拓展历史背景

在教学古诗词和一些创作年代久远的课文时，教师可以引导学生课前自主收集的一些与文本有关的时代背景，课堂上交流分享，或者教师自己在课堂上相机补充，从而让学生充分感知文本。

例如，在教学《江雪》一课时，在学生理解诗意，体会到作者的那份"万千孤独"之后，教师质疑："作者柳宗元真的是在钓鱼吗？"接着引导学生充分交流课前收集的相关资料，然后归纳：柳宗元年轻有为，21岁时中进士。他目睹国家腐败的政治，立志革除社会弊端，为民办实事和好事。但遭到了权臣们的反对与迫害，被贬永州，沦为"苦囚"。他想到自己报国之志无法实现，还遭受迫害，心中无比悲愤。《江雪》这首诗就是在这种境况下写成的。了解了历史背景，学生茅塞顿开：柳宗元并不是真的在钓鱼，而是通过描绘的渔翁独钓寒江图，抒发自己革新不能如愿，虽处境孤寂，但仍然刚正不屈的品质。

3. 补充人物资料

在教材中写人文章占了比较多的分量，可大部分人物对于学生而言比较陌生，仅仅依靠课文的叙述，对文本理解有一定的难度，对人物形象的认识不够全面。因此在课堂教学中教师可以为学生适时地补充一些课外资料。

例如，苏教版四年级上册《李时珍夜宿古寺》一文中，文中用了较多的文字介绍李时珍不怕吃苦的可贵精神和严谨认真的工作作风，但为民造福而不顾生命危险的崇高品质不是十分突出。于是我补充李时珍不顾危险观察蕲蛇和冒死亲自品尝曼陀罗的故事。学生读后对李时珍不怕牺牲、为民造福的精神有了更深的认识。

三、课外推荐，有效延伸

叶圣陶先生说："语文教材好比一把钥匙，学生拿了它去开其他的书库。" 语文教材是教学的出发点，但不是终点，它只是学生进行阅读一个火种，要借这火种深发开去，点燃阅读的激情，形成燎原之势，这才是阅读教学的最终目的。

在阅读教学中，我们要立足于课内教学内容，用好语文教材这把"钥匙"，使学生触类旁通，读通、读懂与课文相近、相类、相关的一大批文章；通过教材这个点辐射开去，借助课外阅读延伸到线，到面，到体，促使学生养成良好的阅读习惯，形成良好的语文素养。

1."1+1"型阅读推荐

顾名思义，"1+1"就是学习一篇课文拓展链接一篇与之相关的课外阅读材料。如学习了柳宗元的《江雪》之后，教师适时推荐清朝王士祯《题秋江独钓图》："一蓑一笠一扁舟，一丈丝纶一寸钩。一曲高歌一樽酒，一人独钓一江秋。"并出示学习提示：同样是江上垂钓，这首诗又给我们勾画了一幅怎样的画面？反映了作者怎样的心情？要

■ "涵化语文"教育实践探索

求学生运用《江雪》中学到的方法来自学这首诗。

2. "1+X"型阅读推荐

这种阅读形式就是阅读一篇课文链接多篇课外阅读。推荐的文章可以是同一题材、同一作者、同一主题、同样写作方法、同种语言风格等。如：在教学四年级上册《开天辟地》一课时，通过学习生动感人的内容和跌宕起伏的情节，学生对盘古的英雄行为有了深刻的了解，也感受到了神话的神奇。学完这一课后，可以向学生推荐《女娲造人》《后羿射日》《夸父逐日》等神话故事，引导学生进一步了解神话故事的独特魅力，体会人们对美好生活的向往与追求。

再如：学习了《月光启蒙》一课，提炼出"母爱"这一主题，推荐阅读孙友田"母爱三部曲"的另两篇文章——《迎接母爱》《母爱似水》。教者引导学生自主阅读，走进文本，抓住典型事例和细节描写感悟母爱。接着走出文本，通过感情朗读、畅谈体会等方式表达母爱，并探索发现三篇文章中"母爱"的异同。然后走进生活，让学生写一写"自己眼中的母爱"。这样，从一篇课文到主题相同的一组文章，将课内外阅读融合得浑然一体，让学生深刻体会到作者对母亲的感激和怀念，并懂得感恩母亲，达到了言意兼得、知行合一的效果；同时对作家孙友田的生活背景、写作风格有了更多的了解。

3. "1+一本书"型阅读推荐

教材中，大多文章都是节选自古今中外的名著。教学中，我们可以引导学生追本溯源，阅读整本名著。如学习了《林冲棒打洪教头》之后推荐阅读《水浒传》，学习了《三打白骨精》推荐阅读《西游记》，学习了《我和祖父的园子》之后推荐阅读《呼兰河传》……

当然，推荐阅读之后，开展阅读交流尤为重要。如学习《三打白骨精》，推荐阅读《西游记》之后，组织学生开展"人物形象分析交流"或"读后感交流"等活动。教师适时搭建"脚手架"，引导学生"聊书"，运用整合、比较、筛选、判断、评价等一系列方法，激发智慧碰撞，观点交锋，实现集体建构，从而进一步提高学生的文学素养和审美能力。

热爱阅读是学生的天性，语文教师担负着保护与升华学生这纯粹美好天性的重大责任。"大阅读时代"已经来临，让我们一起课内深耕，课外细作，使语文教材与丰富的课外文本资源互通声息、互相呼应，把语文阅读引向更为广阔的空间，让学生在文字世界里流连徜徉，让他们的生命与精神因此丰满而充盈。

涵养化育 自然成文
——生活体验作文策略摭谈

一位哲人曾经这样说过，生活的范畴等同于思想和言语的范畴。就这个意义上讲，小学阶段作为言语传输和显现的主要载体的习作，必须导引于思想，根植于生活。而生活体验写作就是引导学生体验生活，品味人生，关注社会，感受时代脉搏，让他们在生活中体味、揣摩、积淀语言，在潜移默化中感受体验生活的乐趣，形成自主写作的动机，让思想与言语在涵养中同构共生。

一、以生活域界的宽泛来引导体验

习作教学中要把现实生活和儿童的幻象世界确立为言语表达的重要素材，精心地设计体验活动是激发学生写作兴趣、丰富学生写作素材的重要手段。创设一个特定的"真"情境，让学生身处其中，实现"外部刺激力向意志事实的转化"，让学生在生活体验和丰富想象中获得真切的感受。

1. **在实践性学习活动中体验**。精心设计绘画、实验、制作、操练、表演、游戏等活动，吸引学生参与，引导他们在活动过程中加强观察、认真体验，用简略的文字加以记录，然后综合成文。

2. **在家庭亲情生活中体验**。家庭是学生主要生活的地方，也是学生真情实感最为直露表白的场所。设计家庭生活活动，也可以为学生提供写作素材。我们曾开展过"为妈妈洗脚"等活动，学生在亲身经历活动过程后，写下感人肺腑、催人泪下的亲情作文。

3. **在社区实践生活中体验**。社区有丰富的教育资源，是学生作文重要的体验源。利用社区教育资源，以参观、劳动、社区服务等多种形式引导学生亲身体验，最终写出自己的独特感受。我校一年一届的"生命践旅"活动，在学生感受自然魅力、磨炼意志的同时，体验到了多姿多彩的乡村生活。

4. **在阅读中间接体验**。美国著名心理学家克拉森在《作文：研究、理论与应用》中明确提出："学生自发的兴趣课外阅读，比增加经常性的写作训练对发展学生作文能力更有效。"阅读不仅可以积累写作材料，学习知识，而且"厚积薄发"，"能读千赋，则能为之"。 阅读过程本身也是一种学习写作的过程，学生在阅读过程中往往会无意识地积累好词佳句，习得各种文章图式和写作技法。同时教师对学生的阅读要进行必要的指导，"教师要把课堂阅读教学与作文教学密切结合，以读导写，以读促写"。让学生把自己的作文和类似的范文进行比较，从而加深体验的深度，这样表达出来的语言才能更铿锵有力。对于学生的课外阅读，我们定期布置一定的主题，让学生围绕主题进行交流和写作。这样，在交流的同时既对自己的阅读进行再体验，也能对别人的体验进行反思。

二、以言意情感的深化来体验

生活体验作文回归了生活的原点，唤醒儿童蛰伏的情感，激起学生写作的热情和欲望。

1. 感悟动情。生活体验作文"返璞归真"的根本也就在于学生能否用心观察、用情体验。体验过程中，教师要营造气氛，把学生定位为主动探究者，让他们自己去观察生活、体验生活。如学生亲历了"感悟母爱"体验后，充分地交流了各自独特的感受。

生：平时上楼梯时轻轻松松，可是今天怀上"小宝宝"后，我只好一只手捧着肚子，一只手扶着楼梯扶手，小心翼翼地一步一步向上跨。当我爬上楼时，我已经累得两腿发酸、筋疲力尽了。

生：我以前睡觉时，觉得很舒服。可有了"小宝宝"后，躺在床上，总觉得肚子上像压着块石头似的，喘不过气来。妈妈怀我的时候，不知比这难受多少倍。我吸了一口气，又睡了下去。整夜都动弹不得，真是夜难安寝呀！

从学生质朴、真实的感受中，我们发现，他们不但是在用自己的身体感悟着生活，更是用自己的心在体验着生活。他们自觉地进行了换位思考，对妈妈有了崭新的原始体验，浓厚的情感体验的沉淀由此孕育而生，真正地做到了心临其境、情动辞发。

2. 酣畅表达。"一切写作在一定意义上讲，都具有自传的性质"。学生对某事物有深刻的体验，必然会对之产生个性化的理解，形成某种联想和领悟。教师不要以自己的思想和语言来限制学生的行文，只有让学生的放开写，学生体验到作文的快乐，学生的文章才会富有生命力，流露出真情实感，才会具有学生独特的个性特征。

三、以师生交互的升华来提升体验

交流是作文的本质。为此，我们在学生叙写成文后，声情并茂地诵读自己的习作时，可以配乐或表演，读给家长听；或与同学交流，开展"心灵时空"交流活动；或相互诵读、批改，再让学生自改，针对自己习作中比较满意的地方、存在的问题，以及写作过程中的感受、遇到的困难进行反思和总结。在"作文体验课"上，教师诵读或评点学生的文章，把成功的习作结集成册，鼓励学生的点滴进步。习作教学中，还追求一种主体取向的评价，在关注学生习作的同时，还关注学生的整个写作过程，看他们是否掌握了观察、阅读、搜集整理信息等各种方法，是否满怀激情地投入写作过程中，是否能够与小组内其他同学开展有效的合作与交流，是否对写作充满兴趣和信心……学生在评改交流的过程中，既修改自己记录生活的文章，也矫正自己的人生修养，使其在作文的评改中进一步体验生活，观照自我，提高表达水平。

生活是作文的源泉，体验是作文的生命。只有引导学生站在自己独特的角度去观察、聆听、思考、感受，让真实的生活，真挚的情感，真切的思想在孩子们心灵里驻扎，作文才会插上飞翔的翅膀，才会有自然的真实的情感流露，有真切的灵性的语言流淌。

涵化教育理念下习作教学策略浅探

课标强调：鼓励学生习作中学生说真话、实话、心里话，不说假话、空话、套话。为学生的自主写作提供有利条件和广阔空间，减少学生写作的束缚，鼓励自由表达和有创意的表达。

涵化教育理念下的习作教学，旨在通过研究，形成作文教学目标、内容、过程、方法、和评价等方面的新型作文教学模式，使作文教学如春风化雨，消除学生对作文的畏惧感，促进学生积极主动地习作，培养学生"我手写我心"，畅所欲言、情真意切的作文能力。

一、目标涵化——因材施教

1. 循序渐进，让后进生消除顾虑。教师对学生的实际作文水平做到心中有数，适当降低要求，对相对滞后的同学，在训练起始阶段可手把手地教，向学生提供模仿的样板，多做些重视格式的"强制"作文，然后给他们设置一个个"门槛"，使他们逐渐跨过这些门坎，慢慢地消除"我不会写作文"的顾虑，产生"我也能写好作文"的信心。

2. 激励引导，促中等生追求新高。对于中等学生，让他们"吃得饱"，重点写好规范文章，在此基础上不断完善，锤炼字句，力求创新。同时，鼓励他们制订新的目标。

3. 门户开放，让优等生体验成功。对作文能力强的学生，引导他们在写好教材中作文的基础上，把视野投向更广阔的天地。鼓励他们多角度思考，重点培养创新意识和求异思维。勉励他们尝试编童话剧、写小说、写调查报告等，为他们创设更多交流发表的机会和平台，体验成功的快乐。

二、内容涵化——精彩纷呈

1. 在大自然的体验中，开发习作内容。教师打破了传统的"闭门造车"——躲进教室成一统的封闭格局，而是带领学生旅游、远足、野营、考察等，让学生多接触大自然，了解大自然，尊重大自然。学生通过有目的的、亲密接触的观察，对平时并不十分留心的事物，产生难以磨灭的认识，留下终生难忘的印象。这些活动为学生的习作提供了广阔的素材。

2. 与社会亲密接触，拓展习作内容。"情以物迁，辞以情发"。只有受到环境、事物、气氛的感染时，他们才会产生相应的情感。教师在作文教学中，既要引导学生"从无字句处读书"，参与生活实践，又要有意识地创设情境。调查、访问、参观、体验活动、公益活动等都是校外生活开发不止的资源。"雏鹰假日小队""我和同龄伙伴手牵手""进敬老院献爱心"等体验活动，为学生提供了取之不竭的写作素材。作为一名语文老师，还要善于充分利用学生感兴趣的突发事件，抓住写作契机，让学生走进生活，体验生活，进而描绘生活，抒发真情实感。

3. 定格"生活小镜头"，充实习作内容。家庭生活中，门窗、地板、家具、摆设等是学生养成爱劳动、讲卫生好习惯的资源；小家电的使用及维护，烹调、种养等是学生动手能力形成的好机会；与父母长辈交流、沟通；尊敬、体贴父母长辈，参与家政等是学生良好情感形成的根源。教师有意识、系统地引导学生用手机通过"美拍"的形式观察生活，记录下生活中的趣事，不拘形式地写下自己的见闻感受。

三、过程涵化——有的放矢

1. **课前铺垫，积累素材。**课前，告知学生教学内容，学生通过查阅资料、搜集资料，对新授内容有所了解和准备。或事先组织相关活动，积累素材，让学生储备丰厚，真正作文时文思泉涌，有话可说。

2. **课上互动，开发潜能。**课堂上，创设民主和谐的氛围，把游戏、比赛等引入课堂，采用灵活多样的形式，如质疑、讨论、辩论、采访、实验、演出式、实话实说等，最大限度地调动学生的积极性，开发学生的潜能。

3. **课后展评，激发兴趣。**开辟班级习作园地，开垦学校习作墙和生活作文馆，编辑班级文集、个人文集，鼓励学生积极向学校"生活作文报"和社会各类刊物投稿等，培养学生习作能力的同时，让他们充分体验习作的成就感。

四、方法涵化——各显神通

1. **个人发挥，大显身手。**《课标》提出："为学生的自主写作提供有利条件和广阔空间，减少对学生的束缚，鼓励自由表达。"教师应鼓励学生自主命题，自由选材，想写什么就写什么，并不受时间限制。一时写不好，放几天写也可以，直到写得自己满意为止。这样，学生写作文就没有什么精神负担。老师不框不限，不压不逼，学生自由自在，兴趣油然而生。

2. 小组合作，同心协力。以小组为单位，共写一篇作文。即，三五个同学根据自己的兴趣和专长，同写一篇作文，进行集体创作，集体修改，最后共同评议，交叉批改。

3. 接力训练，你争我赶。作文题材、内容、范围、形式不限，但必须是真人真事，写出自己的真情实感。以小组为单位，每天各小组一名学生写作，教者择其"亮点"共同赏析。开展作文接力活动，学生全身心投入，积极寻找素材，竭力把自己的所见、所闻、所感表达出来。同时，大家通过赏析同学文章，汲取"闪光点"，不断提高自己的水平。

涵化教育理念下的习作训练，学生在写作时，有事、有物可写，变过去的"难写"、"苦写"为现在的"乐写"；习作成功的愉悦体验，将学生的直接兴趣转化为间接兴趣，从而增强习作动力，提高习作自觉性；最后，通过常规化的训练，让学生"攻关"，进入愉悦境界，取得累累果实的过程中，养成良好习作习惯，进而磨炼意志，培养毅力，真正让学生进入"愉快作文"的境界。

猎取　体验　探究　想象
——"涵化教育"理念下生活作文教学案例评析

叶圣陶先生说过,"生活如泉源,文章如溪水,泉源丰富而不枯竭,溪水自然活泼地流个不歇。""生活作文教育"注重指导学生观察,留住生活,善于表达,描绘生活,形成良好的习作情感、流畅的习作思维;广掘生活之源,自由表达,创设宽松的习作氛围,使每一个学生都能大胆表现,形成个性,富有创造力。"生活作文"让学生走进生活,拥有丰富的写作素材;让生活走进作文,放飞学生自由的心灵;让作文走进创造,使学生体验到成功的快乐。

巧用慧眼,让学生观察生活

案例:"拥抱花朵"

上课铃响了,孩子们没有循规蹈矩地坐在教室内,而是三五成群地自由组合在一起,来到了校园的花园里。老师没有过多地讲解和要求,只是提示孩子们注意观察花朵的形状、颜色、大小、味道等方面并和花朵说说悄悄话。话刚说完,孩子们就如蝴蝶般翩翩飞行于花丛中,用眼看、用手摸、用鼻闻、用嘴说……

评析:"生活作文"注重引领学生走进生活——猎取、拥有丰富的素材。厚积才能薄发,而要做到"厚积",走进生活,观察生活便是最直接的途径。在"生活作文"教学中,教师打破了传统的"闭门造车"——躲进教室成一统的封闭格局,而是带领学生走进大自然,观察大自然,亲近写作素材,拥有第一手资料,轻轻松松地积累了素材。

反思:"生活中不是缺少美,而是缺少发现"。对小学生而言,"无米下锅"是写作的最大障碍,而学生不能做到"下笔如有神",关键在于"内存"太少。《语文课程标准》中首次提出课程资源的开发和利用,广泛利用课堂教学资源和校外学习资源,明确提出加强习作与生活的联系。因此,学生要拥有丰富的写作素材,我们就要带领学生跳出课本,大胆地走出教室、走出校园,观察生活、体验生活、感受生活。

情境体验，让生活走进作文

案例："走进'跳蚤'市场"

课前，老师让学生准备好在"市场"上交换的物品。课上，学生先"王婆卖瓜，自卖自夸"——各自介绍自己物品的特点、作用和价值，力求打动别人。接着，学生自由"交易"，"叫卖"声、"讨价"声、"讨巧"声后的笑声响成一片。然后教师引导学生敞开心扉，叙述"交易"经过和"交易"后的内心感受。最后，让学生结合刚才的活动，把自己喜爱的环节和独特的感受写下来……

评析："生活作文"构建先"生活"后"作文"的课堂教学形式。这里的作文课热热闹闹，像在比赛，像在展示，像在表演，像在推销，像在辩论……教师让学生进入"生活状态"，尽情地参与生活，感悟生活，充分体验生活的乐趣。"情动"而"辞发"，当学生的表达欲望喷涌而出欲罢不能时，教者峰回路转，将其引入"写作状态"中，这种"润物细无声"的"先生活，后作文"的形式打破了学生怕写作文的心理"厚障壁"，从而有效地将学生从"要我写"的被动状态过渡到"我要写"的主动心理状态。

反思："只有从儿童心底流出的命题，儿童才会以极大的兴趣对待它"。小学生的情感总是在一定的情境中产生的。"情以物迁，辞以情发"。只有受到环境、事物、气氛的感染时，他们才会产生相应的情感。在作文教学中，我们要引导学生"从无字句处读书"，参与生活实践，要有意识地创设情境。

注重探究，让作文成为生活实践时

案例："小河边上的作文课"

县城的一条小河边，老师带领着学生进行着一堂别开生面的作文课。1. 探究。看一看、闻一闻：小河的水质怎样？河水有什么气味？河面上有什么东西？小河两岸又是什么样的情景？访一访、问一问：访问河岸边常住的居民，以前小河是什么样子的？小河的变化给他们的生活带来了哪些不便？想一想、议一议：导致小河变化的主要原因是什么？怎样还小河的原来面貌？2. 写作。撰写一篇关于小河变化的"考察报告"，从"小河的昨天和今天""小河变化的原因""小河的治理对策"这几个方面入手；写一份建议书，可以面向沿河的居民或环保部门；设计有关保护小河的公益广告语。

评析："生活作文"提出：作文即生活实践。体验性是"生活作文"的重要特征。

它强调的不仅是用眼睛看,用耳朵听,用脑子想,用嘴巴说,而且还要用手去操作、去实践、去探究。"生活作文"将学生的作文过程与生活实践融为一体:一方面,作文过程是学生进行生活实践的主阵地,另一方面,学生生活实践活动又为作文教学拓展了广阔空间。学生作文的同时,激发了对生活的热爱,融入了生活教育和做人教育。

反思: "生活作文"是"通过以生活世界为对象的写作,在培养语言能力同时,通过以生活内容为中心的讨论等活动,使学生深化对生活认识,使学生形成主体性的人格"。在作文教学中,我们要广开生活之源,深掘精神隧道,除了把学生领进生活,还要让他们做到认识生活、了解生活、关注生活,有感而发,这样写出来的作文才能烙上情感个性的印记,涂上独特心灵的色彩。

大胆想象,让作文走进创造

案例:"听声联想"

课前,老师制作音响,从光盘碟片中,从现实生活中采撷各种声音:风声、雨声、鼓声、敲门声、吵闹声、哭笑声……通过一定的线索,将这些声音有机联系在一起,编辑成一段段"声音情境"。课堂上,反复播放音响段落,让学生"听声",弄清楚有哪些声音,有什么特点,并用恰当的拟声词记录下来。接着引导学生畅想,这些效果在生活的哪些场面中出现过?听了这些声音,你想到了什么?学生自由想象,在"大胆"的基础上逐步纳入"合理"。最后由声及文,学生根据音响在头脑中勾画出各种生活画面的时候,教师引导学生用笔再现这些生活情境,形成完整的文字。

评析: 生活引发创造。"生活作文"立足学生的现实生活,但并没有把视野局限在学生的现实生活上。我们大张旗鼓地提出"创造生活"——通过精心创设情境,激发学生创造力,让学生在愉悦的境界里重构生活。教师激励学生放开束缚,大胆想象,自由表达,既联系生活又超出生活,培养学生的想象能力和创新能力,享受作文的乐趣。

反思: 小学阶段是培养学生创造精神和创新意识的最佳时机。作为教师,要放飞学生颇富生命张力的梦想,启迪学生的联想与想象。在习作过程中,我们要引领学生展开自由的联想与想象,尽情放飞生命的梦想,使每一次习作,都成为学生想象力的一次磨炼,都成为学生生命体验的一段经历,都能有助于他们生命原野上那棵创造之树的根深叶茂。

让我们共同努力,引导学生快乐地用手中的笔把自己对生活的独特体验以及想说的话用语言文字自由而又真实地表达出来,使作文给学生的生活带来一片艳阳天:一个能感悟生活的空间,一方能倾吐真情的净土,一块能张扬个性的舞台,一片能飞翔想象的天空。

精彩"美拍"：让生活作文融入"故事情趣"

学生生活应该是多彩的，多彩的生活也是写作素材的主要来源。在信息时代，人们用手机"美拍"是一种大众化的行为。"精彩美拍"不仅关注自己，记录自己的生活趣事，还会用一双观察的眼睛记录社会，发现生活中人们有趣的故事。这种特质正对接习作的教学目标，我们学校开始将"精彩美拍"引进生活作文课程，即有意识、系统地引导学生通过"美拍"的形式观察生活，记录下生活中的一个个难忘的趣事，不拘形式地写下自己的见闻感受。引导孩子用"童眼看世界"，用"美拍"发现生活，引导学生在春节、元宵节、清明节、端午节、中秋节等传统节日中用"精彩美拍"捕捉生活中的趣味故事。通过"精彩美拍"构建生活作文"故事课程"体系——让学生"美拍生活故事"，对"精彩美拍"先分解，后重构为儿童能力核心中的"故事元素"，用"美拍"生活来激发学生"创生故事"，用"精彩美拍"生发"故事课程"，让孩子与教师在"故事课程"光辉中经历体验，共同建构、创生、升级生活作文特色课程，让"故事课程"在生活作文园地里绽放出异样的光彩。

一、"精彩美拍"打开观察生活的大门

1. 用"精彩美拍"记录观察生活的素材。孩子的生活，需要学生学会仔细观察，而"美拍"能激发起学生观察生活的"兴奋点"，培养学生观察生活的兴趣，帮助学生发现生活、记录生活、积累生活。

2. 用"精彩美拍"净化网络世界的环境。当今五花八门的网络资源和虚拟游戏让学生沉迷其中。在生活作文教学中融入"精彩美拍"意识，开辟出一块网络净地，让学生将自己利用智能手机或相机拍下生活的点滴趣事图片上传到学校网站中，配以文字说明，互相欣赏，互相留言。这既是学生群体智慧的碰撞、情感的交流的园地，又形成了良好的网络环境，让网络真正为学生学习服务。

3. 用"精彩美拍"丰富创意表达的内容。学生习作的最大快乐就是用自己愿意的表达的形式，写自己愿意写的内容。在生活中"美拍"，学生想要"美拍"什么都可以有自己决定，学生可以围绕某一主题，自主选择观察内容；在配上文字说明时也有选择性，画外音、儿童诗、一段话……他们可以选择自己熟悉的方式去创意表达。

4. 用"精彩美拍"激发绘本故事的创写。观察生活美拍的照片给予学生丰富的画面；细致揣摩意会后形成的文字说明是学生对画面的阐释。这样的阐释就等同于学生习作——回想生活的场景，再现生活的画面，将生活中趣事的来龙去脉叙述清楚，并且关注事情的高潮与细节，用文字叙写出"美拍"的故事，形成图文并茂的生活故事绘本。瞬间"美拍"意识让学生能够将自己关注的生活片段通过图片记录下来，化抽象为形象，学生在写文字说明时也就有了观察对象、有了回忆的依据、有了画面意识。

二、"精彩美拍"搭建生活作文教学的桥梁

我们的生活作文教学与"精彩美拍"有机链接，用"精彩美拍"服务于生活作文教学。"精彩美拍"意识的指向是学生自我体验获得和表达。孩子的观察与体验都是有所缺失或欠缺深刻的，但是他们真实地融入生活、关注生活，哪怕是幼稚的感受、稚嫩的疑惑、不切实际的联想，都是他们认真观察的结果，都值得赞赏和肯定。有了他们这份"美拍"意识，写作教学才会真正向生活走进，才会接地气。因此，"美拍"意识给习作教学提供了接触生活的契机，教师要积极为学生营造一个自由表达的氛围，鼓励学生观察生活，用一双慧眼捕捉生活中的有趣的人和事。学生爱好"美拍"，喜欢网络，他们对自己成为"美拍"小能手有着极大的兴趣与信心。将"精彩美拍"融入生活作文，目的就是以此举措让枯燥无味的习作教学变得生动有趣，富有吸引力，让习作教学增加故事趣味，使学生乐于表达，更好地达成习作教学目标。

三、"精彩美拍"拓展习作训练的"新引擎"

联结理论强调语言知识和现实世界知识的相互作用。但要实现写作与生活的交互融合，需要一些操作性强、易被学生接受的活动为载体来帮助他们积累、体验，形成自然表达的写作技能。

1. "精彩美拍"与传统节日联结。"精彩美拍"意识的形成对象是儿童。我们应站在儿童的立场，将"精彩美拍"与孩子丰富多彩的假日生活联结，才能真正丰富孩子的习作表达。我们指导孩子以观察、积累生活为重点，将学生引向生活，用"童眼看世界"，用"美拍"观察生活，引导他们在春节、元宵节、清明节、端午节、中秋节等传统节日中用瞬间"美拍"捕捉生活中精彩的趣味故事，对于他们的"美拍"作品要多鼓励，及

时上传学校网站共享交流,通过"美拍"激发他们观察的兴趣,再结合他们的认知循序渐进地进行训练,这样才能达到事半功倍的效果。

2. "精彩美拍"与习作训练相联结。教材是学生进行语文学习的主要阅读材料,教师要根据教材训练内容,指导学生"美拍"生活中的人和事,帮助学生将已知信息和未知信息联结,进而积累习作素材,提高习作能力。如苏教版四年级语文下册习作5训练要求:植物王国里有无穷的奥妙。请选择一两种植物,仔细观察,认真研究,然后把你的发现和研究成果写下来。老师在课前根据这一习作要求,指导学生到校园或大自然中观察一两种植物,并把观察到的植物的特点和变化"美拍"下来。然后根据学生"美拍"的图片,指导学生运用学过的表达方法写出来,并配上"美拍"的图片,这样就把生活中的故事生动具体、图文并茂地描述出来。

3. "精彩美拍"与言语训练相联结。习作训练除了指导学生写下图片说明文字外,还需要教师指导学生运用学过的方法进行言语表达训练,达到"精彩美拍"与言语训练相联结。如指导四年级学生写好人物的外貌、语言、神态、动作,并突出对话描写,尽可能将人物对话写生动。写好人物外貌、对话、神态、动作要掌握的要素很多,教师不能一味地告知学生,显然不符合儿童的认知规律。我们将写人的方法融入"美拍"课程中,让学生在家里设置几个人对话的场景,引导学生先用"精彩美拍"的方式记录人物的外貌、说话时的动作、神情,然后引导学生根据"美拍"的画面,说说人物的长相,想象人物的对话、根据人物的动作、表情加上提示语,这样的言语训练呈递进趋势,符合习作指导的规律。

"精彩美拍"以独特的方式记录儿童的生活故事,我们在教学中要关注儿童的生长特点和认知规律,在激发儿童兴趣的基础上,帮助儿童用瞬间"美拍"的方式记录写作的素材,增加生活作文的"故事情趣",丰富了生活作文的教学,这种方法不仅为孩子留下童年快乐的印记,还提升了学生感悟生活和言语表达能力。

涵化课堂

教学案例

自读 自悟 自能
——《七律长征》教学案例及评析

教学内容：
苏教版五年级语文下册 20 课

教学目标：
1. 知识目标：学会本课生字词，理解诗句意思，背诵课文。
2. 情感目标：感情诵读课文，体会红军战士革命英雄主义和革命乐观主义精神。
3. 能力目标：进一步培养学生的自学能力；培养学生收集和处理信息的能力；培养学生的语文实践能力。
4. 品德目标：培养学生团结、合作、互助的精神。

教学流程：
一、情景导入。
1. 同学们，在中国革命史上，曾经发生过一次举世闻名、气吞山河的历史事件，这就是中国共产党领导的中国工农红军进行的二万五千里长征。
2. 资料交流：学生交流汇报课前搜集的有关长征的资料，要求说清楚自己收集了什么资料，以及收集资料的方法。
3. 小结过渡：是啊，在中国共产党领导的无产阶级革命的历史长河中，长征是其中最惊心动魄、波澜壮阔的一页。整整 12 个月，每天天上有敌机的轰炸，地上有几十万敌军的围堵追击，但英勇的红军战士不畏艰险，迈着双脚，纵横 11 个省，行程二万五千里，创造了这一历史性的伟大奇迹。1935 年 10 月，当长征即将胜利时，毛主席心潮澎湃，满怀激情写下了一首壮丽的诗篇——《长征》。

【点评】教者满怀激情的语言一下子扣住了学生的心弦，达到"课伊始，趣亦生"的目的。新课标提出"要培养学生初步具备搜集信息和处理信息的能力"。布置学生课前搜集有关资料，课内外联系，拓宽了语文学习的内容、形式和渠道，体现大语文教学观。教者课件演示敌机轰炸、敌军追击的电影片断；《长征路线图》清晰的红线和箭头，明确告知了学生红军的行踪、时间等。现代化的教学手段将学生带到长征的特定情境中，学生如临其境，闻其声，见其形，加深了对长征的了解，为学生后面的自读、自悟、表达、质疑进行了有意义的铺垫。

二、感知体验。

1. 复习诗歌的学习方法。

（1）学生回顾汇报。

（2）师总结，课件出示诗歌学习的方法。

读：读准字音，把课文读通读顺；

译：查字典或联系上下文理解疑难词语意思；

连：将词语意思串联起来，理解诗句的意思；

悟：品读感悟，体会诗歌所表达的思想感情；

疑：提出小组讨论后仍不能解决的问题，共同探讨；

诵：声情并茂地朗读、吟诵诗歌。

2. 学生分小组自学课文。（可下位自由组合）

3. 学生小组内汇报各自的学习成果。

4. 全班交流：通过自学和小组合作，你获得了哪些知识？

可以汇报自己的生字词学习情况；可以汇报自己的朗读情况；可以汇报自己对重点词语的理解情况；可以汇报自己对诗句的理解情况；可以汇报自己对诗歌感情的领悟情况……

【点评】教师注重教给学生学习诗歌的方法，培养学生的自学能力，让学生的自学有法可依。积极倡导自主、合作、探究的学习方式；自学小组的自由组合为学生创设了良好的自主学习情境，让学生真正地成为课堂的主人、学习的主人。在学生自主学习和小组合作的基础上，让学生汇报自己的学习所得，关注学生的个体差异和不同的学习需求。

三、对话探究。

1. 学生提出小组讨论后仍不能解决的问题。

例如："金沙水拍云崖暖"为什么给人"温暖"的感觉？

"大渡桥横铁索寒"为什么给人"寒冷"的感觉？

皑皑白雪的岷山吞噬过多少红军战士的生命，为什么还"更喜"呢？

……

2. 师相机播放"巧渡金沙江"的电影片断，引导学生体会"暖"表达了红军战士巧渡金沙江后的欢快喜悦心情；引导学生回顾以前所学的《强渡大渡河》课文，感悟红军战士飞夺泸定桥的惊险悲壮；播放"翻越大雪山"和"腊子口战役"电影片断后，学生茅塞顿开：尽管千里岷山、白雪皑皑，但过了雪山就获得了长征的胜利，因此大家个个喜笑颜开……

3. 感情诵读：是啊，在红军眼里，险峻雄伟的高山就像细小的波浪、滚动着的小泥球，这是藐视一切困难的革命乐观主义精神；泸定桥虽"寒"，却照样"飞夺"，这是革命英雄主义精神，你能把这种豪迈气概通过朗诵表达出来吗？

（1）学生自由读。

（2）比赛读，读后评议。

（3）齐读，练习背诵。

【点评】在开放的气氛中让学生自由质疑，大胆释疑，不仅能提高学生对语言文字的感悟能力，更能激发学生主动学习、主动探究的积极性，体现了以人为本的思想，为学生的自我发展奠定了基础。另外，充分发挥教师的主导作用，借助多媒体课件和对以前所学知识的迁移运用，引导学生对"云崖暖""铁索寒""更喜"等重点词语品味、辨析，使学生在理解疑难的同时获得语感，领会诗歌的内涵。在引导学生走进文本，有所感悟和思考，受到情感熏陶的基础上，进一步引导学生通过感情诵读再现文本，表达自己的体验。生生之间的阅读评价激发了学生的主体参与性，使学生体验到了成功的喜悦，分享了合作的愉快，将作者字里行间流露的激情用自己的诵读表达了出来。在学生背诵时，教师进一步强调："我们背下这首诗的目的就是为了让红军战士不怕艰难困苦的革命精神永远铭记在我们心中。"从而不仅体现了背诵积累语言文字这一工具性特征，而且把背诵与"情感、态度、价值观"有机结合在一起。

四、建构生成。

1. 欣赏用《长征》这首诗谱写的歌曲，再次感悟红军战士一往无前的英勇气概。

2. 课后实践。

师：同学们，这节课马上就要结束了，可长征的精神将永远铭刻在我们心中，永远激励着我们前进。让我们走出课堂，查阅资料或上网收集有关长征的故事，看有关长征的影视作品，唱赞颂长征的歌曲，继续感受红军战士藐视困难的英雄气概、不怕牺牲的革命精神！

【点评】用音乐渲染气氛，使学生的心弦再一次被拨动、震撼，激情得到了进一步升华。这里的作业设计，结合语文特点，开展语文实践活动，"以课本为桥梁构建大语文阅读体系"，实现课内外结合，缩短了大社会与小课堂的距离，贴近学生的生活实际，培养了学生的创新能力和实践能力。

总评：

  1."以读为本"作为一条主线贯穿始终，"感悟、积累、运用"层层推进，"情感、态度、价值观"贯穿其间，工具性和人文性的统一得到了较好的体现。

  2.多种教法和学法相辅相成，有机结合，在宽松的环境中合作探究，调动了学生的情感参与，深化了学生的情感体验，提高了学生的语文素养。

  3.巧妙合理地运用现代化的教学手段，突破了本课教学的难点，调动学生的各种感官参与教学活动，强化了学生的感知，促进了学生的思维，加深了学生的理解，升华了学生的情感认识，收到了良好的教学效果。

发现美 体验美 拓展美
——《嫦娥奔月》课堂教学设计

教学内容：
苏教版五年级上册第三组第 10 课

教材分析：
  本课是一篇神话故事，描写了美丽善良的嫦娥为了老百姓不受害，吃了仙药升天成仙的经过。文章内容浅显，文字优美，情节生动感人，可读性很强。全文共 8 个自然段，按情节可分为 3 个层次，即后羿射日、嫦娥奔月、企盼团圆。在情节的演进中，具体而细致的通过人物的语言动作、神态和心理活动，刻画出了人物的形象。

教学目标：
  1. 正确、流利、有感情地朗读课文，复述课文。
  2. 结合课文中描写的场景，理解叠词在文中的作用。
  3. 感受课文的意境美，学习嫦娥心地善良、为民造福的品质。

教学重点、难点：
  重点：读通读顺课文，把握主人公性格特点。
  难点：感受课文的意境美和嫦娥的心灵美。

教学过程：
  一、激趣导入，整体感知
  1. 同学们，古往今来，人们爱月、赏月。沐浴着月光，有多少情感在诗人的笔下流淌。"月"，它有时代表着团圆、美满，有时代表着忧愁、分离，有时代表着思念、期盼，有时代表着寂寞、荒凉……看到它，你又想起了哪些千古名句呢？（学生自主交流）
  2. 同一个月，寄托着不一样的情思。月亮充满了神秘的色彩，在民间也流传着许多关于月亮的美妙故事。今天，我们就来学习一则民间故事——《嫦娥奔月》。（板书课题，读题）
  预设："奔"字纠音，相机指导学生查字典、联系课文语句"碧蓝碧蓝的夜空挂着一轮明月，嫦娥一直朝着月亮飞去"，根据意思"直向目的地走去"确定正确的读音。

3．检查课前预习情况。

（1）交流易读错的字音和易写错的字形。

（2）梳理课文脉络。

　　后羿射日（1～2）

　　嫦娥奔月（3～7）

　　思念期盼（8）

（3）根据小标题概括课文主要内容。

（4）交流预习过程中遇到的疑难问题。

【设计意图】PPT出示皓月当空图，特定情景的创设激发了学生的情感体验。与"月"有关的古诗词的交流，让学生受到了传统文化的熏陶，丰厚了自己的文化积淀，同时为课文的学习做了巧妙的铺垫。教师积极地引导学生主动地进行课前预习，有助于更好地培养学生自学能力。

二、欣赏插图，感受"美的意境"

1．提起"嫦娥奔月"，我们头脑里就会出现一幅画。课件出示图画：看，蓝蓝的——天，圆圆的——月，衣带飘飘的——嫦娥……感觉怎样？

2．课文中有一段话具体描写了嫦娥奔月的这幅画面，能找到吗？

3．出示第六自然段，生自由朗读，交流读后的感觉。

【设计意图】由图入手，图文对照，让学生感受文章嫦娥奔月的画面美，体会课文的意境美，也为下面品味嫦娥的心灵之美打下伏笔。

三、揣摩人物，品味"美的内心"

（一）品读感悟嫦娥之"美"

1．同学们都沉浸在嫦娥奔月的美好情境之中，有的同学甚至十分向往也能奔向这轮明月。可是嫦娥奔月时的心情跟我们一样吗？好的故事离不开个性鲜明的人物，接下来就让我们先来认识故事中的主角——嫦娥。

2．出示自主学习单：

（1）默读课文，在横线上填上适当的词：_____的嫦娥

（2）想想你为什么这么填，把支持你想法的语句用线画下来，并在旁边写一写自己的感受。

（3）把你的想法在小组内说一说。

3．交流，汇报。

A. 美丽善良的嫦娥。

出示：后羿的妻子嫦娥，是个美丽善良的女子。她经常接济生活贫苦的乡亲，乡亲们都非常喜欢她。

（1）理解"接济"，想象嫦娥是怎样接济贫苦的乡亲们的。

如：村东的王二家没米下炊了，孩子们围锅台饿得直哭，嫦娥知道了，就。

村西的李三家又添了一口，孩子是生了，却只有一块布来包裹，嫦娥知道了，就立即……

（2）小结：这种给以物质上的具体援助，就叫——"接济"。像这样的事例说也说不完，用文章里的一个词来讲，就是——"经常"，所以乡亲们都——十分喜欢她。

（3）指导朗读指导。

B. 机智勇敢的嫦娥。

出示：这件事不知怎么被逢蒙知道了……嫦娥疾步向前，取出仙药，一口吞了下去。

（1）指名读。

（2）句中说"这样的人"，指谁？他是怎样的人呢？（奸诈贪婪）

文中哪些词语表现了逢蒙的奸诈贪婪？（一心想把，假装生病，手提宝剑，迫不及待，闯进，威逼，翻箱倒柜，四处搜寻）

（3）指导感情朗读描写逢蒙的部分，注意画线的词语，把握好语速语调，表现出逢蒙的"奸诈贪婪"。

（4）面对凶神恶煞的逢蒙，嫦娥心里是怎么想的？她又是怎么做的？

（5）理解"周旋"，想象说话：嫦娥会怎么跟逢蒙周旋、兜圈子呢？

　　逢蒙用宝剑指着嫦娥，恶狠狠地说："_____"

　　嫦娥假装糊涂说："_____"

　　逢蒙_____说："_____"

　　嫦娥_____说："_____"

　　……

（6）体会衬托写法的作用：逢蒙的凶神恶煞、奸诈贪婪更衬托出嫦娥的沉着冷静和机智勇敢。

（7）分角色演一演，再次体会嫦娥的机智勇敢和逢蒙的奸诈贪婪。

　　逢蒙：快把仙药交出来？

　　嫦娥：仙药？什么仙药？

　　逢蒙：别装蒜了，你丈夫后羿从西王母那儿得到的，那天，你丈夫把药交给了你，是你藏起来了，说，藏在哪儿了？

嫦娥：你一定听错了，那天是他采的草药卖了钱让我藏起来的。逢蒙兄弟，你缺钱吗？我送你一些。你先坐下，喝口水，我来给你拿。

逢蒙：哼，别跟我来这一套，我不会听错的。（接着翻箱倒柜搜起来）

（8）模拟采访"嫦娥"：你为什么要与逢蒙周旋呢？（照应课文中的"心想"）当周旋失败后，你又为何一口吞下仙药？（进一步强化"心想"）

（9）感情朗读，再现惊心动魄的场面，感受嫦娥的善良与机智。

4．出示第6自然段：现在我们感觉这段文字美，是不是又多了一个理由，那是因为——嫦娥心灵美。

5．体会叠词的作用：师读这段文字，故意把"飘飘悠悠"读成"飘悠"，把"碧蓝碧蓝"读成"碧蓝"，请同学们说说这样读行不行，并讲述理由。

"飘飘悠悠"写出了嫦娥飞天的姿态，比"飘悠"更轻更柔、速度更慢，能体现她的不舍和无奈；

"碧蓝碧蓝"更能反映出夜空美丽的色彩，衬托出嫦娥美丽的心灵。

（二）品读感悟后羿之"美"

1．默读课文第一部分，抓关键词句体会后羿的力大无穷和为民造福的品质。

2．抓细节描写，体会后羿与嫦娥的感情至深。

（1）学生交流。

品读"一天，昆仑山上的西王母送给后羿一丸仙药——藏在百宝匣里""后羿外出回来了，没见到妻子嫦娥——怎么也追不上"等语句，体会后羿与妻子情投意合、相亲相爱。

（2）后羿有许多话要对他深爱的妻子说，而此时此刻，千言万语只能汇成声声呼唤。（指导朗读）

3．因为这样的美好情感，也就产生一个美好的节日，那就是——齐读最后一小节。

【设计意图】课堂上引导学生抓住关键语段切入，尊重学生的独特体验，通过师生互动，生生互动，与文本对话，通过表演、换位、朗读等方式剖析人物个性，感受文中所蕴含的爱民之情、夫妻之情以及人们对嫦娥的思念之情，对后羿的爱戴之情，对逢蒙的鄙夷之情。在引导学生学习语言文字的同时，感悟文本情怀，充分利用教材的空白点，想象说话。真正做到"个性化阅读、多元化思考、独特性表达、创造性运用"。

四、吟诗诵月，升华"美的情感"

因为一个动人的传说，所以有了美丽的嫦娥；因为英雄后羿心头的泪，便有了一轮多情的月。让我们一起为嫦娥和后羿祝福，祝愿有情人终能团圆，祝愿美好的情感永驻人间！全体起立，让我们共同"把酒问青天"（师生共吟《水调歌头》）：

人有悲欢离合，月有阴晴圆缺，此事古难全。但愿人长久，千里共婵娟。

【设计意图】在体味人物形象、内化文章情感、引起思想共鸣之时，让学生齐诵《水调歌头》，再次升华情感，抒发美好祝愿。

五、课后延伸，拓展"美的神话"

1. 复述课文：回家给父母讲讲《嫦娥奔月》的故事，力求生动形象。

2. 推荐阅读：像《嫦娥奔月》这样人物鲜活、寄托无限美好愿望的传说故事还有很多，读一读中国四大民间故事：《牛郎织女》《孟姜女》《白蛇传》《梁山伯与祝英台》。

【设计意图】作业设计结合语文特点，开展语文实践活动，推荐课外阅读，"以课本为桥梁构建大语文阅读体系"，实现课内外结合，缩短了大社会与小课堂的距离。

读中感悟　辩中明理
——《山谷中的谜底》课堂实录及评析

教材解读：

《山谷中的谜底》是九年义务教育六年制小学教科书语文（苏教版）第十二册的一篇讲读课文。作者用简练的文笔，通过记叙加拿大魁北克山谷的一个奇异的自然现象，告诉人们，在逆境和压力面前，既要敢于抗争，也要学会退让和以退为进。文章前半部分有自然界的奇异景观之谜说起，主要写谜底如何被揭开的，侧重写实；后半部分主要由揭开谜底而获得的启示，重在揭示哲理。本文借具体、真实的事情来说明人生道理，令人信服，这是对学生进行阅读训练、陶冶性情和培养意志的好教材。

教学目标：

1. 能正确、流利、有感情地朗读课文。

2. 学会自主学习，掌握本课的 4 个生字，了解生词意思。

3. 读懂课文，了解雪松能在逆境中生存的原因，初步领会既要敢于抗争，也要学会退让的道理。

教学重点：

把握课文主要内容，了解雪松能在逆境在生存的原因。初步领会既要敢于抗争，也要学会退让的道理。

教学过程：

一、情景导入

1．激趣导入：

师：同学们，首先请看老师写个字。（板书：谜）

生读。

师：猜过谜语吗？好的，现在我就考考大家。（出示投影）

头上青丝如刺针，皮肤粗糙像龟甲，

一年四季永长青，昂首挺立斗风云。

（打一植物）

生异口同声：松树。

师：反应真快！一下子就说出了谜底。（板书：底）

【评析：开门见山，由学生喜闻乐见的谜语导入，既抓住了学生的注意力，又激起了学生学习的兴趣。】

2．揭题质疑：

师：这节课，老师和同学们一起到加拿大的魁北克，去探究——（板书：山谷中的）生齐读课题。

师：读了课题，你有什么疑问？

生1：这个山谷在哪儿？

生2：这个山谷里到底有什么迷？

生3：谜底是什么？

生4：这个谜底又是怎样揭开的？

师：学贵有疑。题目是文章的眼睛，同学们读题产生问题，就已经为读书思考开启了一扇窗户。下面就让我们带着问题走进课本。

【评析："学贵有疑"，学也始于疑。教者紧扣题眼，引导质疑，充分发挥学生的主体能动性，激发他们进一步探究的欲望。】

二、感知体验

1．自学感悟：

师：首先请同学看"自学提示"，一生读。

（1）用自己喜欢的方式读课文。读准字音，读通课文，遇到难读的字、词、句多读几遍，遇到自己喜欢的段落也多读几遍。

（2）思考刚才提的问题（迷是什么？谜底是什么？是怎样揭开的？）

师：这位同学声音真好听！要求听明白了吗？开始。

巡视学习情况，相机指导并表扬好的学习方法。

【评析：让学生用自己喜欢的方式读课文，自主学习生字词，发挥其在学习过程中的主体作用。让学生带着问题读课文，做到了"有的放矢"。】

2．学情反馈：

师：一直就听说我们二实小六（1）班同学的自学能力是最强的，现在考考大家：

出示生字词：魁 贞 篷 丫 柘

师：谁来做老师，提醒大家哪些字音容易读错的？

生交流："篷"是后鼻音，在"帐篷"中读轻声；"贞"是前鼻音；"贞"和"柘"都是翘舌音。

师：生字中有两个字特别容易写错，谁来提醒大家？

生1："魁"是半包围结构，不能写成左右结构。

师：你眼睛真亮！

生2："魁"字竖弯钩里面的撇折点不能写漏掉。

师：是呀，撇折点像什么？对，像一个钩子，"勾死鬼"中的"钩"不能丢哦。

生3："篷"是竹字头，不能写成草字头。

师：那你有什么好方法帮助同学们辨别吗？

生3补充："篷"是用竹子、布等做成的，所以是"竹字头"；"蓬勃"的"蓬"是形容草木等长得茂盛，所以是"草字头"。

师：真棒！你从字义上加以辨析，这下我们记得清清楚楚了。

生4：老师，"篷"是上下结构，书写时不能写成半包围结构。

师：你观察真仔细，上来板演一下。

生边板演，师边强调："篷"上下结构，上面"竹子头"略微分开些，要覆盖住下面的"逢"，整个字横画较多，注意写紧凑些。

师：好的，下面让我们把自己认为容易写错的生字描红一遍。

【评析：老师"退位"，学生"自助"。相互提醒易读错、易写错的字词，突显了学生是学习的主人。教者适时引导学生从笔画联想、析义等角度加深对生字的记忆，并及时进行巩固书写。】

3．资料交流：

师："魁"在书上的词语是——"魁北克"，通过课前收集资料，对魁北克你有哪些了解？

生回答，师出示地图并补充资料：魁北克省是加拿大东部一个省。地域辽阔，森林覆盖率近一半。那里春季风和日暖，夏季艳阳高照，秋季色彩斑斓，冬季白雪皑皑。魁北克省的矿藏资源很丰富。

师：看了介绍，我们知道魁北克是一个——美丽富饶的地方。"魁"字还可以组什么词语？

生组词，师相机结合情境帮助学生理解"魁梧""夺魁""罪魁祸首"等词语意思。

师：生词中还有两种树木分别是——女贞和柘，看过吗？你又有哪些了解？

师在生交流基础上出示图片和文字简介，认识"女贞"和"柘"。

【评析：课标提出"要培养学生初步具备搜集信息和处理信息的能力"。学生课前搜集有关资料，课内外联系，拓宽了语文学习的内容、形式和渠道，体现大语文教学观。】

三、对话探究

1．感悟"谜面"：

师：生字词学得不错，相信大家课文一定也读得很好。通过自学，刚才提出的问题解决了哪些？

生：我知道了这是一个怎样的谜：加拿大的魁北克省有一条南北走向的山谷。山谷没有什么特别之处，可神奇的是它的西坡长满松、柏、柘、女贞等杂树，而东坡只有雪松。

师：同意吗？一起读。

生读谜面。

师：如果你来到魁北克，面对这一奇异的景观，你会怎样想？

生答非所问。

师提示：你和同桌，都是12岁，你身高1.3米，而你的同桌身高竟然有1.7米……

生：哦，我知道了。同一个山谷中，为什么一边只有松树，而另一边除了松树还有许多杂树，我会感到很奇怪。

师：是的，为什么会有这样的差异呢？让我们把自己的疑问放到课文中，通过朗读表达出来。

生读。

师：很好，看样子你们已经读懂了谜面。

【评析：教师是平等中的首席。教师作为课堂教学的参与者、组织者、引导者，在课堂教学中占主导地位。当学生不能从"谜面"中发现问题时，教者适当引导，从而让学生"恍然大悟"。进而通过朗读，加深理解和感悟。】

2．探究"谜底"：

师：谜底找到了吗？

生：我知道了谜底：因为东坡雪大，可是很多树没有雪松能够反弹的本领，渐渐丧失生机，只有雪松存活下来；而西坡雪小，少量积雪压不断树枝，所有的树都存活下来了。

课件出示：谜底终于被揭开了：东坡雪大，其他那些树，因为没有雪松这个本领，树枝都被积雪压断了，渐渐地丧失了生机，而西坡雪小，树上少量的积雪根本就压不断树枝，所以除了雪松之外，柘、柏、女贞之类的树种，也都存活下来了。

师：她在讲的时候，大家听得特别专心，这是一种非常好的学习习惯。

（或：同学们，倾听也是一种好的学习习惯，所以当别的同学回答时，我们要注意认真地听）找到相同答案的同学举手！真棒！我们六（1）班同学都有一双火眼金睛！你们怎么会断定这就是谜底呢？

生：谜底终于被揭开了。（课件蓝色显"谜底终于被揭开了"）

师：这谜底揭开了，容易吗？

生：不容易！

师：从哪知道的？

生："终于"一词。（课件红色显示"终于"）

师：我们一起来读一读！

师：读了谜底后，你又有什么疑问呢？

生："其他那些树，因为没有雪松这个本领"，雪松的"这个本领"到底是什么本领？

师：你真会发现问题！谁用课文中话帮帮他？

生：当雪积到一定程度时，雪松那富有弹性的枝丫就开始向下弯曲，于是积雪便从树枝上滑落，待压力减轻，刚弯下去的树枝又立即反弹过来，雪松依旧保持着苍翠挺拔的身姿。就这样，反复地积，反复地弯，反复地落，反复地弹……不论雪下得多大，雪松始终完好无损。（出示课件）

师：对，这就是雪松的本领。谁又能用文中的两个词来概括一下？（板书：弯曲，反弹）

【评析："一字未宜忽，语语悟其神"，品词析句是学生知识与能力的累计过程。教师引导学生抓住"终于"一词，领悟其内涵和情感，真正把语文的工具性与人文性融于课堂。】

3．引导辩论：

师："弯曲"让我们想到了什么？（师做低头动作并联系生活实际引导）

生：垂头丧气、低头、屈服、软弱、无力抵抗、无能、没出息、弱者……

师：是啊，读到这里老师就在想：面对暴风雪，雪松只会一个劲地弯曲，这是在向风雪低头，它们是一群弱者！——同意我的看法吗？不同意的举手。

生全部举手，不同意老师的看法。

师：看来我是势单力薄了，但是我绝不会"弯曲"。要想把我的观点驳倒，你必须做到有理有据。把我说服了，你就是我的老师。

课件出示"辩论小贴士"。

辩论观点：雪松不是弱者！

辩论要求：观点鲜明，有理有据。（找出能充分证明此观点的关键语句、关键词语并加以智慧的阐述）

辩论方式：阐述时，可以采取"总分"或者"总分总"的形式，让自己的观点完整、准确，掷地有声。

生分小组讨论学习。（强调：抓关键词句，讲理由，证明雪松不是弱者）

师：同学们讨论得很热烈，哪位辩手先来？

生1：雪松不是弱者。文中有这一句话："当雪积到一定程度时，雪松那富有弹性的枝丫就开始向下弯曲，于是积雪便从树枝上滑落。"从"一定程度"这个词可以看出雪松并不软弱，它也想抵抗风雪，要和积雪搏一搏，但事实上它是硬拼不过的。在这种情况下，雪松为了保全生命，采取弯曲的方法，让积雪滑落。如果雪松的树枝没有弹性，枝干就会被积雪压断，也就不会继续生存。所以雪松的弯曲不是屈服，而是能屈能伸的明智之举。

师："一定程度"，是实在不能再承受了才弯曲。从这"弯曲"里，我们看到了雪松"能屈能伸"的品质。（板书：能屈能伸）

生2：我认为雪松不是弱者。"待压力减轻，刚弯下去的树枝又立即反弹回来，雪松依旧保持着苍翠挺拔的身姿。"不知道大家是否注意到这句话的"待"和"反弹"两个词，其很好地表现出雪松以退为进的智慧。当时的雪松，被大片大片的积雪覆盖着，它承受了很大的压力和痛苦，而等到积雪压到一定程度滑落的时候，它立即又反弹回来。别的树木不会弯曲，只会一天一天等待死亡。所以雪松的弯曲是智者的表现。

师：好一个"待"字，这是智慧的等待，让我们看到了雪松的智者形象。原来弯曲是以退为进，是它的一种生存策略！说得有理有据！

生3：我同意苏月同学的观点。"待压力减轻，刚弯下去的树枝又立即反弹过来，雪松依旧保持着苍翠挺拔的身姿。"雪松不但有弯的能力，更可贵的是还具有弹的本事。它的弯曲是为了积蓄力量，为了迅速而有力的反弹，为了迎接更大压力的到来。

师：是的，雪松它没有一直弯曲下去。相反它的弯曲是为了反弹，这是一种迅速有力、满怀抗争的反弹。哎，刚才一连三位巾帼英雄阐述了理由，我们的男同胞呢？

生4：我也认为雪松是一个智者、一个强者。我感受最深的是这一句："就这样，反复地积，反复地弯，反复地落，反复地弹……不论雪下得多大，雪松始终完好无损。""反复地积"：雪落了，很快又积满，让我感受到雪的大、猛；"反复地弯"：因为雪的压力太大，雪松实在承受不了了，才弯曲；"反复地落"：树枝弯曲的结果是雪滑落了，说明雪松弯曲、退让的成功；"反复地弹"：雪松退让成功后立即反弹，可以看出雪松不屈不挠的精神。所以，雪松是一个强者，是一个胜利者。

师：真是"不鸣则已，一鸣惊人"啊！你叫什么名字？（生：陈俊儒）哦，"英俊潇洒"的"俊"，"儒雅大方"的"儒"，是吧？陈俊儒同学抓住了这里"四个反复"来谈，让我们看到了雪松不屈不挠的精神。（板书：不屈不挠）

师：仅仅就四个"反复"吗？

生5：作者连续用了4个"反复"之后是一个省略号，表示无数次的反复，说明雪松不断地承受着压力，又不断地化解这种压力，从而顽强地生存下来。由此，我想到我们在生活中也要时刻提醒自己，无论做什么事情，都不能松懈，不能放弃，要坚持不懈、持之以恒，只有这样才能取得成功。

师：你真会读书！从一个省略号中读出了无数次的"反复"，体会到了雪松顽强的毅力，并认识到只有坚持不懈才能获得成功！掌声送给他！（课件红显四个"反复"文字。）

师：同学们，听，寒风在呼啸，大雪在漫天飞舞，能屈能伸的雪松"就这样——"（生读）

师：风更大了，雪更狂了，杂树的树枝被积雪压断了，渐渐丧失了生机，而不屈不挠的雪松还是这样"反复地——"（生读）

师：还有补充吗？

生6：刚才大家都说雪松是一位智者，它的种种精神品质都非常值得我们敬佩。但是我觉得，雪松不可去埋怨大雪，而应该去感谢它。（老师惊讶状：感谢风雪？为什么？）

因为只有在风雪的磨炼下，雪松才能得到锻炼，生存本领才能得到提高。由此我还想到真正的下棋高手，永远对对手充满敬意。同样，在生活中，我们对学习上的竞争对手也要永远心怀感激，因为没有对手就没有我们的进步和成功。

师：掌声在哪里？对手不是敌人，而是我们的朋友。你不但会读书，还会读人，有很强的联系能力。令人敬佩！

……

师：同学们，能者为师！今天你们是我的老师，你们的精彩陈述让我终于明白——（师生合作读）

课件出示：雪松的弯曲不是（屈服、低头、软弱……）

课件出示：雪松的弯曲里有（不屈不挠、能屈能伸、以退为进、充满智慧、充满抗争……）

师：是的，雪松不是弱者，相反他是一位强者、一位智者！让我们把这种领悟、这种赞美融入我们的朗读中，让勇敢、智慧的雪松永远生长在我们心里。（生齐读）

【评析："阅读是学生个性化的行为，不应以教师的分析来代替学生的阅读实践。"教者抛出话题，创设辩论情境，激发学生主动参与，乐于探究。充分尊重学生的感受、体验和理解，引导学生用"抓关键词，讲理由"的方法，突破了理解中的难点，让学生在实践过程中，提高语言文字的表达能力，加深对雪松品质的领悟，受到思想教育和情感陶冶，达到"随风潜入夜，润物细无声"的境界。】

四、建构生成

1．课堂小结：

师：普普通通的雪松，却拥有可贵的品性。那么，顽强不屈的雪松还给了我们哪些启示呢？下节课由祁老师继续和同学们交流。

2．作业延伸：

师：最后让我们一起逛逛"作业超市"：（课件出示，师读）

（1）思考实践：雪松给了我们哪些启示？收集历史上、生活中具有雪松品质的人和事，准备下节课交流。

（2）推荐阅读：《自然现象之谜》。

（3）兴趣选做：观察一个奇特的自然现象，找出原因，说说得到什么启示，并把它写下来。

【评析：作业是课堂教学的延伸，也是巩固知识、形成能力的重要手段，更是培养学生良好学习习惯，促进学生个性发展的重要途径。这里的作业设计既发挥了其一般作用与功能，又注重学生主体作用的发挥，尊重学生的差异，找准每类学生的最近发展区，针对不同层次的学生制定基础、发展、创造三个目标，给他们搭建自我发展和提高的平台。】

以读悟情 以情品人
——《夹竹桃》第二课时教学实录

教材简析：
　　《夹竹桃》是苏教版小学语文六年级下册的一篇讲读课文。这是一篇文质兼美的散文，描绘了在万紫千红的花季里，夹竹桃的可贵韧性和花影迷离的动人情景，表达了作者对夹竹桃的喜爱之情。

教学目标：
　　1. 能流利、有感情地朗读课文，指导背诵课文相关段落。
　　2. 品读关键词句，感悟夹竹桃的韧性和作者所产生的幻想，培养学生的审美情趣，体会作者对夹竹桃的喜爱之情。
　　3. 体会双重否定句在表情达意方面的作用，会用"无……不……"和"无不"造句。
　　4. 初步领会对比映衬手法对表现夹竹桃精神的作用，初步了解文章借物传情的表现手法。

教学重点、难点：
　　让学生从文本的字里行间中揣摩作者对夹竹桃韧性的赞美以及感受作者构思的巧妙、想象的奇特，从而体会作者对夹竹桃的喜爱之情。

教学过程：
　　一、情景导入
　　师：同学们，课前三分钟让我们再次走进《中国诗词大会》。问诗词大会，谁主沉浮？
　　生：我主沉浮！
　　师：今天我们交流的是"飞花令"含有"花"的诗句。按以前划分的两大组，今天哪一组先来？
　　生：……
　　师：同学们积累的含有"花"的诗句真不少，明天我们继续交流"飞花令"之"草"。"飞花令"之后，我们开始上课了。准备好了吗？上课！

二、感知体验

师：同学们，万紫千红、美不胜收的花儿，引无数文人墨客留下了不计其数的经典诗篇，而著名语言学家、散文家季羡林先生却独爱夹竹桃。这节课，我们继续走进他笔下那蓬蓬勃勃的夹竹桃世界。（生齐读课题）

师：通过上节课的学习，我们知道，在作者心目中，夹竹桃——（出示课文第一自然段，生齐读）

夹竹桃不是名贵的花，也不是最美丽的花，但是对我说来，它却是最值得留恋最值得回忆的花。

师：我们还知道，夹竹桃让作者一往情深的原因之一，是——

生：花色奇妙有趣。

师：还有什么原因让季羡林对夹竹桃情有独钟呢？请同学们快速浏览课文，找出文中概括性的一句话。（出示句子，齐读）

这样的韧性，又能这样引起我许多的幻想，我爱上了夹竹桃。

师：读了这句话，你有什么问题想问吗？

生："这样的韧性"，是指怎样的韧性？

生："能引起我许多的幻想"，为什么夹竹桃能引起作者许多的幻想？有哪些幻想呢？

师：学贵有疑，下面就让我们和季羡林先生一起，去品味夹竹桃的韧性和带给我们的幻想。

三、对话探究

（一）品读文字，领悟"韧性"

师：文中的哪一自然段具体描写了夹竹桃的"韧性"？

生：第四自然段。

师：请同学们默读课文第四自然段，思考：从哪儿能看出夹竹桃的韧性？画出相关的句子或词语，细细地品味，做一做简单的批注。

师巡视提示：语言有温度，词语知冷暖，我们要仔细揣摩画出的每一个句子、每一个词语，用心体会夹竹桃的韧性。

师：从哪些地方感受到了夹竹桃的韧性？谈谈你的体会？谁先来？

生："一朵花败了，又开出一朵，一嘟噜花黄了，又长出一嘟噜"中两个"又"字写出了夹竹桃连续不断地开放，生命力旺盛。

师：夹竹桃花开了落，落了又开，生生不息，说明它有韧性。读出你的感受。

师：谁还有独到的见解？

生："悄悄地，一声不响"，用了拟人的修辞手法，让我感受到夹竹桃默默无闻，不炫耀自己。

师：它就是这样不爱张扬。能读好这句话吗？

师：读得真好！我仿佛看到了一株默默中透着坚韧的夹竹桃。能向大家介绍一下朗读技巧吗？

生："悄悄地一声不响"表现了夹竹桃的默默无闻，所以读得轻柔一些；"又开出""又长出"表现了夹竹桃顽强的生命力，所以读得重一些。

师：同学们，倾听也是一种好的学习方法。让我们学着他的样子一起读这句话。

师：我看到了48株默默中透着坚韧的夹竹桃。

师：还有哪些地方让我们感受到了夹竹桃的韧性？

生："在和煦的春风里，在盛夏的暴雨里，在深秋的清冷里，看不出有什么特别茂盛的时候，也看不出有什么特别衰败的时候，无日不迎风吐艳。"中两个"看不出"说明夹竹桃很低调，一点也不张扬。

师：它就是这样甘愿平凡。

生："在和煦的春风里，在盛夏的暴雨里，在深秋的清冷里"用排比的修辞手法，我感悟到：不管季节怎样交替，气候怎么变化，夹竹桃一直在开花，它的花期很长。

师：是的，春夏秋三季，夹竹桃——

生：无日不迎风吐艳。

师：无日不迎风吐艳"就是——

生：每天都迎风吐艳。

师：一年三季，夹竹桃就是这样每天都——迎风吐艳。那么，在不同的季节里，夹竹桃又会展现出怎样的风姿呢？请你选择一个季节，展开想象说一说。

在和煦的春风里，我看到了。

在盛夏的暴雨里，我看到了。

在深秋的清冷里，我看到了。

生1：在和煦的春风里，我看到了：百花在春风中开满枝头，迎风招展，争奇斗艳，是那样地引人注目；然而夹竹桃并不那么张扬，绿叶丛中，它们是那样不起眼地开着，似乎不能引起人的注意，在平凡中与百花享受春风的抚摸。

师：是的，她就是这样不张扬，默默地坚守自己的那方土地！

生2 在盛夏的暴雨里，我看到了：狂风大作，大雨如注，很多花儿盛开的花瓣被打落了，连花枝也被狂风折断了。有些花经过了这一场暴雨，就结束了自己在这一年里的花期。然而夹竹桃在暴雨中顽强地挺立着，没过几天，又会开出新的花朵，仍然在迎风吐艳。

师：经过暴雨洗礼的夹竹桃更是充满着生命的活力。

生3：在深秋的清冷里，我看到了：秋风萧瑟，所有在春夏两季开放的花，此时都失去了往日的笑容；它们都凋零了，有的甚至就此走完了自己的短短的一生。而夹竹桃并没有因为天气转凉衰败，还是像春天那样平平淡淡地开着。

师：多么顽强的生命力啊！

师：是的，俏不争春，不畏风雨，傲霜耐寒，这就是夹竹桃的那份——韧性！让我们一起读出这份韧性。

生：齐读。

师：还有哪些语句写出了夹竹桃的韧性？

生："从春天一直到秋天，从迎春花一直到玉簪花和菊花，无不奉陪"中"无不奉陪"就是个个奉陪，说明奉陪的时间长，奉陪的花儿多。我感受到夹竹桃的韧性。

师：这句话中的哪个词语也能说明它奉陪时间长？

生：一直，一直。

师：两个"一直"，令你想到了哪些词语？

生：坚持不懈。

生：持之以恒……

师：这种持之以恒、始终如一就是——夹竹桃的韧性。谁来读？

师：只奉陪一天吗？春夏秋，三个季节，9个月，270多天，它都奉陪着。谁再来读出这种韧性？

师：同学们，再看这两句话中画线的部分，你有什么发现？

在和煦的春风里，在盛夏的暴雨里，在深秋的清冷里，看不出有什么特别茂盛的时候，也看不出有什么特别衰败的时候，无日不迎风吐艳。

从春天一直到秋天，从迎春花一直到玉簪花和菊花，无不奉陪。

生：这两句话都是双重否定句。

师：你的眼睛真亮！

生：这两个双重否定句表达的方式不一样。一个是"无……不……"，一个是"无不……"。

师：是的，它们的说法不一样，但表达的效果是一样的。那你们能用上这种句式把下面两个句子换一种说法吗？

1. 今天的公开课上，我们每个人都表现得很出色。

2. 我很喜欢读季羡林的书，如《牛棚杂忆》《病榻杂记》等，都细细品读过。

师：好，下面老师和同学们合作读一读。老师读原句，你们读双重否定句。

师：你看，用了双重否定句，就增强了表达的效果。文中也是如此，让我们再来读文中两个句子。

师："无不奉陪"，春夏秋三季，夹竹桃都奉陪着哪些花呢？请同学们快速读课文第三自然段。

师：读了第三自然段，你有什么感受？

生：季羡林的庭院里花团锦簇、万紫千红，真是太美了！

……

师：下面让我们一起走进季老的庭院，欣赏那美丽的花。（播放课件）

师：季羡林的院子里就是这样百花争艳、美不胜收。我们再来看第三自然段，此时，你有什么疑问吗？

生：课题是"夹竹桃"，这一段这么长的文字，没有一个字提到夹竹桃，为什么？

师：小疑有小进，大疑有大进。谁来帮帮他？

生：把这么多的花与夹竹桃进行对比，衬托出夹竹桃可贵的韧性。突出夹竹桃花期长、韧性可贵。

师：一语点破梦中人，你一下子就把季大作家的心思揣摩出来了。这就是作者的高明之处，用百花来对比衬托夹竹桃的韧性。是的，与其他花相比，作者最难忘的还是夹竹桃。因为——

生读：这一点韧性，同院子里那些花比起来，不是显得非常可贵吗？

师：同学们，王冕爱梅，陶渊明爱菊，季羡林对夹竹桃偏爱有加。文章读到这儿，老师在想，作者写这篇文章，除了要表达他对夹竹桃的喜爱之外，还有其他目的吗？上节课我们已经对作者有了初步的了解，现在请同学们快速浏览老师发下去的"作家资料"，相信大家一定会有新的发现。

生浏览补充资料。

师：此时此刻，你有什么话想说？

生：我读懂了季羡林就像夹竹桃一样充满韧性。

师：你由花想到了人，真会思考。

生：季羡林先生没有在"文革"中倒下，是因为他有着夹竹桃般的韧性。

师：人如其花，花如其人。

生：借夹竹桃表达自己的志向。

师：季老先生这是借花言志。

生：季羡林写这篇文章，似乎也在表白自己的心，要做像夹竹桃一样默默无闻，做一个顽强不屈，有韧性的人。

师：同学们说得真好！季羡林借夹竹桃抒发了自己的情怀。这就是借物传情的表现手法。让我们把自己的理解融入朗读，再一次体会夹竹桃可贵的韧性！体会季羡林那可贵的韧性！

生感情朗读。

师：朴实中包含着坚韧，平凡中彰显着可贵，这就是夹竹桃。难怪作者在几十年后回忆起夹竹桃，会情不自禁地发出这样的赞叹——（出示第一节）

生齐读。

（二）想象画面，体会"幻想"

师：作者认为夹竹桃是最值得留恋，最值得回忆的花，课文中还写了什么原因？

生：可以引起我许多的幻想。（出示第五自然段）

师：叶影参差，花影迷离，月光下的夹竹桃又引起了作者怎样的幻想呢？请同学们闭上眼睛，静静地听，默默地想，你的眼前仿佛出现了哪些画面？（配乐朗诵，生欣赏）

师：同学们，轻轻地睁开眼。刚才，你看到了哪些画面？

生交流：我仿佛看到了……

师：月光下的夹竹桃让作者想到了地图、荇藻、墨竹。你最喜欢哪幅画面？把对应的文字美美地读一读！

生自由练读。

师：让我们一起美美地读这几幅画面。

生齐读。

师：现在，老师隐去了一些文字，你还能读出其中的画面吗？我们一起试试，实在不会可以看看书。（配上音乐）

师：这幻想就是这样地充满诗情画意！此时，如果你也站在月光下，呼吸着醉人的香气，面对着参差的叶影和迷离的花影，又会产生怎样的幻想呢？相信最美的幻想一定在你们的心中！好，请同学们拿起笔，仿照文中的句式写一写。

叶影参差，花影迷离。我幻想它是，我就真看到……

生：我幻想它是舞台，我就真看到许多演员在台上演戏。

师：你看到了一出精彩的戏！

生：我幻想它是一望无际的草原，我就真看到无数的骏马在草原上驰骋。

师：好一幅骏马驰骋图！

生：我幻想它是舞台，我就真看到舞台上的聚光灯。

师：今天，你就是聚光灯下的明星！

生：我幻想它是一个美丽花园，我就真看到了无数的游人。

师：美丽的花园，真令人神往！一切都可以入画，一切都可以入景。精彩继续！

生：我幻想它是一片操场，我就真看到了无数的学生在操场上游戏。

师：热闹的操场，幸福的我们！

生：我幻想它是一片森林，我就真看到无数的小鸟在林中嬉戏。

师：好一片生机勃勃的大森林！

生：我幻想它是一片草原，我就真看到了成群的牛羊。

师：这是一个充满生机活力的大草原。

生：……

师：叶影参差，花影迷离，引发了季羡林的幻想，也引发了我们的幻想。难怪作者在几十年后，每每回味夹竹桃，有着挥之不去的情结。他说——（出示第一自然段）。

生齐读。

四、建构生成

师：同学们，这节课我们跟随季羡林先生一起品味了夹竹桃可贵的韧性以及奇妙的幻想。不知不觉中，我们也爱上了夹竹桃。正如课文最后一段说——（出示最后一个自然段）

生齐读。

师：作家宗璞称季羡林先生为"夹竹桃知己"，夹竹桃感动了季羡林，季羡林感动了中国。他被评为2006年度感动中国的人物，让我们再次走近"季羡林"。

灯片播放季羡林感动中国颁奖词片段，生欣赏。

师：让我们永远记住这位感动中国的老人——季羡林，永远记住夹竹桃。

师：课后让我们继续读一读季羡林的其他散文，去领略他质朴而不失典雅，率真而不乏睿智的语言风格。（课件出示季羡林作品）

教学反思：

新课标指出：语文课程应培养学生独立阅读的能力，注重情感体验，有较丰富的积累，形成良好的语感。学会运用多种阅读方法，初步理解、鉴赏文学作品，受到高尚情操和趣味的熏陶。因此，本课的学习重、难点定为：让学生从文本的字里行间中揣摩作者对夹竹桃韧性的赞美以及感受作者构思的巧妙，想象的奇特，从而体会作者对夹竹桃的喜爱之情。

我结合本课特点，准备采取以读代讲的形式，通过朗读、默读、速读、浏览等多种形式，再加上想象、课件展示等手段引导学生感情朗读，在读中感悟，加深理解和体验，领悟夹竹桃可贵的韧性及带给我们的奇妙幻想，培养学生的审美情趣，体会作者对夹竹桃的喜爱之情。教学过程中，我注重引导学生自主学习，培养主动探究的习惯，以朗读为主线，贯穿听、说、析、品、评，不知不觉让学生受到熏陶，加深情感体验。

第一板块：旧知引路，质疑定标

谈话导入后，引导学生复习回顾：在作者心目中，夹竹桃是最值得留恋最值得回忆的花；夹竹桃让作者情有独钟的原因之一是——花色奇妙有趣。接着，质疑定标：还有什么原因让季羡林对夹竹桃情有独钟？学生快速浏览课文，找出文中概括性的一句话。学生读句子并质疑：夹竹桃有什么样的韧性？夹竹桃引起了作者怎样的幻想？

第二板块：品读文字，领悟"韧性"

根据教材特点及六年级学生的认知水平，我主要采取"学生自学—交流展示—整合提高"这样的教学流程。首先出示自学提示：默读课文第四自然段，思考：从哪儿能看出夹竹桃的韧性？画出相关的句子或词语，细细地品味，做一做简单的批注。让学生根据问题自学第4小节，然后交流自学成果。在交流展示的过程中，我做好学生活动的组织者和引导者，力求给更多的学生以展示的机会，并且随机进行引导和点拨，指导感情朗读，落实教学重点。

接着引领学生浏览第三自然段，分角色朗读，体会对比映衬手法对表现夹竹桃精神的作用。

最后，由花及人，在第一课时学生对季羡林已有初步了解的基础上补充"作家资料"，让学生感知季羡林就是一个像夹竹桃一样默默无闻、有韧性的人。初步了解文章借物传情的表现手法。

第三板块：想象画面，体会"幻想"

在教学时，我着重抓住"月光下的夹竹桃到底引起了作者怎样的幻想？"这个问题，让学生闭眼听课文朗诵，想象画面。再让学生选择自己最喜欢的画面，美美地读对应的文字。在朗读中，在想象中感悟文字的美妙，感受夹竹桃的魅力。

在此基础上，为进一步发展学生的语言能力、思维能力，我设置情境：此时，如果你也站在朦胧的月光下，呼吸着醉人的香气，面对着参差的叶影和迷离的花影，又会产生怎样的幻想呢？让学生把自己的理解倾注于笔端，读写结合，从而激发学生的想象力和创造潜能。

第四版块：课堂总结，升华情感

整堂课在观看季羡林感动中国颁奖视频中结束，让学生再次走近"季羡林"，感受他的质朴和伟大。课后作业是拓展阅读，让学生读一读季羡林的其他散文，进一步感受他质朴而不失典雅、率真而不失睿智的语言风格。

质疑探究　读中感悟　实践明理
——《田忌赛马》教学设计

教学目标：
　　1. 能围绕课题中的关键字"赛"进行质疑、释疑；
　　2. 了解两次赛马的过程和结果，知道转败为胜的原因是调换了马的出场顺序；
　　3. 理解课文内容，懂得在失败中只要冷静分析、科学思考，就能创造转败为胜的条件；
　　4. 感情朗读课文，培养学生的合作能力、动手能力和语文实践的能力。

教学重点：
　　1. 了解两次赛马中不同等级马的对阵，学习孙膑认真观察、分析的态度和科学的思想方法；
　　2. 认识田忌能转败为胜的原因是调换了马的出场顺序。

教学准备：
　　多媒体课件，六匹马模型，赛马对阵表格。

教学过程：
　　一、情境导入，质疑问难
　　（一）情景导入
　　1. 师生交流自己喜爱的电视节目，进而导入"超级联想"电视节目。
　　2. 师：今天老师做一次著名主持人李咏，和大家一起走进"超级联想"电视节目。下面请听题！
　　3. 多媒体出示"超级联想"题。
　　（在滴答的钟声中和词语"动物""大草原""体育运动""二胡名曲"的逐个提示下，学生说出了答案：赛马）
　　4. 揭示课题，板书课题。
　　【设计意图】课前和学生交流自己喜爱的电视节目，缩短师生间的距离，创造了轻松愉快的课堂氛围。用学生熟知而喜爱的"超级联想"娱乐电视节目，激起学生的学习热情，并自然导入新课。达到"课伊始，趣亦生"的目的。
　　（二）扣题质疑

1. 题目中的关键字是什么？

2. 围绕"赛"，你最想知道什么？

3. 师归纳梳理学生问题。（田忌和谁赛马？为什么赛？赛了几次？怎样赛的？赛的结果怎样？）

【设计意图】紧扣题眼"赛"引导学生质疑问难，调动了学生自主学习的积极性。而对学生问题进行梳理，体现了老师的主导作用。

二、初读课文，整体感知

1. 学生用自己喜爱的方式读课文，自主解决问题：田忌和谁赛马？赛了几次？

2. 学生再次浏览课文，思考：哪几节写第一次赛马？哪几节写第二次赛马？

【设计意图】充分尊重学生的学习的自主权，把学习的主动权交给学生，让学生初读感知课文，梳理课文，达到一定的理性认识。

三、对话探究，精读感悟

（一）学习"第一次赛马"

1. 学生自由读课文。

2. 交流自己知道了什么。

3. 师相机演示田忌、齐威王马的对阵图。

4. 多媒体演示第一次三场比赛情景，师配以解说。

5. 学生默读课文，划出表现田忌第一次赛马后心情的词语加以理解。（"扫兴""垂头丧气"）

6. 指导感情朗读，体会人物心理。

（二）学习"第二次赛马"

1. 学生用自己喜爱的方式读课文。

2. 多媒体演示第二次三场比赛，学生做解说。

3. 小结第二次比赛结果。

4. 领悟齐威王第二次赛马后的心理变化，揣摩人物性格。（多媒体出示有关语句）

5. 感情朗读。

6. 分角色表演读。

（三）小结归纳

总结两次比赛的不同结果，学生用一个成语概括。（转败为胜）

【设计意图】现代化的教学手段将学生带到草原上，如临其境目睹了两次赛马的经过，闻其声，见其形，加深了对两次赛马不同结果的认识，为学生的理解和下面的探究进行了有意义的铺垫。在引导学生走进文本，有所感悟和思考，受到情感熏陶的基础上，进一步引导学生通过感情朗读、分角色表演读再现文本，表达自己的体验。

（四）合作交流，加深理解

1. 快速读两次赛马内容，比较两次赛马有什么相同之处？有什么不同之处？
2. 学生回答。（还是原来的马，只调换了一下出场顺序，就可以转败为胜）
3. 生齐读后，师问：你认为转败为胜的关键是什么？
4. 设疑：还是原来的马，是不是调换一下出场顺序，就一定能赢呢？如果齐威王的马出场顺序不变，那么田忌的马还有其他的出场顺序吗？比赛结果又会怎样呢？
5. 学生分小组合作探究，摆学具（马模型）、填写表格；师巡视指导。
6. 汇报交流。（师根据学生回答演示另外四种比赛对阵情况及结果）
7. 师：这么多的出场顺序，孙膑为什么能选择这种取胜的方法呢？是偶然的巧合吗？
8. 学生讨论、交流汇报。
9. 小结：正因为孙膑认真观察，科学思考，知己知彼，才想出了这样简便易行的办法，使田忌转败为胜，足见此人足智多谋。

【设计意图】充分发挥小组合作学习的作用，为学生营造和谐、民主的学习氛围，使学生的主体性、主动性得以体现。教学活动化，借鉴活动课"趣、活、动"教学观念，给学生创设宽松、开放的学习环境，让他们动手、动脑、动口，更自主、更愉快地探究学习。

四、建构生成，语文实践

1. 师：这个办法孙膑想得出来，田忌却想不出来，齐威王更是没有料到。课文学习到这儿，你有什么感想吗？
2. 学生自由讨论交流分别从田忌、齐威王和孙膑身上受到的启发。
3. 模拟采访田忌、齐威王和孙膑。
4. 师总结。

【设计意图】这里的自由表达，既巩固了所学的知识，又发展了学生的语言和思维，提高了学生的认识。同时，结合语文学科特点，开展语文实践活动，使语文教学更贴近社会生活。

"语文素养"与"立德树人"和谐共生
——《凡卡》第二课时课堂教学实录

教学目标：
1. 理解课文内容，关注人物的命运，了解凡卡悲惨的学徒生活。
2. 有感情朗读课文，体会课文结尾"梦"的含义。
3. 激发学生对不合理社会制度的痛恨，对今天幸福生活的珍惜。

教学重点：
理解凡卡写信的内容，了解凡卡悲惨的学徒生活，体会他极度痛苦的心情。

教学过程：
一、情景导入

师：上节课我们一起学习了"写信"，通过这部分内容的学习，你知道了什么？

学生自由汇报交流上节课学习收获。

师：本节课你还想知道什么呢？

生：凡卡的信写好后又做了什么事？

生：凡卡的信爷爷收到没有呢？

生：如果爷爷收到了信，他会带凡卡回去吗？

生：以后凡卡的命运又是怎样的呢？他的愿望能够实现吗？

……

师：是啊，凡卡遭受的苦难使我们心痛，凡卡悲惨的命运让我们同情，凡卡一次次的哀求叫我们心碎，凡卡的悲惨遭遇牵动着我们的心！凡卡的信，爷爷到底收到没有呢？他渴望回到乡下爷爷身边的愿望能不能实现呢？让我们和书本对话，去探个究竟吧！

【设计理念】在学生汇报上节课学习所得的基础上，引导学生大胆质疑——你还想知道什么呢？激发了学生自主学习的欲望。教师对学生的问题进行科学梳理和有效的调控，抓住重点问题导入，同时也揭示了本堂课的学习目标。

二、感知体验

师：请同学们默读"写信后"这部分内容，想一想凡卡写好信后又做了什么事？

学生默读课文，读后交流：写信封—寄信—做梦。

【设计理念】引导学生走进文本，阅读文本，理清课文内容的层次，充分尊重学生的学习自主权。

三、对话探究

（一）再次对话，深究品味

师：让我们再次深入地读课文，画出自己感受最深的语句，读一读，并在旁边作批注。

学生用自己喜爱的方式读"写信后"语段，读后交流并指导情感朗读。

生：写信封时，凡卡的态度认真而又慎重，我是从他先"想了一想""然后抓抓脑袋，再想一想，添上几个字"这些语句看出的。

生："他很满意没人打搅他写信，就戴上帽子，连破皮袄都没披，只穿着衬衫跑到街上去了"。这句话给我的感受很深，破皮袄都来不及披，可见凡卡的心情是多么急切啊！他想快点把信寄出去，好让爷爷快点来接他回家，好快点脱离苦海。

生："凡卡跑到第一个邮筒那儿，把他那宝贵的信塞了进去"。这句话我体会较深，"第一个"同样也能反映出凡卡急切的心情；"宝贵的信"，因为这封信寄托着凡卡的美好愿望，是一封救命信，所以说"宝贵"。

生：我认为说信"宝贵"的原因还有一点，因为这封信是凡卡趁老板他们不在家偷偷写的，凡卡利用这千载难逢的机会写好这封信非常不容易。

生：文中写凡卡做梦的语句让我心痛，俗话说"日有所思，夜有所梦"，凡卡连做梦都想回到爷爷身边，他的愿望是多么强烈啊！

……

【设计理念】"阅读是学生的个性化行为，不应以教师的分析来代替学生的阅读实践。应让学生在主动积极的思维和情感活动中，加深理解和体验，有所感悟和思考，受到情感熏陶，获得思想启迪，享受审美乐趣"。本环节教学在学生初步感知的基础上，引导学生再次与文本对话，让学生边读书边批注，进而交流自己的阅读体会；立足于学生对文本的自我理解、自我解读，突现了发现、探究、表达等认识活动；尊重了学生独特体验，张扬了学生的阅读个性，拓宽了学生的解读空间。交流过程中，教者民主的态度、激励的语言鼓舞了学生的信心，激发了学生的思维，点燃了学生的智慧之火。

（二）设置情境，深化文本

师：同学们，老师手中有一封信，（手中举起信）假如这封信正是凡卡写给爷爷的信，此时我们看到这封信，心情又是怎样的呢？

生：难受。（伤心、痛苦）

师：为什么？

生：因为这封信记载着凡卡的悲惨命运。

生：信现在在老师的手中，凡卡的爷爷根本就没有收到信！

师：说得好！爷爷为什么不能收到凡卡的信呢？

生："醉醺醺"的邮差把信弄丢了。

生：因为信封上的地址不详细，邮差根本无法把信送给凡卡的爷爷。

生：还有，信封上没有贴邮票。爷爷收不到信，凡卡的愿望就不能实现。

师：是啊，凡卡这封宝贵的信现在就在我们的手中。如果时光能够倒流，我们该怎么做呢？

生：帮凡卡立刻把信送给他爷爷！

【设计理念】本环节创设特定的情境，层层剥笋，变语言的阅读为情境的感受，变情境的感受为自我情感的表露——立刻把信送给凡卡的爷爷。从而为下面的"辩论"做了较好的铺垫。

（三）引导辩论，提高认识

师：在我们的爱心帮助下，爷爷终于收到了凡卡的信。当爷爷读完自己小孙子的这封字字血、声声泪的信后，他又会怎么做呢？

大部分同学认为爷爷会立刻带凡卡回到乡下（正方）；一部分同学认为爷爷不会接凡卡回家（反方）。教者抓住契机，组织学生辩论。

正方理由：

1. 凡卡的学徒生活太苦了，太惨了，爷爷一定会接他回家的！
2. 因为凡卡继续留在莫斯科只有死路一条，他爷爷不会见死不救的！
3. 凡卡在信中的保证打动了爷爷。
4. 凡卡一次又一次的哀求感动了爷爷。
5. 凡卡是爷爷唯一的亲人，他怎么会舍得让凡卡继续在火坑中待下去呢？

……

反方理由：

1. 凡卡写信时第一次回忆已经告诉我们，他爷爷已65岁了，年老体弱的爷爷不能再照顾凡卡了。
2. 爷爷仅仅是一个老爷家的守夜人，他的明天会怎样，连他自己也不知道，他又怎能把凡卡的命运系在自己身上呢？
3. 自己的小孙子，爷爷怎能不爱呢？但仅仅9岁的凡卡，三个月前就被送到莫斯科做学徒。爷爷为什么这样做？他也是迫不得已呀！

4. 爷爷就是因为养不活凡卡，才送他去做学徒的。在莫斯科，凡卡是死路一条；回到乡下，凡卡也是死路一条。因此，爷爷不会带凡卡回家。

……

师：一番唇枪舌剑，老师既看到了我们大多孩子的善心和爱心，同时也看到了一部分同学敏锐的洞察力。其实老师和我们大多同学一样，多么希望凡卡能够回到乡下爷爷身边啊！但是，即使凡卡真的能够回到爷爷身边，他就一定能得到快乐，就一定能过上幸福的生活吗？

生：不能！

师：此时此刻，老态龙钟的爷爷看完凡卡的信，已是老泪纵横。他又何尝不爱自己的小孙子呢？他又何尝不想接自己的孙子回来呢？但是，他做不到！因为。

【设计理念】新课堂应该是老师、学生、文本之间精神上相遇、心灵上碰撞的过程。本环节在学生深入文本的基础上，巧妙地设置辩论，既充分调动了学生参与学习过程的积极性，又展示了学生思维的过程。学生愈辩思路愈清晰，愈辩认识愈提高——凡卡学徒，那是走投无路。而说话训练的安排，更是对学生概括能力的一次培养，是对学生思想认识的一次再提高。

四、建构生成
（一）拓展人本，内化情感

师：曾经和爷爷一起生活，曾经欣赏家乡的美丽夜景，曾经和爷爷一起快乐地砍圣诞树，曾经……凡卡心目中这美好的一切都已成为过去，他与爷爷团聚的愿望也只能在梦中实现。

引导学生感情朗读课文最后一个自然段。

【设计理念】体验是开启文本的金钥匙，教师在组织学生辩论、提高认识后，引导学生深入课文，带着自己的切身体会，通过感情朗读再现文本，表达自己的体验。

师：梦总是要醒的，凡卡梦醒之后，又会发生什么事情呢？

生：凡卡睡得正香，忽然一记耳光把他从梦中打醒。凡卡吓了一跳，只看见老板凶神恶煞地怒视着他："好你个兔崽子，你竟然敢偷用我的钢笔和墨水！看我怎么收拾你！"说着就揪着凡卡的耳朵，一直拖到院子里，抽出皮带"啪""啪"地直打。老板边打边吼："叫你以后再偷我东西！看你以后敢不敢了！"凡卡被打得满地乱滚……"今天你别想吃饭！"老板打累了，把凡卡扔在一边，狠狠地说。

生：凡卡一觉醒来，已是清晨。今天他显得比较有精神。吃了一点儿面包，便被老板叫去买东西。东西买回来，又被老板娘叫去洗碗。一不留神，"哐啷"一声，一只碗打碎了。老板娘随手捞起个棍子雨点般地砸下来,凡卡被打得鼻青眼肿,昏死过去……就这样,凡卡在打骂中、饥饿中等待着爷爷的到来。一天,两天,三天……

生:"你这个畜生,睡死过去了!"凡卡从梦中惊醒。他睁开眼,看到的是老板、老板娘和伙计们的一张张丑陋的脸。他们大声叫骂着:"你这个畜生!你在干什么?这么长时间不开门……"凡卡终于忍受不住了,他大声吼道:"你们管我干什么!你们知道我的感受吗?你们为什么如此狠心,如此残酷、冷血呢?"老板气得像一头发疯的狮子,一把抓住小凡卡,高高举过头顶:"小畜生,你竟敢顶嘴!我今天砸死你!"说着便把凡卡重重摔在地上。老板娘顺手抡起个榔头对着凡卡的头砸了下去……可怜的凡卡再也说不出话来……

生:"快起来,小兔崽子!"老板踢了凡卡一脚,扔下一小块黑面包。凡卡揉揉迷糊的睡眼,不禁抽噎了一下,捡起面包,捧在手上,狼吞虎咽地吃着。"丁零!"门铃响了。一个伙计打开门,门口站着一个邮差。怎么?这么快爷爷就回信了!凡卡急忙跑过去,可信已经到老板手里了。天啊!信封上的"康司坦丁·玛卡里奇"这几个字多么熟悉呀!老板一看信封便明白了一切。"你这个不知好歹的小崽子,竟敢偷偷写信给你爷爷!"老板随手拿起身旁的椅子,朝凡卡砸去……可怜的小凡卡浑身一阵抽搐,便失去了知觉……

生:凡卡醒了,他回味着刚才的美梦,开心地笑了。他怀着愉快的心情继续干活,时不时想入非非——爷爷推开门,笑眯眯地站在他面前,带他回家了!一天,两天,三天……凡卡一天比一天失望,但他仍然安慰自己:说不定信还没到爷爷手中呢!说不定爷爷现在比较忙,暂时走不开。一次又一次燃起的希望,一次又一次无情地破灭。日复一日,年复一年,小凡卡终于累垮了,他带着自己没有实现的梦离开了这个世界。

……

师:是啊,凡卡回到乡下的愿望仅仅是他的一场梦。梦醒之后,陪伴他的仍然是揍打、饥饿、寒冷和死亡。此时此刻,我们由凡卡又想到了谁?(小珊迪、杨科、卖火柴的小女孩……)

师:他们本来都应该和我们一样拥有金色的童年,拥有童年的快乐和幸福!但是现实中,他们只有痛苦和死亡,而造成这一切的罪魁祸首又是谁呢?(是那个黑暗的、吃人的旧社会)

【设计理念】教者引导学生大胆想象、自由表达,使学生对凡卡的悲惨命运有了更深的认识。继而,教者引导学生进行思维迁移,联想与凡卡一样命运悲惨的孩子,从而较好地揭示了文章的中心,可谓循循善诱、水到渠成。

（二）迁移练笔，升华感情

师：今天，生活在幸福和欢乐之中，拥有阳光和雨露的我们，一定有很多话想对凡卡说。让我们现在就向凡卡尽情地倾吐吧！

生：啊！凡卡，你好可怜呀！我们和你相比，简直一个是天堂，一个是地狱。如果你来到我们身边，那该多好啊！我们会给你吃，给你穿，给你幸福和快乐，永远不会再有人敢欺负你！

生：凡卡，你快到我们这里来吧！我们会好好地照顾你，给你买漂亮暖和的衣服，带你去光顾刚开业的"肯德基"。晚上，就和我一起睡在我那张舒适的床上。对了，更重要的是我们会带着你一起上学校，一起学习科学文化知识，让你成为一个有用之才！

生：凡卡，你真可怜！你从小就失去了爹娘，九岁就被送到鞋铺做学徒，每天你吃不饱，睡不暖，稍不小心就会招来一顿毒打！老板、老板娘真狠毒呀！那个社会真黑暗呀！如果你来到我们身边，生活在我们这个大家庭中，你一定会拥有金色的童年，拥有幸福和快乐！

生：凡卡啊，你本应和我们一样，拥有金色的童年。陪伴你的本应是快乐，而不是打骂。一切都是那个黑暗的、不公平的、吃人的社会造成的！凡卡啊，振作起来！与其被活活打死，还不如和他们拼一拼！

生：凡卡，你好可怜呀！老板、老板娘和伙计们都不把你当人待，你随时都会遭受一顿毒打。你本来应该和我们一样拥有快乐的童年，但你的欢乐被那个黑暗的社会吞噬了。一个9岁的孩子就遭受如此非人的待遇，那么，那些更多的穷苦人民又能好到什么地方呢？唉！黑暗社会的穷苦人民真是生不如死啊！

生：凡卡，我想对你说，你太可怜了！9岁的你生活在黑暗之中，被人打骂，受尽折磨。而我们的生活充满阳光，和你相比，真是天壤之别啊！了解了你的悲惨命运，我真是惭愧至极。拥有如此优越条件的我们还有什么理由不好好学习，不珍惜这美好的时光呢？

……

师：是啊，孩子们，我们不能忘记过去！我们更应该懂得珍惜现在所拥有的一切！

【设计理念】这里的自由表达更是学生对自己整个学习过程和结果的再认识，是学生思想情感的一次升华，是整个课堂不断攀登后的至高点。学生的尽情表达促进了语文学习与现实生活的沟通，使学生在拓展的阅读空间中，在生活化了的教学情境中实现自我情感的淋漓表露。

读出语言文字的生命
——《海伦·凯勒》第一课时教学实录

教学目标：
  1. 正确、流利、有感情地朗读课文；体会文中引号的用法。
  2. 理解课文内容，在具体的语言文字中感受海伦·凯勒面对困难不屈不挠的奋斗精神。
  3. 拓展阅读海伦·凯勒的相关作品，进一步增进对海伦·凯勒的了解。

重点难点：
  理解课文内容，在具体的语言文字中感受海伦·凯勒面对困难不屈不挠的奋斗精神。

教学过程：
  一、情景导入
  （一）名言欣赏，导入新课
  师：今天老师给大家带来了一则名人名言，请看——出示《假如给我三天光明》中的句子。
  虽然生命有许多缺陷，但世界是美好的，无论处于什么环境，都要不断努力，都要学会满足。
  ——《假如给我三天光明》
  生齐读。
  师：知道这句话是谁说的吗？请同学们伸出手，和老师一起工工整整地书写这个感动世界的名字——海伦·凯勒。
  师：让我们满怀尊敬地读这个名字。
  生齐读。
  （二）检查预习，认读字词
  师：通过课前预习和资料收集，你对海伦·凯勒有了哪些了解？
  生交流。
  师出示简介和各年龄段的海伦照片：
  海伦·凯勒，1880—1968，美国女作家、教育家、社会活动家、演说家。一岁半时因病成了一个盲哑人。她凭着自己顽强的毅力，学习数学、自然、法语、德语，1940年以优异的成绩毕业于哈佛大学女子学院。她一生著有14部著作，成就辉煌。她把自己的一生献给了盲人福利和教育事业，被美国《时代周刊》评选为20世纪美国十大英雄偶像之一。

　　师：让我们再一次朗读这个令全世界人都敬仰的名字——海伦·凯勒。
　　生齐读。
　　师：课前布置同学们预习了，相信大家生字词一定掌握得很好。
　　干燥　　盲哑　　吮吸　　玫瑰
　　脾气暴躁　如饥似渴　夜以继日　不屈不挠
　　指名分行读，强调"吮""瑰""挠"字音。
　　师：词语中有一对既是同音字，又是形近字，它们是——
　　生："躁"和"燥"。
　　师：谁能帮我们辨一辨？
　　生："暴躁"的意思是海伦生病后容易发脾气，动不动就生气。
　　师：生气时往往会伴随一些动作，你能模仿一下吗？（生表演：跺脚、叉腰）
　　生："燥"是"火"字旁，意思是用火烤，文中"干燥"指海绵很干，没有水分。
　　师：同学们根据部首表意的功能把"燥"和"躁"区分得很清楚了。"脾气暴躁、如饥似渴、夜以继日、不屈不挠"这四个词语折射出海伦的人生经历，谁能根据这四个词语说说课文的主要内容？

　　二、感知体验
　　师：一篇文章，我们概括成了几句话，这是把书读薄了。现在，我们还要把书读厚，只有把书读厚了，才能真正走近海伦，认识海伦。下面，让我们一起走近幼年时的海伦，看看她遭受了怎样的不幸？
　　出示自学提示：
　　自由朗读默读课文第一自然段：你读出了一个怎样的海伦？
　　生自学后汇报交流。
　　生：海伦从小就双目失明，双耳失聪，非常不幸！
　　师：双目失明，双耳失聪是一种怎样的痛苦呢？
　　师引述：当我们观看精彩的动画片的时候，小海伦——
　　生：面对着的是无边无际的黑暗和死一般的沉寂。
　　师引述：当我们游山玩水，欣赏美丽风景的时候，小海伦——
　　生：面对着的是无边无际的黑暗和死一般的沉寂。

师：当我们聆听着优美的音乐、动情的歌唱时，小海伦站在那里，她能听到什么？

生：她什么也听不到。

师：是的，健康的我们可以看到五彩缤纷的世界，听到悦耳动听的音乐。可对于海伦来说，她却与有声有色的世界——

生齐：隔绝了。

师："隔绝"就是完完全全地隔断，就是彻彻底底地隔断。

师生合作读：

她再也看不见——那绚丽多彩的世界；

她再也听不到——那动听悦耳的旋律；

她不能亲口喊一声——爸爸、妈妈，我爱你们；

也不能向他们倾诉——心中的希望和要求……

面对她的只有——无边无际的黑暗，只有——死一般的沉寂。

师：双目失明，双耳失聪的小海伦与有声有色的世界隔绝了。她在《假如给我三天光明》一书中写道：

有一天，当我睁开眼睛，发现自己竟然什么也看不见了，眼前一片黑暗。我像被噩梦吓倒一样，全身惊恐，悲伤极了，那种感觉让我今生永远难以忘怀。

每次手语无法让别人了解我的意思时，我都要大发脾气。仿佛觉得有许多看不见的魔爪在紧紧地抓着我，我拼命地想挣脱他们，烈火在胸中燃烧，却又无法表达出来，只好疯狂地踢打、哭闹，在地上翻滚、吼叫，直到精疲力竭。

师：孩子们，此时此刻，你有什么话想说？

生：同情；惋惜；埋怨命运的不公；孤独、痛苦、寂寞、柔弱、不幸、无助……

师：让我们一起用朗读来替海伦倾诉心中的孤独、无助和痛苦。

学生感情朗读。

三、对话探究

师：同学们动情的朗读，流露出对海伦凯勒深深的同情。然而，一个生活在盲聋哑世界里的弱女子，竟然以优异的成绩毕业于哈佛大学女子学院，竟然——（课件出示一生的成就）

师：现在你们对海伦·凯勒产生的仅仅是同情吗？

生1：海伦双目失明、双耳失聪，最后取得如此大的成绩真是了不起！

生2：一个聋盲哑的弱女子，竟然以优异的成绩从大学毕业，简直让人难以置信！这又需要多大的毅力啊！

"涵化语文"教育实践探索

……

师：几位同学都表达了是对海伦的敬佩之情。是啊，面对挫折，面对命运的不公，海伦没有屈服，相反她正视现实、顽强拼搏，这就是——

生：不屈不挠！

师：我们来读读这个词。

生依次读。

师：我听出你们对海伦·凯勒的敬佩了！再读读。

生齐读。

师：在"学盲文"这部分内容中，哪些语句表现了海伦·凯勒不屈不挠的奋斗精神？画一画，读一读，再写一写自己的感悟。

生自学。

教师巡视指导：语言有温度，词语知冷暖，我们要仔细揣摩画出的每一个句子，每一个词语，甚至是一个标点符号，体会海伦的人物形象，走进她的内心世界。

师：同学们在书本上留下了一道道充满智慧的标记。谁来说，你找到的句子有哪些？

生：她不分昼夜，像一块干燥的海绵吮吸着知识的甘霖。她拼命摸读盲文，不停地书写单词和句子。她是这样的如饥似渴，以至小小的手指头都摸出了血。

师：我们一起来看看这段文字。这段文字中有哪些词句打动了你，也温暖了你。

生：我从"不分昼夜"这个词语仿佛看到她废寝忘食、孜孜不倦学习的身影。

师：海伦白天在学习，晚上还在——学习；冬日寒风凛冽中，她在——学习；夏天烈日炎炎下，她还在——学习……这就叫——不分昼夜。

师：你从"不分昼夜"这个词中感受到摸读盲文的那份艰辛，带着这份感情读读这句话。

生读。

师：谁接着来汇报？

生：我从"拼命"这个词体会到海伦学盲文非常不容易。

师：盲文是靠着凸起的点数和点位来辨别的……（幻灯片补充盲文资料，加深认识读盲文、写盲文的艰辛）

生感情朗读。

师：除此之外，还画了别的词吗？

生：我从"不停"这个词体会到小海伦不管什么时候都不停止拼写单词和句子；从"如饥似渴"体会到她读书就像饿了要吃饭、渴了要喝水一样迫切。

生："像一块干燥的海绵"也可以看出她对知识的渴求。

师：你们说得真好！同学们，透过这些文字我们仿佛看到了——（课件出示）

天刚蒙蒙亮时，海伦；

早过了吃午饭的时间，海伦；

夜深人静的时候，海伦……

一阵阵倦意袭来，海伦打起精神，她仍然在，

连手指头都摸出了血，血一滴滴落在书上，海伦忍着疼痛，仍然在……

生想象补充。

师：是啊，小海伦不分昼夜，如饥似渴地学习盲文，她要用知识来照亮心中五彩的世界！精彩继续！

生：我从"摸出血"体会到小海伦不停地拼写单词，哪怕手受伤了也不停下来。

师：孩子，手摸出了血，疼吗？

生：非常疼！

师：疼在海伦的手上，更疼在我们的心上！来，你再读读。

生感情朗读。

师：这些饱浸艰辛的文字映射出海伦凯勒不屈不挠的精神！谁愿意再来读读这段文字？

生1读。

师：我听出她艰辛背后的一份酸楚。

生2读。

师：我听出来了，她艰辛背后还透着一份刚强！

师：让我们带着深深的感动，把这份艰辛、这种刚强融入这段文字中，齐声朗读。

生齐读。

师：海伦以疯狂的热情学习着，她克服了种种困难，努力打破"隔绝"。终于，苦尽甘来，海伦学会了——

生：阅读、书写和算术，学会了用手指"说话"。

师：在预习单上，有几位同学对这句中的引号的作用提出了疑问，它在这有什么作用呢？

生：不是真的说话，而是指海伦学会了摸读盲文及用盲文与别人进行交流。

师：海伦靠着这份不屈不挠的精神，学会了阅读、书写和算术，学会了用手指"说话"，难怪——（出示中心句）

生齐读。

四、建构生成

1. 师：刚才我们关注了人物的动作以及文中比喻的修辞手法，通过抓关键词语，交流自己的感受，让我们看到了一个不屈不挠的海伦。在《假如给我三天光明》一书中，海伦还说：

我的身体虽然不自由，但我的心是自由的。就让我的心超脱我的躯体走向人群，沉浸在喜悦中，追求美好的人生吧！

只要是真正有益于社会的事情，而又是我能做的，我都将全力以赴。

生齐读。

师：下节课我们以小组为单位，继续用"读课文，画句子，扣词语，谈感受，悟品质"的方法，去认识更加美丽的海伦。

师：课后让我们带着这份温暖去读读海伦·凯勒的自传《假如给我三天光明》，再带着这份温暖去温暖我们身边的所有人。

板书设计：

海伦·凯勒

不幸遭遇　　扣词语

学盲文　　　谈感受

学说话　　　悟品质

《自相矛盾》第一课时教学实录品评

教学内容：
义务教育教科书五年级下册 15 课《自相矛盾》。

教学目标：
1. 自主学习生字词，联系上下文猜测重点字词意思，理解课文大意。
2. 正确、流利、有感情地朗读课文。背诵课文。
3. 理解课文内容，了解人物思维过程，领悟寓意；结合身边的事例，受到启发和教育。

教学重点：
1. 了解人物思维过程，体会成语故事的寓意。
2. 联系实际，说说生活中"自相矛盾"的例子。

教学过程：
一、情景导入

师：早就听说我们北校区五（2）的同学聪明伶俐、才思敏捷。下面咱们玩个小游戏——看图猜成语，看谁反应快！

（PPT 出示相关图片，学生竞猜成语。抢答正确的给予书签奖励）

师：五（2）班非同一般，果然名不虚传！要不要继续猜？

（出示寓言故事图片，学生继续竞猜成语）

师：（适时出示学生竞猜的寓言故事）黑板上的成语有一个共同的特点，它们都是——（生齐：寓言故事）

师：成语好玩吧？要想成为"成语达人"，回家后我们还可以通过手机微信，搜索"疯狂猜成语"，添加小程序，继续玩一玩。（课件演示"疯狂猜成语"添加方法）

师：今天，我们学习一个新的寓言故事——《自相矛盾》。

（生齐读课题）

师：（出示矛和盾图）大家知道"矛"和"盾"吗？

生：矛长长的，上面尖尖的，打仗时可以用来刺杀敌人。

师：矛是战场上进攻的武器，所以，矛的头要——

生：尖锐、锋利、锐利……

师：盾又是干什么用的呢？

生：盾是战场上用来保护自己的。

师：是的，兵来将挡，水来土掩。当矛刺来时，我们就用盾来抵挡，保护自己。因此，这个盾必须——

生：结实、坚固、坚硬……

【评析】由网络流行的"疯狂猜谜语"引入新课，创造轻松愉快的课堂氛围，缩短师生间的距离。同时，以此为引子，为学生打开一扇窗，引导他们走进浩瀚的成语故事世界之中，了解祖国的文化，体会祖国语言的博大精深。

二、感知体验

师：同学们，凡事预则立，不预则废。通过预习单反馈，所有同学课文都读了5遍以上，大半同学做到了正确、流利。下面，咱们展示一下，谁先来？

《自相矛盾》课前预习单

※ 我能读通

自由朗读课文，读准字音，读通句子；

遇到喜欢的或难读的句子，多读几遍。

自我检测：课文我读了（　）遍，做到了：正确□ 流利□

（一生读）

师：你读得很正确，如果声音再大点就更好了！谁再来读？

（另一生读）

师：你的声音真好听！要感谢你的父母给了你一副好嗓子。

师：古时候，诵读诗文是一件很风雅的事，小古文的朗读也特别注意节奏和韵味，下面请同学们听老师读，看我是怎样停顿的，在你认为必要停顿的地方画斜线。

（师配音朗诵；生鼓掌）

师：谢谢！大家自由地练一练，相信你们能读得更好。

（生自由练读）

师：谁来挑战老师的，读一读？

（一生读）

师：听你的朗读是一种享受，你读得比老师好！还有谁向他挑战？

（另一生读。生不由自主鼓掌）

师：你叫什么名字？你是韩非子从远古穿越过来的吧！了不起！

师：我们学着"韩非子"的样子一起读。

【评析】在文言文课堂教学中，"读"尤为重要。一篇文言文，学生只有会读了，读好了，才能进一步理解、积累。而文言文同古诗文有相近之处，要通过声调、节奏等品味作品的内容和情感。教学时，教者的范读能帮助学生快捷、直观地感悟到文言文的节奏、停顿和音韵。课前自主读，课上个别读，教者示范读，师生挑战读，循序渐进，生越读越有味，越读越自信。

三、对话探究

（一）合作交流，理解大意。

师：知之为知之，不知为不知，是知也。在预习单"我会理解"中，有部分同学对"或"和"立"理解不准确；在"我的疑惑"中，有8位同学提出课文最后一句话的意思不明白。"众人拾柴火焰高"，下面我们以小组为单位合作学习。

> 学习活动一
> 1. 组内帮：探究讨论，理解疑难字词和句子的意思。
> 2. 同桌说：同桌互相说说每句话的意思，不对的地方及时纠正。

（小组合作学习，师巡视指导。提示：不理解的字词可以联系上下文猜一猜）

师：字词的意思还有不理解的吗？（生摇头）

师：那么，最后一句话的意思呢？（出示"夫不可陷之盾与无不陷之矛，不可同世而立。"）

师指名预习反馈中的一学困生理解。（生不吭声）

师：不着急，老师相信你能行！"夫"理解吗？（生读文中注释）

师："夫"是表示将要发表议论，我们可以不用解释它。"陷"的意思呢？（生：穿透）"不可陷之盾"的意思是什么？（生低声：不能穿透的盾）掌声鼓励！声音再大点就更好了！"无不陷之矛"意思是——（生中等音量：没有什么盾穿不透的矛）

师：一个是什么矛都穿不透的盾，一个什么盾都能穿透的矛，这两样东西——（生：不可能同时存在）很棒！连起来再说一说！（生：……）

师：好，理解课文还有问题吗？（生齐摇头）

师：在理解课文意思的基础上读课文，相信大家能读得更好！

（生齐读课文）

【评析】积极倡导自主、合作、探究的学习方式，充分发挥学生主体作用，把学习的主动权交给学生。在学生课前预习的基础上，引导"同桌说""组内提"，进而进行质疑问难。教者运用理性的思维、专业的智慧分析学生的学习需求，找准学习起点，带领学生进入文字的深处和细处。

（二）理清思维，加深体会。

师：朱熹曰，读书有三到，谓——（生：心到、眼到、口到），三到之中——（生：心到最急）下面考考大家！

师：每个故事都有它的起因、发展、高潮与结局。《自相矛盾》这个故事的起因是什么？

生：楚人有鬻盾与矛者。（师板书：鬻）

师：他又是怎么卖的呢？这就是故事的发展。谁能照着老师的样子，用一个字概括一下故事的发展。

生：誉。

师：概括得非常准确！请你上黑板写下来。（生上台板书：誉）

师：听，那个楚国人吆喝起来了——（出示："吾盾之坚，物莫能陷也。""吾矛之利，于物无不陷也。"）

师：谁来当楚人，夸夸自己的盾？

（一生读）

师：声音大一点，自豪一点，不然生意就被别人抢去啦！（生再读）

师：你的盾很坚固，天下第一！谁再来当楚人，夸夸自己的矛？

（一生读）

师：你的矛很锋利，举世无双！

（另一生读）

师：有了这锋利的矛，你定能驰骋沙场，战无不胜！

师：同学们，咱们一起来吆喝吆喝。

（生齐读）

师：听了大家的吆喝，我都心动想买了。照这样下去，楚人的矛和盾很快会一抢而空！最后卖掉了吗？（生摇头）这到底是怎么回事？请看故事的高潮。

（出示："以子之矛，陷子之盾，何如？"）

师：是啊，用你的矛戳你的盾，会有怎么样的结果呢？请同学们在学习单上写一写。（师板书：何如）

> **学习活动一**
> 想一想："以子之矛，陷子之盾"，会有什么样的结果？

— 220 —

师：谁来说一说？

生：第一张结果是矛把盾戳穿了，说明矛是锋利的，而盾就不是最坚固的；第二种结果是矛不能把盾戳穿，说明盾是坚固的，而矛就不是最锋利的。

师：你说得头头是道，分析很到位。还有谁来说？（板书：盾破；盾不破）

（生上台用铅笔分别戳一张纸和一本书，边演示边解说）

师：将来，你肯定是一个出类拔萃的演说家！

师：大家再想一想，有没有第3种情况发生？

生：盾被戳破了，而矛又断了。说明盾不牢固，矛也不锋利。

师：有创意！掌声送给他！（板书：盾破矛断）

师：哈哈！"以子之矛，陷子之盾，何如？"面对这突如其来的问题，楚人的反应如何？
出示：其人弗能应也。（生齐读）

师：这就是故事的——结局。（板书：弗能应）

师：楚人为什么回答不出来？（出示："吾盾之坚，物莫能陷也。"和"吾矛之利，于物无不陷也。"）

生：他说话不切实际，前后不一致。

师：说到了关键，为你点赞！正如课文最后所说——

（出示："夫不可陷之盾与无不陷之矛，不可同世而立。"生齐读）

师：楚人说话前后不一致，不能自圆其说，闹出了笑话。从他身上，我们又可以吸取怎样的教训呢？（出示：我们说话、做事不能，必须）

生：无论什么时候，我们说话、做事必须——实事求是（讲究分寸、脚踏实地、前后一致），不能夸大事实（言过其实、前后矛盾、前后抵触）。

师：明白了道理，我们再来读课文，相信大家更能读出其中的味道。

（生配乐诵读）

【评析】真正的阅读，是生本之间、生生之间、师生之间进行心灵的对话过程。本环节教学，调动学生的情感参与，在宽松的环境中合作探究，厘清故事的起因、发展、高潮和结局，了解人物思维过程。紧扣楚人夸耀盾和矛的两句话训练学生的思辨能力、逻辑能力和表述能力。

四、建构生成

（一）联系生活，情境迁移。

师：读万卷书，行万里路。下面让我们跳出课本，走进生活。生活中，你碰到过"自相矛盾"的例子吗？

（小组内交流后全班汇报）

生：我肯定李琳大概是生病了。我估计他今天一定不会来参加会议了。

师：这是我们说话、写作文时经常出现的前后矛盾的语病。

生：记得在一本书上看过，有一个年轻人对大发明家爱迪生说："我有一个伟大的理想，那就是发明一种万能溶液，它可以溶解所有的物品。"万能溶液可以溶解一切物品，那么又用什么东西盛放它呢？这个年轻人的言论自相矛盾。

师：看来你是一个博览群书的孩子！是的，夫万能溶液与其容器，不可同世而立。

生：在我们身边，有些人一边说保护环境，却又一边砍树。

师：是的，这些人口是心非，言行不一致。

生：我的妈妈一面整天熬夜，脸色很差，一面花大价钱买化妆品美容。

师：酣然入梦的好睡眠才是美容的最佳方法。

生：我爸爸一边喊着要减肥，一边整天在饭店大吃大喝。

师：吃饱了减肥，越减越肥！

生：一天，我爸爸喝酒喝得大醉，发狠一定戒酒，可第二天晚上又跟朋友出去喝酒了。

师：宁可相信世上有鬼，也不能相信男人酒后的那张嘴。

生：一天，我和妈妈在一个小饭店吃饭，看到一位工作人员一边抽着烟，一边在墙上张贴"请勿吸烟"的公益宣传语。他的行为自相矛盾。

师：处处留心皆学问，你是生活的有心人。

生：老师教育学生不说假话，可教育局来检查了，却又不让我们说音乐、体育课有时候不上等。

师：这话你也敢说？不过，老师要告诉你：有一种语言，叫"言不由衷"，如这位老师；有一种语言，叫"言为心声"，就是你刚才说的话！佩服你的勇气！

生：妈妈经常叮嘱我要遵守交通规则，可她骑电瓶车带我时经常闯红灯。

师：教你一招，保证立竿见影。下次再遇到这种情况，你感慨道：红灯很短暂，人生却漫长！

生："养生大师"梅墨生一生注重养生，教导人们如何养生，自己却因肠癌去世，只活了59岁。

师：你见多识广！是够打脸的！著名养生大师教人们如何养生，年龄不大，自己却养没了！

生：美国口口声声宣扬民主，高喊尊重各国主权，却到处发动战争，还对我国的内政指手画脚，严重侵犯我们国家的主权。他们的言行自相矛盾。

师：你独具慧眼，关注了时事热点，了不起！是的，美国嘴上喊的是民主，走的却是霸权主义道路。最近，他们颠倒黑白，煽动香港暴乱，抹黑新疆人权状况。最终，他们一定会像那个楚人一样自食其果。

【评析】"语文学习的外延与生活的外延相等"。在学生理解文本、有所思考的基础上，进行拓展迁移，引导学生联系生活实际畅所欲言，加深对寓意的感悟，从中进一步受到启发和教育。

（二）诵读积累，拓展延伸。

师：同学们，问渠那得清如许，为有源头活水来。你们的思考更深入了，为你们点赞！下面，咱们回到课本，一起来背背这篇小古文。（出示：课文背诵提示）

（一生背。）

师：短短的时间内能正确、流利地背出来，了不起！现在，咱们一起背一背，老师允许个别同学滥竽充数。

（生齐背）

师：子曰，知之者不如好之者，好之者不如乐之者。同学们，学习小古文有趣吗？（生：有趣！）想不想继续玩？（生：想玩！）好的，满足大家的要求！课后请同学们——（出示课件）

> 1. **小小故事会**：用自己的话讲一讲《自相矛盾》的故事，可以展开想象，加上人物的动作、神态、心理活动描写等。
> 2. **小小表演家**：有兴趣的同学，可以自由组合，把这个故事编成课本剧演一演。

师：下节课由你们的黄老师带领大家一起讲故事，表演课本剧。

【评析】这里的作业设计，结合语文特点，开展实践活动，"以课本为桥梁构建大语文阅读体系"。同时，作业设计有难有易，体现分层施教，让不同水平的学生在宽松的氛围中积极参与，培养语文能力。

板书设计：

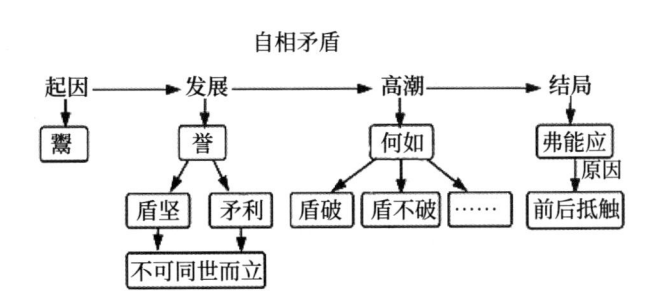

自相矛盾

起因 → 发展 → 高潮 → 结局

鬻 — 誉 — 何如 — 弗能应

誉：盾坚、矛利 → 不可同世而立

何如：盾破、盾不破、……

结局：弗能应　原因：前后抵触

总评：

  1. **以生为本，凸显学生主体地位**。在学生课前预习反馈的基础上，尊重学情，有的放矢，根据"学"的需要确定教学目标和重难点。课堂上，教者退位，给学生发展的时空，充分发挥他们的主体能动性，启发其学思结合，引导其合作探究，使他们的智慧自由释放，能力得到全面发展。

  2. **面向全体，让每个学生得到适切的发展**。尊重学生的个体差异，以小组合作学习为载体，学生在自主学习基础上，进行合作交流，相互取长补短，实现共同发展。尤其是在理解疑难语句时，教者根据学情有针对性地对一学困生提问、点拨、引导，其间不厌其烦，循循善诱，及时鼓励，使其感受到了成功的快乐，获得了真正的自信和无限的动力。课后的活动作业，更是因人而异，分层设计，满足不同层次学生的不同要求，让每一个学生的个性得到充分的发挥。

  3. **以读为主线，提升学生语文素养**。朗读是阅读教学最重要的教学手段之一，而文言文教学中，朗读更是重中之重。本课教学，预习中的读通读顺，课堂上的读出节奏、读出韵味、诵读积累，要求逐步提高；反馈朗读、教者范读、师生赛读、学生齐读、表演读等，形式多样；理解意思读、体会情感读、了解思维读等，方法各异。以读代讲，以读促思，读中感悟，学生在积极主动的思维和情感活动中，不断加深理解和体验。

  4. **面向生活，践行大语文教学理念**。"语文学习的外延与生活的外延相等"，我们要有意识地以语文课堂为轴心，不断向广阔的生活延伸。课堂教学伊始，以"疯狂猜成语"导入，并引导学生以手机APP为载体，课后继续玩竞猜游戏，走进广博的成语世界。在领悟寓意的基础上，学生跳出课本，走进生活，畅谈"自相矛盾"的事例。从学校到家庭，从家庭到社会，从国内到国际，从生活琐事到时事政治……孩子们思维被激活，智慧被点燃，情动辞发，滔滔不绝。课后讲故事、表演课本剧的作业，亦是由课本走向实践，由课堂走向课外，由封闭走向开放。

  5. **语言之美，有文化味更有激励性**。本课教学，循序推进，丝丝入扣。而从头到尾每一个环节，教者应时而生，恰到好处地运用古代名言名句作为过渡语，使得整个课堂都洋溢着传统文化的韵味，让学生在潜移默化的浸濡中感受到传统文化的无穷魅力，找到文化的认同感和自豪感，从而进一步激发学生学习文言文的热情。同时，教者激励性的评价语言贯穿课堂始终。"五（2）班非同一般！""你读得很正确，声音再大点就更好了！""听你的朗读是一种享受！""不着急，老师相信你能行！""你是生活的有心人！""你独具慧眼！""你们的思考更深入了，为你们点赞！"在老师一句句真诚的、发自内心的、如阳光般温暖的评价语激励下，孩子们的学习兴趣被调动起来，学习成果被肯定，学习动机被激发，人格得到了尊重，个性得到了张扬，激情得到了释放。

追寻精神的憩园
——《我和祖父的园子》第二课时教学设计

教学目标：

1. 能正确、流利、有感情地朗读课文。

2. 感受"我"在园子里充满乐趣、自由自在的生活，体会祖父的爱，初步感悟园子的精神意义。

3. 领悟课文借物抒情的手法。

教学重点：

理解课文内容，感受"我"在园子里充满乐趣、自由自在的生活，体会祖父的爱。

教学过程：

一、情景导入，走进园子

1. 今天这节课，让我们再次踏进《我和祖父的园子》！请同学们迅速浏览一下课文，能用一个字来概括萧红童年生活的这个园子吗？

2. 生浏览课文、交流。

3. 师在学生自读课文的基础上组织交流：【灯片1：这是一个（　）园！】（相机板书：乐、趣……）

4. 你是从文中哪些词语或句子感受到园中的"乐"与"趣"呢？请同学们再读课文，画出相关词句，并在旁边写一写自己的感受。

二、感知体验，走近祖父

1. 在这个园子里，我和祖父都做了些什么呢？请同学们快速浏览课文3—12自然段，用简洁的话语来概括一下。

2. 生汇报交流。

3. 小结：总之，祖父干什么，我就干什么。这些事情中，你觉得哪一件最有趣呢？趣在哪？

4. 生读书，画句子。

5. 仔细读一读画下来的句子，你仿佛看到了什么，听到了什么，又想到了什么呢？

看谁透过文字读出的画面最丰富，最有趣。

（师巡视，相机轻声个别交流指导）

6. 交流汇报：

品读"种菜"

1. 生汇报交流自己的感受。【灯片2：当祖父下种，种小白菜的时候，我就跟在后边，把那下了种的土窝，用脚一个个地溜平。哪里会溜得准，东一脚西一脚地瞎闹。有时不单菜种没被土盖上，反而被我踢飞了。】

2. 师过渡：这不是在种菜，明明就是在——（生：瞎闹）能把这种感受读出来吗？（相机评价）

品读"铲地"

1. 生交流最有趣的感受。【灯片3：其实哪里是铲，也不过趴在地上，用锄头乱勾一阵就是了。也不认得哪个是苗，哪个是草，往往把韭菜当作野草一起割掉，把狗尾巴草当作谷穗留着。】

2. 师过渡：还真有趣，该铲的没铲！该留的没留！真会读书！对这幅画面的内容，谁还有补充呢？

3. 朗读指导：抓住这些动词，你就更能读出这件事的趣！

品读"浇水"

1. 浇菜本来应该怎样浇？【灯片4：祖父浇菜，我也抢过来浇。不过我并不往菜上浇，而是拿着水瓢，拼尽了力气，把水往天空里一扬，大喊着："下雨了！下雨了！"】

2. 看看图上小姑娘怎么浇水的？

3. 多淘气的小姑娘啊！文中有三个动词写活了这个小姑娘的动作，你能找出来吗？

4. 合作读书：咱们抓住动词来读读这段话，前面的请一个人读，"下雨了！下雨了！"咱们一起读，谁来读读前面的话！

5. 过渡：孩子们，你们看，尽管"我"在园子里瞎闹，乱闹，【灯片5：出示课文插图】祖父却不急也不恼，总是笑盈盈地看着，从这双含笑的眼睛中，你体会到了什么呢？

6. 文中也有这样的句子，能找出来吗？（学生交流）

7. 小结：就这样，在这个温馨的自由乐园里，"我"的心是欢快自由的！玩腻了，玩累了。【出示灯片6：我玩累了，就在房子底下找个阴凉的地方睡着了。不用枕头，不用席子，把草帽遮在脸上就睡着了。】读——

8. 唔，睡得真香啊……等着，等着，等她醒了，她又会闹出什么好玩的来呢？请以"我睡醒了……"为开头，【灯片7：我睡醒了……】展开你的想象，写一写。

9. 生交流汇报，师相机评价。

三、对话探究，走近园景

1. 园中有景，园中有人，现在让我们聚焦第13自然段，走进园中之景。边读边想，这还是一个什么样的园子呢？

2. 预设交流：【灯片8：花开了，就像花睡醒了似的。鸟飞了，就像鸟飞上天了似的。虫子叫了，就像虫子在说话似的。】

3. 抓住特点，体味句式。

这三个句子在写法上很特别，你发现了吗？仔细品味品味。

4. （生交流）能把你的发现通过朗读表现出来吗？

5. 你还从哪里感受到这是一个乐趣无穷、自由自在的园子呢？

6. （生交流）【灯片9：一切都活了，要做什么就做什么，要怎么样，就怎么样……它若愿意长到天上去，也没有人管。】这几个句子在写法上也有特别之处，你发现了吗？

（都用了"愿意……就……"）

7. 是啊，这几句都写了在园子里，农作物愿意怎么样就怎么样，这就叫（引说）——（自由自在）其实，自由也在课堂上，你愿意大声讨论就大声讨论；

你愿意举手发言，就（引说）——生：举手发言；

你愿意合作读书，就（引说）——生：合作读书；

现在，我愿意和你们合作读这一段话（微笑着耐心等待）——

（生：我们就和你合作读这一段！）

师生合作读书。

8. 倭瓜愿意（引读）——这倭瓜、黄瓜、玉米可真自由啊！蝴蝶就更自由了，谁愿意来读读看！【灯片10：蝴蝶随意地飞……只是天空蓝悠悠的，又高又远。】

9. 是啊，蝴蝶愿意飞到墙头上，就飞到墙头上；愿意飞到谁家去，就飞到谁家去，在萧红的心里，这真是一个乐趣无穷、自由自在的园子！

四、建构生成，走近萧红

1. 【出示灯片11：我家有一个大园子。我和祖父的园子】

（1）孩子们，文中说"我家有一个大园子"，但课文的题目却叫"我和祖父的园子"，读到这，你的心里有什么疑问呢？

（2）生质疑：为什么课题不叫"我和爸爸的园子或者我和妈妈的园子呢"？

2. 假如这是"我和爸爸（或妈妈）的园子"，这将又会是一个（　）的园子呢？（这是一个充满幸福的园子；这是一个充满温馨、其乐融融的园子……）

3. 《我和祖父的园子》是《呼兰河传》第三章的一部分内容，会读书的孩子不仅能读懂课文，还能把它放进整篇著作中读，读出另一种感受。其实，萧红是个苦孩子。（出示灯片，师配乐讲述）母亲在她很小的时候就去世了，父亲因她是个女孩对她很冷酷，后妈对她恶言恶色，祖母特别爱清洁，不喜欢孩子闹腾，曾因她戳破窗户纸而用针刺她的手指……每当她和祖父挨骂时，她就拉着祖父的手一边往外走，一边说："我们到后园里去吧。"

4. 出示《呼兰河传》的片段，学生自行阅读：

【灯片12：我拉着祖父就到后园里去了，一到了后园里，立刻就另是一个世界了。绝不是那房子里的狭窄的世界，而是宽广的，人和天地在一起，天地是多么大，多么远，用手摸不到天空。

……

一到后园里，我就没有对象地奔了出去，好像我是看准了什么而奔去了似的，好像有什么在那儿等着我似的。其实我是什么目的也没有。只觉得这园子里边无论什么东西都是活的，好像我的腿也非跳不可了。

若不是把全身的力量跳尽了，祖父怕我累了想招呼住我，那是不可能的，反而他越招呼，我越不听话。

等到自己实在跑不动了，才坐下来休息……

5. 孩子们，人们常说：景由情生。此时此刻，你再来读一读课文第13节的内容。你又有一种怎样的感受呢？

6. 生读文。

7. 请你读感受最深的句子，（学生的朗读略显忧伤）能告诉老师你为什么这样读呢？

8. 哦，萧红在园中尽情地疯，尽情地闹，她也是在发泄内心的孤独与渴望，这个园子对萧红来说，还是一个什么样的园子呢？（生：充满忧伤）园中发生的一切也都像是一串凄婉的歌谣！

9. （师捧起《呼兰河传》）孩子们，这就是《呼兰河传》，茅盾称之为"一篇叙事诗，一幅多彩的风土画，一串凄婉的歌谣"。读书的孩子最美！孩子们，课后请继续阅读《呼兰河传》，认真读一读里面的故事，谈一谈自己的读书感受。

生命创造奇迹
——《天鹅的故事》第二课时教学设计及反思

教学目标：

1. 能正确、流利、有感情地朗读课文。

2. 通过品味语言文字，抓三次叫声，启发想象、朗读感悟，仔细体会天鹅勇敢顽强、团结拼搏的精神，懂得生命会创造出奇迹。

3. 引导学生积极主动地阅读，激发学生爱护动物的思想感情，体悟人与自然和谐共处的重要性。

教学重、难点：

重点： 理解品读老天鹅带头破冰及全体天鹅热火朝天的破冰场面，理解老人最后说的一段话的意思。

难点： 从感人的情节、鲜活的情景中体验作品蕴含的生命之曲，体会天鹅勇敢奉献、团结拼搏的精神，培养学生保护动物的意识。

教学过程：

一、情景导入——播放视频片段，感性上再识天鹅

1. 教师谈话。

同学们，今天我们继续学习——《天鹅的故事》，关于天鹅，我们向来是只闻其名，难见其形。今天，老师把天鹅请到我们的教室，想看看吗？（播放课件：配乐天鹅图片）

孩子们，看了刚才的片段，天鹅给你留下了怎样的印象？

学生自由交流。（美丽、高贵、可爱、优雅……）

2. 是的，天鹅是美丽的，可爱的，有一年，贝加尔湖的春天来得特别早，一群天鹅满怀喜悦地飞了回来，可是谁也不会想到，寒潮突然降临，北风呼啸，湖面又上冻了。

（出示多媒体课件：冰封湖面，点击音乐）天鹅们找不到一点食物，怎么办呢？只听得从远处传来。

（出示：这时，从远处传来一阵清脆的啼叫声："克噜——克哩！"）读——

在这样的叫声里，你能体会出天鹅们怎样的心情？学生自由交流(伤心、焦急、失望)。

用你的朗读来体会体会吧！指名读，齐读。

3. 就是在这样的叫声里，一个感人至深的故事发生了。

二、感知体验——读文存疑，以疑促文本再读

1. 经过上一课的学习，我们知道文中的斯杰潘老人曾经是一位猎人，猎枪是猎人的生命，只有猎枪

才会给猎人收获，可是，老人最后说的一段话却耐人寻味。

（出示：多么可爱的鸟儿啊！我当时离他们才三四十米，双手端着上了子弹的猎枪，可是，我却把猎枪挂到肩头，悄悄地离开了湖岸。从此以后，这支猎枪就一直挂在墙上，再也没有动过。）

听老师读，（教师深情范读，设疑）听了老师的朗读，你的脑海里会闪现什么样的问题呢？

（学生交流，结合交流，小结板书：端——挂？）

2. 请同学们带着问题用心的默读课文，找出课文中最能打动你心灵的段落，找出来了就举手告诉老师和同学们。

组织交流，结合交流情况，相机出示第五自然段。（出示课件）

三、对话探究——精读感悟，体会文本传递的情感思想

1. 品读勇士破冰，感受老天鹅的勇敢、顽强

（1）孩子们，对于那些感人至深的文字，我们不仅要用眼睛去看，用嘴去读，更要用心灵去体会。

（点击出示：用心品读这段文字，用笔画出自己深有感触的地方，把自己的阅读感受、体会写在旁边）。

（2）组织交流、讨论。

引导学生扣住"腾空而起""石头似的""重重的""胸脯和翅膀"等词语，谈感受，（学生交流到哪个词语，教师就用笔圈画相关词语，相机组织交流、体会，充分地让学生表达）师相机点拨：

"胸脯和翅膀"，是说老天鹅以血肉之躯作为破冰的武器。

"腾空而起"，谁来做做这个动作，老天鹅这样做是为了什么？（体会老天鹅这样做是为了增加下落的冲力，使胸脯和翅膀扑打冰面的力量更大。）

"石头似的"（体会老天鹅用力之重，态度之坚决，简直是奋不顾身）

重点理解 "像石头似的把自己的胸脯和翅膀重重地扑打在破面上"。

"像石头似的"（勇敢、奋不顾身）：天鹅是美丽优雅的，那么石头是怎样的呢？把天鹅比喻成一块没有生命的石头，这个比方合适吗？同桌之间互相交流交流，说说你的看法。（天鹅笔直落下，像石头。石头不怕疼，天鹅怕疼，但他一声不吭，就像一块

石头。摔下的力量很大像石头。你怎么知道摔下的力量很大，从哪里体会出来的？

（点击出示课件）请同学们带着刚才的理解、体会，用自己的双手代表天鹅，扑打桌面表示扑打冰面，有感情地读一读这句话。（学生带着动作齐读）

（3）老师从资料上得知贝加尔湖冬天冰层一般有1米厚，上面可以开坦克，现在即便是早春，冰层也起码有30—40厘米厚，老天鹅要破冰何等不易啊！

来，通过自己的朗读来深切感受一下老天鹅勇敢、顽强，读给你的同桌听。同桌之间相互自由练习朗读。

孩子们，请闭上眼睛，听老师朗读，猜猜看，老师读这段话时的心情会是什么样的？（生听教师范读，交流）

（4）是的，无论是感动，还是激昂，不同的朗读都可以传递着发自内心的那份感动，来，男同学齐读——（生读，声音）镜子般的冰面被震得颤动起来了，老天鹅再一次——（女生齐读）冰面震动得更厉害了，这更加鼓起老天鹅勇气和信心，它——（全体学生读）

（5）（出示图片）一次，两次，三次……一次又一次扑打、撞击，你们仿佛看见冰面上留下了什么？你仿佛看到了怎样的老天鹅？

（出示：我看到了冰面上留下了，看到了老天鹅。）

（老天鹅的片片羽毛，老天鹅的斑斑血迹……）（翅膀折了，腹部流出了鲜血……）

假如此时此刻，你就是这一只老天鹅，我想问：

老天鹅啊老天鹅，难道你没有看到冰面上那片片羽毛，斑斑血迹吗？你为什么要这样做呢？（生答）

老天鹅啊老天鹅，难道你就没感受到那钻心疼痛和刺骨寒冷吗？你为什么要这样做呢？（生答）

结合学生交流，板书：勇于献身

面对这样一只舍身为群鹅，以英勇顽强的老天鹅，斯杰潘老人送它一个光荣的称号，称他为——

（板书：破冰勇士）

（6）老天鹅以个人牺牲换取群体的生存，此刻，你对它有着一种怎样的感情？（生交流：敬佩、钦佩、崇敬）

怀有这些情感的同学请站起来（生起立）让我们带着对老天鹅无比崇敬心情来读一读老师改写的一首小诗（出示由课文改写的小诗）（5节改的）

突然，
　一只个儿特别大的老天鹅
　　腾空而起，

可是它并没有飞走,

而是利用下落的冲力,

像石头似的

让自己的胸脯和翅膀

重重地扑打在冰面上。

经过这沉重的一击,

镜子般的冰面

被震得颤动起来。

接着是

第二次,

第三次……

2. 抓住群鹅破冰的场面,感悟团结就是力量

(1)在这个"破冰勇士"的带领下,其他天鹅又会怎么做,又会给我们带来什么样的感动呢?请同学们用心读读第六小节,用线画出有关语句。

(2)组织交流:

(出示:有几只天鹅来帮忙了,很快整群天鹅,大约百十来只,都投入了破冰工作。它们干得那样齐心,那样欢快!)

自主朗读,结合图画,想象画面。

这群天鹅都以血肉之躯为武器进行破冰,你感受到他们具有什么精神?(结合交流,板书:团结拼搏) 我们以前还学过哪些词或者句子同样也表达了团结这样的意思呢?

(出示:万众一心,齐心协力,众志成城,人心齐、泰山移,人多力量大,众人拾柴火焰高……)

它们为了能够生存下来,即使撞得头破血流,也心甘情愿!

同学们,破冰勇士这个称号仅仅属于老天鹅吗?(还属于整群天鹅)

(出示:湖面不时传来阵阵"克噜——克哩——克哩"的叫声,就像那激动人心的劳动号子:"兄弟们哪,加油!齐心干哪,加油!")你听,湖面上不时传来了——(生读)

指导朗读:天鹅的第二次叫声,引导学生读出力量,读出坚定。分组读,再齐读。加上动作来体会朗读:引读,兄弟们哪——让学生领着读,兄弟们哪——学生领读——

3. 与群鹅同欢呼,感受胜利后的喜悦

(1)团结拼搏的天鹅群在老天鹅的带领下一齐投入了破冰工作,水面在迅速地——最后,小小的冰窟窿终于变成一片很大的水面,这时的天鹅们——

(生齐读出示的文字:它们昂着头,挺着胸在水里游动着,捕食着鱼虾,不时发出

阵阵胜利的欢呼声：克噜——克哩——克哩！）

面对这样的变化，天鹅们的心情怎么样？谁能把高兴、自豪、激动读出来？教师引读——

（2）（音乐）叫声响彻湖畔，久久回荡在美丽的贝加尔湖的上空。这是一群可爱的生灵，这欢呼声似乎在向告诉我们生命创造的奇迹。读——

（3）透过这阵阵欢呼声，你似乎听到了天鹅们在说些什么？

（出示：透过这阵阵欢呼声，你似乎听到了天鹅们在说："_____"）

4. 回归问题，感动生命，感受人与自然的和谐

（1）通过学习，你觉得这是一群什么样的天鹅？生自主交流。

（2）你知道老人为什么没向天鹅开枪，却把枪挂在了肩头，悄悄地离开了湖岸？讨论交流，相机板书：感动生命

（为老天鹅而挂，是老天鹅感动了他、也为其他动物、为他自己而挂、为世人而挂、为所有的生命而挂）

对啊，老天鹅的勇敢、顽强，天鹅群的团结合作，深深地感动了老人，使他放弃了终身的狩猎。

猎枪是为他自己而挂，因为他只要看到这枝猎枪就会为自己曾经伤害过他们而感到惭愧、自责，就会告诫自己不能再杀生了。

这把猎枪是为世人所挂，让所有人懂得与世界万物为友，就是要把这个精彩故事传下去，撒播爱的种子。因为所有的生命都是美丽而可爱的。（教师擦去问号）

（3）学习了课文，你能把你的感受、体会用一句话写出来吗？生独立写，然后全班交流。（如遇冷场，教师举例：生存的权利，永远只属于强者！）

（4）执着、坚强，就能创造生命的奇迹。（点击图片）2010年4月14日的青海玉树地震中，中华儿女在废墟中打开一条又一条生命通道，创造一个又一个生命的奇迹。珍爱生命，敬畏生命，其实大自然中的万物都具有这样一种勇于奉献、团结拼搏的精神，用生命创造着奇迹。

四、建构生成——检测反馈，课外阅读延伸

1. 练习作业：

（1）完成《课堂作业本》第2课时作业：自主检测。

（2）课后完成《补充习题》三、四题。

2. 课外阅读推荐：

阅读屠格涅夫的短篇小说《麻雀》，体会文章中爱的力量。

板书设计：

天鹅的故事
（感动生命）

端 ——————→ 挂

破冰勇士
勇于献身
团结拼搏

教学反思：

生命创造奇迹
——《天鹅的故事》第二课时教学思考

《天鹅的故事》，本文主要讲了一群天鹅为了生存，在一只老天鹅的行动感召下，用自己的身体破冰的神奇壮观的场面，在一旁狩猎的斯捷潘老人看到这一情景，心灵受到震撼，从此封枪。让学生体会到天鹅不惧困难、团结拼搏的精神，领悟人与动物（自然）应该和谐相处的道理。同时结合文本故事的讲述，告诉我们世间万物生存的真谛，生命可以创造出奇迹。这篇课文生动感人，特别适合学生在阅读的过程中感受、体验，是学生开展探究性阅读的好素材。

由于天鹅生活的环境离学生较远，学生很难了解它们的生活习性，故感受天鹅的那种勇敢奉献、团结拼搏的精神及斯捷潘老人的情感变化有一定的难度。针对以上学情及四年级教材的实际特点，我初步拟定了如下的教学目标：

1. 正确、流利、有感情地朗读课文，复述文中写天鹅破冰的几个段落。

2. 学会本课的生字、词语。理解由生字组成的词语。学会描写齐心协力做一件事情的场面。

3. 引导学生深入文本进行感受和体验性阅读，体会天鹅不惧困难、团结拼搏的精神。

4. 让学生受到心灵上的震撼领悟人与动物（自然）应该和谐相处的道理。

其中目标3是本课的教学重点，目标4是教学难点。

以上目标，我初步设想通过三课时完成。

第一课时，我重点引导学生读通课文及在读中感知课文内容。揭示课题后，引导学生由课题质疑，让学生带着问题，自读课文。接着，结合初读检查，引导学生再读课文，在这一过程中，着重对"窿、瞪、昂、腾"等后鼻音节进行正音。并指导学生运用多种方法理解词语。如借助工具书，理解"塌陷、边缘"的意思。并能结合上下文及生活体验理解"激动人心、好奇"等词语的意思。在初步读正确、读流利的基础上，引导学生再读课文，基本读懂每个自然段的意思，厘清课文脉络，初步感受天鹅不惧困难、团结拼搏的精神。

第二课时教学，我将本节课的教学目标从三个方面拟定：

1. 能正确、流利、有感情地朗读课文。

2. 通过品味语言文字，抓三次叫声，启发想象、朗读感悟，仔细体会天鹅勇敢顽强、团结拼搏的精神，懂得生命会创造出奇迹。

3. 引导学生积极主动地阅读，激发学生爱护动物的思想感情，体悟人与自然和谐共处的重要性。

这一课时的教学我设想通过"情境导入，揭示课题——初读质疑，整体感知——精读感悟，互动交流——当堂练习，延伸课外"的教学模式引领学生深入文本，体悟内涵。

在教学中，我主要从下面三个层面进行了思考：

1. 如何做到长文短教，且能抓住中心？教学中，我抓住文中的两个情感的震撼点（即老天鹅特写，文章重点句段和群鹅破冰）设计教学，这样既能突出重点，又能做到兼顾整体，让学生从课文的精彩片段中领悟高尚的人物形象所迸发出来的情感，从感人的情节、鲜活的情景中体验作品蕴含的生命之曲；围绕"为什么挂猎枪"这个中心问题，让"默读质疑—再读存疑—品读解疑"贯穿整教学始终，减少了头绪，优化了教学过程。

2. 怎样引领学生自主地进行品味探究，研读文本呢？教学中，我引导学生抓住重点段，抓住重点段中的重点词品味，如"腾空而起""石头似的""重重的"等词语，通过对这些关键词的挖掘，引导学生充分自主地交流、讨论，并模拟扑打冰面的动作，让学生深切体会到了老天鹅在用自己的生命与冰层较量，给学生以强烈的震撼。再通过多形式、多层次的朗读，让学生深入品味，范读、个别读、分组读、引读……在反复诵读中，相信学生会逐步感受到天鹅品质的崇高与精神的伟大。

3. 可不可以利用文本空白，体验角色，走进人物的内心世界？教学中我让学生换角色品味、琢磨，当老天鹅，当旁观的天鹅，进行互动交流、对话，一次次的角色转换会促使学生进入课文情景与文本对话，与文中的角色对话，与教师对话，获得强烈而又独特的内心体验。

激趣　导法　融情
——《安徒生童话》整本书导读教学实录

教学目标：
　　1. 创设阅读情境，带领学生走进童话故事，感受阅读乐趣，激发阅读期待。
　　2. 初步掌握阅读童话的方法，帮助学生养成良好的课外阅读习惯。
　　3. 感悟安徒生及其作品中呈现地对真、善、美不懈追求的精神，点燃善良的道德情感火种、唤起表达美的愿望。

教学过程：
　　一、情景导入
　　师：小朋友们好！我是你们的大朋友荀老师。这个超长寒假，大家一定读了很多课外书吧？高尔基说："书籍是人类进步的阶梯。"读书，可以让我们变得更加美丽，更加聪明。
　　师：今天荀老师和大家一起读一读童话故事。提到童话，大家肯定不陌生吧！瞧，这些故事还记得吗？（课件出示相关图片）
　　生：小蝌蚪四处寻找他们的妈妈；
　　生：小壁虎着急地向别的动物借尾巴；
　　生：雪孩子和小白兔一起嬉戏玩耍；
　　生：王子和公主过上了幸福的生活……
　　师：在童话王国里，一切都有可能发生，一切都妙不可言！
　　师：瞧，箱子、红皮鞋、火柴，这些我们生活中常见的事物，在童话里它们又是什么样的呢？出示语段：
　　这是一只很滑稽的箱子。一个人只需把它的锁按一下，这箱子就可以飞起来了。
　　小卡伦再也禁不住诱惑和赞美了，在原地跳起了优美的单人舞。这一跳不要紧，她却无法停下来了！因为她的脚已不听使唤。这双鞋子好像用了魔力控制了小卡伦的双脚，使她在教堂门口跳个不停。
　　她又擦了一根，火柴发出美丽的光来，映亮了她对面的墙壁。她看见了一桌丰盛的晚餐：一张桌子上摆满了鲜美的梅子和苹果，还有热气腾腾的烤鹅。那鹅居然从盘子里跳了出来，向她摇摇晃晃地走过来……

生依次读。

师：是不是觉得特别奇妙，特别有意思？这三段文字分别对应着——《飞箱》《红舞鞋》和《卖火柴的小女孩》三个故事。它们又都来自同一本书，你们猜出来了吗？

生：是《安徒生童话》。

师：对了，她就是《安徒生童话》。打开这本童话书，你们就走进了一个奇妙的世界——（课件出示，配乐诵读）

你会欣赏到独一无二的绚丽风景："当她头戴花环升到海面的时候，正是黄昏，海天相接的地方铺满了玫瑰色的云霞，海水在夕阳下泛着粼粼波光，一艘大帆船就静静地我在海面上，从那里传来很好听的音乐。"——《海的女儿》

你会认识善良勇敢的新朋友："花园里有一片玫瑰花丛，盛开着许多玫瑰花。其中最娇艳的一朵花里住着一个小精灵，他的身体十分微小，小到人类的眼睛根本无法看到他。他的样子十分可爱，肩上还有一双长长的翅膀，就像是一个小天使。"——《玫瑰小精灵》

说不定你还会撞上滑稽荒唐的事情：第二天就要举行游行大典了。头天晚上，这两个骗子整夜不睡，点起16支蜡烛。他们装作把布料从织布机上取下来，用两把大剪刀在空中裁了一阵子，同时又用没有穿线的针缝了一通。最后，他们齐声说："啊！新衣服终于缝好了！"——《皇帝的新装》

多么神奇呀！这就是安徒生的童话世界。孩子们，对于安徒生你们了解吗？

二、感知体验

（一）走近安徒生，了解生平

生交流对安徒生的认识。

师出示安徒生照片和简介补充：

安徒生，19世纪丹麦著名的童话作家，被誉为"现代童话之父"和"世界儿童文学的太阳"。

11岁那年，他的父亲就去世了，他和母亲相依为命。14岁就背井离乡，来到一家小剧院当配角，因为嗓子变音而被解雇。后来跟着木匠做学徒，因为个子小、力气弱又被辞退。他一边干活，一边写作，35岁时发表了第一篇童话。从此，他决定以毕生的精力为孩子们写作。他把自己当作孩子的朋友，要写一些"讲给孩子们听的故事"——这也成了他最先出版的几本童话的书名。在近40年时间里，他写下了168篇童话故事。他的作品被翻译成100多种语言，为世界各国人民所喜爱。

师：早在20世纪20年代，我国就有热心的翻译家把《安徒生童话》介绍到国内。

这些童话故事充满了绚丽的幻想、朴素的幽默和深邃的智慧。安徒生实在太有魅力了，他的灵魂飞翔了二百多年，他的文字温暖了一代又一代儿童和大人的心灵。下面，就让我们一起走进安徒生的童话王国。

（二）走近《安徒生童话》，整体感知

1. 观察封面

师：我们已经知道，封面是一本书的脸，读一本书可以先从封面开始。看看封面，除了书名你还知道了哪些信息？

生：上面还有主编、出版社、插图等。

师：是的，其中最引人注目的是——插图。很多故事书都会用其中最精彩的故事作为封面，从而吸引读者。

2. 阅读目录

师：书里藏着哪些故事呢？打开目录页来看一看吧？读一读目录，我们就能对全书有一个总体的印象。好的，我们先读一读吧！

生依次读每个故事的名字。

师：你们看，在安徒生的笔下，一切事物都可以成为故事的主角。目录中，你对哪个故事最感兴趣，就可以从这个故事开始读起！这种读书方法叫作"跳读法"，在我们读整本书时经常用到。当然，我们也可以顺着目录，一个接着一个往下读。

三、对话探究

（一）读一读，猜一猜，预测故事情节

师：在《安徒生童话》中，《丑小鸭》是一篇深受我们广大少年儿童喜爱的作品。下面，我们就先挑它来读一读！孩子们，我们一起来读这个片段：

生读：女主人拿起一把火钳赶来打它，它急忙从开着的大门缝里逃了出来。这样，它又掉进外面新下的厚厚的雪堆里，冻得它直打哆嗦……

师：读到这里，我们可以猜一猜：掉进厚厚雪堆里，冻得浑身只发抖的丑小鸭结果会怎样呢？

生1：丑小鸭一定被冻死了。

生2：丑小鸭没有死，应该有人救了它。

师：故事的结局是怎样的呢？我们来看一看视频。（播放视频）

师：你猜对了吗？我们再来读读故事的结尾，你会发现书中的文字比动画片还要精彩。

生阅读故事结尾。

师：孩子们，在童话这个奇妙的王国里，似乎一切都皆有可能。从丑小鸭到白天鹅的华丽转变，安徒生想告诉我们什么呢？相信大家再去读这个故事，一定能体会到故事中包含着的真善美。

师：阅读童话时，我们可以结合生活经验和常识，边读边猜想后面发生的故事，带着疑问在阅读中一步步验证猜想。这样的阅读是不是更有意思？故事的内容会不会更吸引你呢？

（二）读一读，想一想，感受画面生动

师：刚才我们认识了历经磨难的丑小鸭，现在又有一个故事的主人公登场了！她是谁？（出示拇指姑娘图）

师：瞧，她叫拇指姑娘！同学们看看这幅图，你们有什么想说的吗？

生：拇指姑娘很漂亮，很可爱！

生：拇指姑娘坐在花瓣上，和花儿一样美丽。

生：拇指姑娘长得很小，一朵花就是她的大房子。

师：同学们观察真仔细，故事中又是怎么描写的呢？我们先来读读这个片段。（出示语段）

生读：不久以后，一朵美丽的大红花就长出来了。它看起来很像一朵郁金香，不过它的叶子紧紧地包在一起，好像仍旧是一个花苞似的。"这朵花真美！"女人说，同时在那美丽的、黄而带红的花瓣上吻了一下。花儿忽然"劈啪"一声，开放了。在这朵花的正中央，坐着一位娇小的姑娘，她看起来又白嫩，又可爱。她还没有大拇指的一半长，因此人们就将她叫作拇指姑娘。

师：读着故事，老师就在想，拇指姑娘有白嫩又可爱，还没有拇指一半长。咦，怎么会这么小！在我的眼前就好像看到她的样子了。孩子们，伸出你们的大拇指，瞧一瞧。好的，现在闭上你们的眼睛，想象一下拇指姑娘的样子吧！

师：看到拇指姑娘了吗？可爱吗？

生：看到了，很可爱！

师：发挥想象读童话，就能在脑海中出现生动的画面。接下来，请大家发挥想象继续读！

生读："是的，我将和你一块儿去！"拇指姑娘说。她坐在这鸟儿的背上，把脚搁在他展开的双翼上，同时把自己用腰带紧紧地系在他最结实的一根羽毛上。这么着，燕子就飞向空中，飞过森林，飞过大海，高高地飞过常年积雪的大山。最后他们来到了温暖的国度。

师：如果你就是拇指姑娘，此时此刻你的眼前又出现了怎样的画面？听到了怎样的声音？产生了怎样的感觉？

生："我感觉自己就是拇指姑娘，坐在燕子的背上飞呀飞，耳边传来呼呼的风声，白云向我张开怀抱，星星朝我眨着眼睛。飞行的感觉真奇妙啊！"

师：我们读童话的时候，就要像这个孩子一样，把自己想象成故事中的人物，和他们一起欢笑，一起悲伤，这种体验多妙啊！孩子们，所有的图书都是剧本，只要我们插上想象的翅膀，就能把文字转化成一幅幅形象的画面，就变成了其中的主人公，就更能感受到故事的生动有趣。

（三）读一读，比一比，体会人物悲喜

师：读故事的时候，我们还可以试着把自己放进故事里，和故事里的人物比一比。如果是我，我会怎么想、怎么做呢？如果故事的主人公就在我们的身边，他的命运又会怎样呢？比如，我们阅读《卖火柴的小女孩》（出示片段）：

生配音朗读：第二天清晨寒气袭人的时刻，小女孩坐在那两幢房子的角落里，双颊红通通的，嘴角上却挂着微笑。她死了，是在旧年的最后一个夜晚冻死的。新年的太阳升起来照到的只是一具小小的尸体。小女孩坐在那里，身子已经冻得僵硬了，手里依然拿着火柴，一束快要烧尽的火柴梗。

师：读到这里，我们可以联系自己的生活实际想一想：在中国的传统节日——春节，我们是怎样度过的？

生1：我们全家人在一起开心地吃团圆饭。

生2：我们全家在一起看春节联欢晚会。

生3：我和哥哥一起放焰火，很开心。

生4：过年了，我们都穿上了漂亮的新衣服。

生5：我们还可以得到爸爸妈妈、爷爷奶奶给的压岁钱和新年的礼物。

……

师：是的，过春节我们是多么开心啊！但是在阖家团圆的大年夜里，这个小女孩却还在又黑又冷的街上卖火柴。她又冷又饿，只能擦亮手中的火柴来取暖……最后冻死在街头。对比之下，小女孩是多么——可怜，我们的生活又是多么——幸福！这样将自己和故事中人物比一比，你就能体会到他们的悲伤和喜悦。

师：孩子们，如果此时你就在小女孩的身边，会怎么做呢？

生1：我会把家中好吃的东西送给她，把自己的衣服送给她穿。

生2：我会在班级里号召大家，献出我们的爱心，一起帮助小女孩。

生3：我会和爸爸、妈妈商量，把她带回家做我的姐姐，和我们一起快乐地生活。

师：同学们都有一颗美丽的爱心！是的，如果小女孩生活在我们身边，她一定也会拥有一个幸福的童年！

（四）读一读，串一串，讲讲故事经过

师：《安徒生童话》里还有许多有趣的故事，如《老头子做事总不会错》：故事中的老头子先是把马换成牛，再把牛换成羊，然后把羊换成鹅，鹅换成了鸡，最后鸡换成了一袋烂苹果。从头到尾，老头一直在反反复复地换东西。瞧，像什么？

生：冰糖葫芦。

师：是的，我们可以将故事里的几个差不多的小故事串联起来，像"冰糖葫芦"一样，就变成了故事串。故事围绕"老头子换东西"这一中心事件，一次又一次反复地换，越反复越有趣。这个故事用上这样的情节图，故事情节就一目了然了。我们可以对照着情节图，把这个有趣的故事讲给爸爸妈妈或弟弟妹妹听，还可以和家人或者同学演一演。

师：在安徒生的童话故事里，还有许多不同形象的主人公：

为了爱脱去鱼尾，换来双腿，却最终甘愿为了王子的幸福投入大海，变成了泡沫——海的女儿；用美丽的歌声制服了死神，却拒绝皇帝的挽留，坚持为幸福的人们和受难的人们歌唱善恶——夜莺；一个柔弱的女子，战胜凶恶强大的王后和主教，救出被魔法变成天鹅的十一位哥哥——《野天鹅》中的艾丽莎；只有一条腿，却勇敢、坚定，富有爱心——坚定的锡兵；骑着山羊闯进皇宫给公主带来欢笑，也赢得了公主的爱情——笨蛋杰克。还有很多很多……在他们身上呀，发生了一个又一个有趣的故事。孩子们，你们一定迫不及待地想读吧？

（五）读一读，记一记，培养阅读毅力。

师：读书的时候，老师希望大家做一个阅读的有心人，像这样把故事中喜欢的词语、喜欢的句子和自己的感想简要地写下来，做一做读书记录卡。

师：我们还可以制订一个阅读记载计划，每天读多少页，读了多长时间，做一个记载，并进行评价。

五、建构生成

师：孩子们，安徒生的童话世界充满着诗意和幻想，书中的花草树木会唱歌，鱼虫鸟兽会跳舞，整个大自然都是有生命的。

师生诵读：童话里有美好，童话里有快乐，童话里有智慧和爱，童话里还有我们……阅读，给我们更多的成长力量！

师：孩子们，这节课就到这里，再见！

立足课堂 巧妙整合 让阅读更美丽
——"母爱三部曲"课内外统整阅读教学设计

适用年级： 五年级

设计理念：

吕叔湘在《当前语文教学中两个迫切问题》中说："少数语文水平较好的学生，你要问他的经验，异口同声说是得益于课外看书。"《语文课程标准》指出："教学要立足于促进学生的发展，充分利用现实中的语文教学资源，优化语文教学环境，努力构建课内外沟通、学科间融合的语文教学体系。"课程标准对每学段学生的阅读也提出了明确的目标。因此，教师应把握课程设计理念，树立大语文教育观，在教学中适时进行课内阅读拓展，整合课内外资源，形成了课内外阅读相互补充、相互促进、有效融合的课堂教学模式，为学生架设一道联通课内外学习的桥梁，给语文教学注入了无限的生机和活力。

教学目标：

1. 知识性目标：用自己喜爱的方式阅读文章，感知主要内容。
2. 情感性目标：品读文章，于细微处感受母爱的无私与伟大。
3. 语用训练目标：整合阅读，体会作者通过生活中平凡事例表现母爱的写作方法，领悟对比反衬对表现母爱的作用；联系生活经历，尝试表达母爱。

教学过程：

一、情景导入——文本回顾，聚焦"母爱"

1. 上节课我们学习了孙友田的《月光启蒙》，还记得课文主要讲了哪几件事吗？
（唱歌谣、讲故事、唱童谣、猜谜语）
2. 在作者的童年回忆里，母爱是什么？
PPT出示，学生诵读：

母爱是一首首动听的歌谣，
是一个个神奇的故事，
是一支支幽默的童谣，
是一则则有趣的谜语。

3. 一件事代表着一份爱,母爱是无处不在的浸润,母爱就是——月光下的启蒙!今天,让我们跟随孙友田再次走进他记忆中的母爱。请同学们拿出阅读材料,上面有《迎接母爱》和《母爱似水》两篇文章,它们与《月光启蒙》(原题《月光母亲》)合称为"母爱三部曲"。在这两篇文章中,母爱又是什么呢?让我们一起来读一读。

【设计意图:回顾《月光启蒙》的主要事件,以"母爱"为主线,从学生情感期待处拓展,拨动学生内心的感情之弦,自然过渡到孙友田"母爱三部曲"另两篇文章的阅读。】

二、感知体验——阅读拓展,品味"母爱"

1. 学法回顾

读一读:用你喜欢的方式阅读文章。

找一找:文章中作者是通过哪些事例来表现母爱的?

画一画:文章哪些段落或语句打动了你?画出来,并作批注。

想一想:作者笔下的母爱是什么?

2. 学生自主阅读

3. 小组内交流分享

4. 全班汇报交流:文章中哪些事、那些词句打动了你?

(1)送羊肉

谁知她脱去棉袄,松开腰间扎得很紧的绳子,从背上卸下一块用白布裹着的东西,她颤巍巍将那东西放在案板上,摊平、展开,呵,我和妻子都愣住了:一块肥美的羊肉!

师:母亲腰间的绳子为什么要扎这么紧?如果掉下来会有什么后果?

师:从这些细节中,我们感受到母爱是——藏在身上的羊肉,是——不辞辛苦的付出。

这十斤羊肉伏在母亲宽宽的背上,在春寒料峭的3月,从黄口到贾汪历时一昼夜,行程二百里,母亲为此弓腰驼背,母亲为此步履蹒跚。

师:背着十斤羊肉这么长时间,走这么远的路,母亲累吗?此时,她会想些什么?是什么支撑着她?

师:时间漫长,路程遥远,母爱是——日夜不停地奔波。

师:"弓腰驼背""步履蹒跚"让我们感受到了浓浓的母爱,能读出来吗?(生自由朗读)

师:让我们一起记住这感人的画面。(配乐诵读)

这十斤羊肉

伏在母亲宽宽的背上,

在春寒料峭的3月,

从黄口到贾汪

历时一昼夜，

行程二百里，

母亲为此弓腰驼背，

母亲为此步履蹒跚。

（2）拔茅草

我和妻结婚的那年初冬，她来矿上，看到我们床上只铺着薄薄的褥子，就瞒着我们只身爬上了矿区的东山，见草就拔，一个下午就拔了一大捆白茅草，硬是从山上背下来。妻子见了又心疼又生气地埋怨她："娘，那山上有狼！"母亲却轻轻一笑，说："什么野物都怕活人。"

师：你关注了这件事，哪些细节打动了你？（生交流）

师：母爱就是——无所畏惧地付出。

（3）拆羊肉

几个孩子围了上去，母亲撕一块填在这个嘴里，又撕一块填在那个嘴里，像喂她的一窝小鸟。转瞬间，一条羊腿只剩下一盆羊骨头。

师：说说你的感受。（生谈感受）

师：是啊，母爱就是——担心你吃不饱，穿不暖。

（4）纳鞋底

自从我学会走路，就穿她做的布鞋。鞋面是她织的粗布，纳鞋底用她纺的线绳。为了我一双爱动的赤脚，常常熬红她的眼睛。直至以后，我出外上学了，工作了，还仍然穿她做的布鞋。

师：读出你的感动。

师：一双双布鞋浸润了母亲多少爱，踩碎了她多少不眠之夜。

（5）关爱孙女

夏天蚊子多，她让孙女睡在软床子里。所谓软床子，是用绳子编起来代替床板，人躺上去就如躺进网兜里。母亲睡在孙女身边，不停地用扇子赶着蚊子，嘴里还唱着动听的童谣。后来女儿告诉我："奶奶睡在床框上，那床框就是一根木头。"

师：母亲爱我，爱孙女，这是爱的传递。

……

5. 仿写小诗：

母爱是什么？

母爱是一首首动听的歌谣，

　　　　是一个个神奇的故事，
　　　　是一支支幽默的童谣，
　　　　是一则则有趣的谜语。
　　　　母爱是月光下的启蒙。

　　　　母爱是什么？
　　　　母爱是_____，
　　　　是_____，
　　　　是_____，
　　　　是_____……
　　　　母爱是不求回报的付出。

6．学生交流诵读自己写的小诗

【设计意图：根据阅读的方法，学生自主阅读文章。以"母爱"为纵线，在感知文章内容的基础上，引导学生抓关键词句谈体会、抒情感，于细微之处感受母爱的伟大与无私。以"小诗"为横线，在对话探究的基础上仿写小诗，培养了学生的高阔能力，创造了情智共生、情美共生的境界。】

三、对话探究——阅读统整，升华"母爱"

1．对比阅读，加深认识母爱

（1）快速浏览三篇文章，完成填空：

　　从《月光启蒙》中，我们看到了一位_____的母亲；
　　从《迎接母爱》中，我们看到了一位_____的母亲；
　　从《母爱似水》中，我们又看到一位_____的母亲。

（2）出示三篇文章中最能表达母爱的语句，感情诵读，再次感受母爱的伟大和作者对母亲的怀念之情。

　　幼小时在母亲怀里，长大了在母亲心里，离家后在母亲梦里。游子走到天涯海角，也走不出慈母那关切的视线。

　　母亲的爱如春天里飘洒的小雨，如青石中流出的甘泉，滋润万物，细微周到。

　　母亲用歌谣把故乡的爱，伴着月光给了我，让一颗混沌的童心豁然开朗。

（3）母爱如歌，浅吟低唱；母爱似水，滋润万物。就这样一位温柔、智慧、慈祥、勇敢的母亲，现在连她最爱的儿子都不认识——（师配乐诵读）

　　母亲患了老年痴呆症，失去了记忆。我赶回老家去看她时，她安详地坐在藤椅里，依然那么和蔼、慈祥，但却不知我从哪里来，不知我来干什么，甚至不知我是谁。不再谈她的往事，不再谈我的童年，只是对着我笑，笑得我泪流满面。

师：看到此时的母亲，你又有什么感受？

师：这是原文《月光母亲》开篇第一段，作者为什么要写这一段话？（母爱伟大，可贵，一去不复返；通过对比的手法，形成反差，更衬托出母爱的伟大）

2．联系生活，表达母爱。

（1）课件播放生活中众多"母爱"的镜头，师配音：孩子们，母爱无处不在，母爱时刻充盈着我们的生活。母爱是孟母三迁和临行密密缝的针脚，母爱是遮风挡雨的关怀，母爱是哭泣时的安慰与鼓励，母爱是离别时依依不舍的泪水，母爱是危难时刻的义无反顾……

（2）爱，就大声说出来！同学们，此时此刻我们一定想到了自己的母亲，在你的生活中，母爱又是什么呢？

母爱是什么？

母爱是＿＿＿＿＿＿，

是＿＿＿＿＿＿，

是＿＿＿＿＿＿，

是＿＿＿＿＿＿。

母爱是无以回报的恩情。

（3）谁言寸草心，报得三春晖。孩子们，让我们从现在开始，好好地爱自己的母亲，学会爱，理解爱，表达爱，回报爱，不让爱留下遗憾……

【设计意图：统整阅读，找准阅读的切入点，抓实阅读的侧重点，同中求异，异中求同。升华"母爱"之后，笔锋一转，配乐诵读描写老年痴呆后母亲的语句，形成巨大反差，激发学生情感共鸣——作者内心的痛苦和对母亲的怀念之情。生活中"母爱"的镜头，唤起学生生活体验；情动而辞发，学生畅谈自己的"母爱"，让"爱"在孩子们心中生根发芽。】

四、建构生成——阅读推荐，延伸"母爱"

同学们，今天我们沉浸在孙友田的文字里，感受到浓浓的母爱，其实写母爱的文章还有很多很多，老师给大家推荐阅读梁晓声的《母亲》一书，下周举行读书汇报会。

【设计意图：课外阅读是语文教学在课外的延伸。教者关注学生的阅读体验，在由一篇课文拓展到一组文章的基础上，推荐一本书的阅读，进一步拓展了学生的阅读空间，提升了学生的自主阅读能力，夯实了学生的语文素养。】

点亮更加灿烂的生日烛光
——《让生日过得更有意义》语文综合实践课堂教学实录

教学目标：

1. 通过实践活动，帮助小学生树立正确的生日消费观念，培养学生勤俭节约的好习惯，让学生懂得怎样过生日才有意义。

2. 培养学生自主、合作、探究的能力和开放的视野；培养学生社会交往能力和组织表达能力，促进个性发展。

3. 增强学生的亲情、友情意识，帮助学生树立正确的价值观、人生观。

教学过程：

一、情景导入，回忆快乐时光

1. 师：同学们，今天让我们再次踏上实践之旅，我们的口号是——我实践，我体验，我快乐，我成长！（生齐诵）

2. 师：今天，我们实践的话题是什么呢？请看"超级联想"——（课件依次出示提示）一年一度—热切盼望—收到礼物—又长大了（板书"生日"）

3. 师：生日，是我们快乐成长的记录点。现在就让我们一起走进那温馨的时刻。（播放《生日快乐歌》）

4. 师：孩子们，生日歌响起来了，让我们一起唱起来吧！

5. 师：伴随着这快乐的旋律，大家一定想起自己过生日时的情景了吧？谁来说一说，让我们一起分享你的快乐。

6. 学生交流，师适时评价。

生1：我十岁的生日是在永林国际大酒店举行的，爸爸妈妈邀请了几百位亲戚朋友，还专门请了吉祥鸟婚庆礼仪公司做了安排……

师：这么隆重，排场这么大，你爸爸妈妈一定特重视你的生日，你一定很开心吧！

生2：我的十一岁小生日是在家里过的，爸爸妈妈为我买了蛋糕，我在灿烂的烛光里，许下了美好的愿望。

师：看来你过了一个温馨的生日。还有吗？

生3：我过十岁生日时，我邀请了许多好朋友，我们一起唱生日歌，一起吃蛋糕，一起做游戏……

师：亲密的朋友相聚，共享友情和生日的快乐！

生4：我十岁生日那天，收到了爸爸妈妈为我买的生日礼物——钢琴。

师：特别的礼物，寄托着父母对你的期望！

生5：我十岁生日那天，爸爸妈妈为我买了一套"冰心儿童文学新作奖获奖作者丛书"。

师：好书是我们进步的阶梯！

生6：我十一岁小生日那天，妈妈做了许多菜，爷爷、奶奶、爸爸、妈妈和我欢聚在一起，共享生日晚宴。

师：多么美妙的时光啊！

……

7. 师：同学们，每年我们都要过生日，每一个生日都充满了温馨和祝福。温馨的生日场景令人陶醉，让人快乐，快乐之余我们又该思考些什么呢？今天我们一起研究如何"让生日过得更有意义"。（师补充板书课题）

二、感知体验，了解生日消费

1. 课前调查情况反馈

师：课前，同学们已经进行了一系列的调查、访问工作。（出示调查表）老师一共收到了40份调查表，并将大家的调查结果进行了统计。（出示统计结果）

调 查 表

★请在相应的选项上打"√"。

1. 你的生日和 _____ 一起过的。
   A. 家人　　　B. 同学　　　C. 亲戚朋友　　　D. 其他人

2. 你的生日在 _____ 地方过的。
   A. 饭店　　　B. 家里　　　C. 肯德基或麦当劳　　　D. 其他地方

3. 父母送给你的生日礼物是 _____ 。
   A. 衣服　　B. 玩具　　C. 书　　D. 一顿肯德基或麦当劳　　E. 其他

4. 你认为生日的意义是 _____ 。
   A. 大吃大喝一顿　　B. 轻松的玩一玩　　C. 可以得到想要的礼物　　D. 其他

师：看了这样的统计结果，你有什么发现？

生1：过生日邀请的亲朋好友很多；

生2：大部分同学的生日是在饭店里过的；

生3：过生日可以收到很多礼物；

……

2．学生自己生日消费调查。

师：是啊，生日消费在我们生活中已经成为一种普遍的现象。现在请同学们拿出第二份调查表，我们自己过生日又花了多少钱？让我们把课前准备的材料在小组内交流，再以小组为单位，汇总一下本小组大生日和小生日的消费各是多少钱。

我的生日消费

十岁生日消费：
　　　衣服___元，礼物___元，宴请亲朋好友___元，其他___元。
　　　　　　　　　　　　　　　　　　　　　　　合计：___元

小生日消费：
　　　衣服___元，礼物___元，宴请亲朋好友___元，其他___元。
　　　　　　　　　　　　　　　　　　　　　　　合计：___元

师：现在让我们了解一下全班同学的生日消费情况。

小组汇报统计结果，教师汇总，给学生一个直觉上的冲击。（估计全班的十岁生日消费在15万元左右，小生日消费在3万元左右）

师：看到这些数字，你又有什么想法？

生：不算不知道，一算吓一跳，原来我们过生日要花这么多钱。

师：面对日益攀比、大手摆阔的生日消费，我们的家长又是怎样的态度呢？（播放家长表白录像）

家长甲：小学生的生日越来越被父母重视，生日场面越来越隆重，生日礼物越来越贵重，生日消费的金额日趋上涨，孩子过生日对许多家庭来说已经成为一种负担。

家长乙：每年给孩子过生日应该说是好事，问题是怎样过生日才有教育意义。一些孩子过生日变成了"花钱日""大吃大喝日""请客日""大量购物日"。过生日这天，孩子成了"一家之主"，家人尽量满足孩子的要求。结果过完生日，孩子获得了"大丰收"，而父母既劳命又伤财，这样过生日对孩子的健康成长又有什么好处呢？

师：随着生活水平的提高，我们改善自己的生活无可厚非；通过一定的方式，庆祝自己的生日，同样无可非议。但是，过生日盲目攀比，大把花钱，给许多家庭带来了沉重的负担，给我们的孩子也带来了许多负面的影响。那么，到底怎样过生日才有意义呢？

三、对话探究，逐步形成共识

1. 中外对比

师：首先让我们一起来看外国小朋友是如何过生日的

（1）加拿大的孩子过生日自己动手做蛋糕，邀请亲朋好友共同品尝。

（2）日本的孩子过生日，接受生命的珍爱教育，让心灵得到一次净化，去珍惜生命中的分分秒秒。

（3）日本动画片中的樱桃小丸子在她生日那天，送给亲人们一些"生日免费服务券"，如送妈妈免费洗衣券，送爷爷免费捶背券等。

师：外国小朋友的生日过得有意义吗？哪些方法值得我们学习？

生1：加拿大的小朋友过生日自己动手做蛋糕，培养了自己的动手能力，体会到劳动的快乐，邀请亲朋好友共同品尝，懂得了分享的快乐，真是一举两得。我们再过生日时，可以自己动手做菜，和父母共享。

生2：过生日接受生命的珍爱教育，让我们懂得生命的珍贵，可谓意义重大。

生3：我们过生日时都是父母为我们忙前忙后，似乎这都是天经地义的事。樱桃小丸子让我明白：我们的生命是父母给予的，我们的生日正是母难日，在这一天我们更应该懂事，用自己行动回报父母。

……

2. 现场采访

师：是啊，外国小朋友过生日的方法给予我们许多启发，那么，生活中还有哪些有意义的过生日方法呢？让我们拿出采访记录卡，带上钢笔或录音设备，准备现场采访我们客人老师。

（1）出示采访小建议：

①可以采访不同年龄段的老师；

②采访时注意礼貌用语，做到大方、不拘谨；

③及时做好采访记录。

（2）学生下位采访客人老师。

（3）学生小组内交流从老师处得来的生日秘籍。

3. 生日金点子交流

师：了解了外国小朋友怎样过生日，现场采访了客人老师，现在你又有什么想法，我们怎样过生日才更有意义呢？——下面请同学们亮出自己的"生日金点子"。

生1：不向父母要贵重的礼物。

师：你真是个懂事的孩子！

生2：建议家长不摆宴席，在家中和父母、好朋友举办一个简单的生日 party 就行。

师：你真是个勤俭节约的好孩子！

生3：生日那天，我做主人，请同学、好朋友来家做客，请大家吃点心，玩有趣的游戏。

师：邀请同学朋友分享你的生日快乐，又注意到了节俭。你真会当家！

生4：生属相同、出生月份相同或爱好相同的同学过集体生日，自己动手做一份生日小礼物，加上祝福的话，送给最要好的同学。集体买一个大蛋糕，大家一起许愿，一起表演节目，一起分享生日的快乐。

师：打破"传统"，勇于创新。

生5：为妈妈做一件事。我们的生日，就是母亲的受难日。我们可以在自己生日这天给妈妈做一件小礼品，写一封感激妈妈的信，帮妈妈洗衣、做饭等。

师："谁言寸草心，报得三春晖。"你真是一个懂得感恩的好孩子！

生6：到向往已久公园等地方游玩。和爸爸妈妈一起出去游玩，拍一些照片，建一个"生日影集"。

师：让大自然见证你的快乐，用照片记载你的幸福。

生7：让家长带我去参观科学宫。

师：走近科学，认识科学的神奇力量。相信你长大后一定能成为一名科学家。

生8：栽一棵小树。在生日那天，和爸爸妈妈一起种植一棵树，给地球多增添一片绿色。

师：种一棵树，添一片绿，让小树见证自己的成长。

生9：建立"生日小银行"，把自己收到的生日礼金存起来，等将来上大学时使用。

师：你真是一个理财小能手。

生10：奉献爱心，帮助家庭有困难的学生。

师：给人玫瑰，手留余香。你真是一个有爱心的孩子。

……

4. 补充"捐款"报道

师：谈到奉献爱心，老师不禁想到我们学校张琪浩同学十岁生日那天捐献生日礼金的事，下面请同学们看相关媒体报道。

本报讯（以勇、德群）4月20日下午，建湖县实验小学少先队大队部向全校师生发出倡议，号召广大师生向青海玉树地震灾区人民献上一份爱心。第二天，学校的200多名教师和5600多名少先队员立即行动起来，进行献爱心捐款活动。当天，全校师生累计捐款89944.60元。<u>其中五（4）班张琪浩同学捐款十分积极。汶川地震时，他把自己过十岁生日的9600元礼金全部捐给了灾区人民，这次他又把自己的3000元压岁钱全部捐了出来。</u>他这种助人为乐的行为充分反映了实小学生良好的精神风貌，弘扬了中华民族"一方有难，八方支援"的传统美德。

师：张琪浩同学在自己生日这天奉献自己的爱心，将9600元生日礼金全部捐给灾区人民，我们说他的生日过得有意义吗？

四、建构生成，唱响心灵诗篇

师：同学们，每一个生日都标志着我们又长大一岁，为了这个属于自己的年轮，我们更应懂事，更应珍爱自己的生命，更应努力进取。学会感恩父母，学会节俭、简单、不攀比，过一个愉快、有意义的生日。今天虽不是你们的生日，但老师欣喜地看到我们班的同学在今天都长大了，更懂事了。愉快的实践之旅就要结束了。最后，老师送一首小诗与同学们共勉：（轻音乐）

师生齐诵：

> 每一个生日
> 都是我们的人生驿站
> 每一个生日
> 都是崭新的起跑线
> 每一句祝福
> 都饱含温柔和关爱
> 每一支烛光
> 都摇曳出一季繁华
>
> 让我们
> 感激生命中的亲情
> 让我们
> 永远铭记生命中的友情
> 让我们
> 怀着一颗感恩的心
> 爱别人，爱自己，爱生活！

附：

采访记录

采访时间：_____
采访地点：_____
采访对象：_____
采访者：_____

采访过程：

　　老师，你好！我是建湖实小五（4）班的×××。现在我想就"生日"这个话题向您提几个问题，好吗？

问：请问老师您小时候的生日是怎样度过的？
答：_____
_____

问：老师，您的孩子再过生日，您打算怎么庆祝？
答：_____
_____

谢谢老师，再见！

采访收获：_____
_____
_____

关注生活 表达生活
——《纸和我们的生活》习作指导教学设计

设计理念：

孔子曰："知之者不如好之者，好之者不如乐之者。"新《课标》强调：写作教学应贴近学生实际，让学生易于动笔，乐于表达，应引导学生关注现实，热爱生活，表达真情实感。因此教师应激发学生写作兴趣，要积极引导学生开发生活中的作文资源，让学生亲身体验，真切感悟，调动一切写作的积极因素有效运转，打开写作思路，让学生作文充满真情，使整个作文教学充满生命活力，从而提高作文教学的效率。

教学目标：

1. 让学生了解纸的有关知识以及与我们生活的密切关系。
2. 以纸为载体，激发学生的表达欲望，训练学生的说写能力。
3. 在活动中培养学生语言表达能力，丰富学生的想象能力以及动手操作能力。
4. 激发学生的民族自豪感，增强环境保护意识。

作前准备：

1. 通过调查、访问等各种渠道广泛收集有关纸的历史、种类、用途和原料等方面的资料。
2. 收集生活中各种各样的纸。
3. 注意观察、调查班上的同学每天用纸情况。

教学过程：

一、联系生活，动人心弦

在四年级时，我们曾经一起参加了"纸奶奶"的生日宴会，对纸的世界充满了好奇。今天，我们再一次走近纸的世界，走向我们的生活，去了解纸和我们生活的关系。

二、再现生活，七嘴八舌

1. 回顾纸的历史

（1）以小组为单位，推选代表交流收集的相关资料。

（2）师播放多媒体课件，让学生认识蔡伦和我们的四大发明，增强学生的民族自豪感。

2. 交流纸的用途

（1）在日常生活和学习中，哪些地方要用到纸？

（2）师课件展示日常生活和学习中常用的纸品。

（3）展示班上同学每天用纸的调查结果。

3. 展示纸的种类

（1）师课件展示"资料卡"：纸的种类特别多，目前我国的纸就有500多种。

（2）学生展示课前收集的各种各样的纸。

4. 再现纸的加工原料、过程

（1）学生交流收集的有关造纸原料以及加工过程的资料。

（2）师多媒体播放造纸的过程。

（3）学生讨论：造纸给环境带来了什么影响？通过讨论增强学生的环保意识。

【设计意图】要让学生描绘生活，必先让学生走进生活，激活心中的生活体验。学生受到特定气氛的感染，"情动"而"辞发"，亦为下面的个性化创造、个性化表达奠定基础。

三、展望生活，奇思妙想

1. 师：未来的纸是什么样子的？它又能给我们的生活带来哪些方便呢？

2. 学生大胆想象、交流未来纸的样子和作用。

3. 评比"小小创造家"。

【设计意图】将课堂变成"舞台"，通过师生互动，建立了一个和谐、民主的教学氛围。重视学生收集和处理信息能力培养的同时，进行创造性的想象，在整个过程中，对学生而言，实现了心态的开放，主体的凸现，个性的张扬，创造性的解放。

四、创造生活，身体力行

1. 学生谈废纸的妙用：包书面、折纸、剪纸……

2. 展示同学们的纸工艺品，评选"节约用纸小标兵"。

3. 师导行：废纸不可乱抛，可回收再利用。这样既充分发挥纸的作用，变"废"为"宝"，又清洁了我们的生活环境。

【设计意图】"体验"是"生活作文"的重要历程。它强调的不仅是用自己的眼睛看，用自己的嘴巴说，还要用自己的手去操作。它将学生的作文过程与生活实践融为一体。"创造"则是学生个性化表达必经之路。它通过精心创设生活情境，激发学生的创造活力，让学生在愉悦的境界里重构生活，体验创造的乐趣，体验作文的快乐。

五、下笔成文，描绘生活

1. **迁移**。今天的活动有趣吗？想不想把自己心中的快乐和感受与朋友、亲人一起分享呢？

2. **定向**。你打算告诉他们些什么？
3. **导写**。无论你选择哪一方面的内容来写，都要写清楚，写具体，语句通顺。
4. **拟稿**。学生选择自己喜欢的内容动笔写作。

【设计意图】从学生的生活入手，引导学生感悟生活，充分体验生活的乐趣，使学生产生欲罢不能的表达欲望。此时习作已成为学生的一种自觉行为，"我要写"真正代替了"要我写"。同时，习作应该是学生个性驰骋、自由发展的天地；每篇文章都应该是学生自己对生活的真实感悟，是内心世界的真实表白。

附下水文：

纸和我们的生活

建湖县实验小学五（4）班　崔纬

在我们的生活中，有许多各种各样的纸，它们是我们日常生活中不可缺少的一部分。大白纸、餐巾纸、宣纸、包装纸……它们各有自己的用途，为我们的生活提供了方便。

回想过去，当蔡伦利用有限的工具和无限的智慧制造出第一张纸时，作为炎黄子孙、龙的传人，我们难道不热血沸腾吗？听着老师的讲述，我的心中蓦地涌起了强烈的民族自豪感。

人类的步伐在不断前进，纸也在飞速发展。时至今日，纸的家族真可谓是五花八门，仅中国的纸就有500多种。如今，纸进入了一个繁华时代，各种各样的纸走进了我们的生活。不可忽视的是，许多不法商家在"纸"利益的驱动下，忽视了造纸对环境的污染。废弃的原料四处乱抛，黄褐色的废水到处横流……

展望未来，在科技发达的时代，纸仍然是我们生活中的良友，它们仍会大显身手。经过特殊的加工，纸会发出更加灿烂的光芒。它们可以造桥、砌房子，可以制成飞机、汽车，甚至还可以制成各式各样漂亮而又结实的衣服……

是的，纸是我们生活中不可缺少的一员，随着科技的发展，我们一定会"扬长避短"，让纸更好地为我们服务。

涵化随笔
生活点滴

"人文管理"疗治教师"心理疲惫"

【背景介绍】

曾经，某市随机对12所学校近600名教师进行了心理健康状况的调查，结果显示，23%的教师有轻度心理障碍，14%的教师有中度心理障碍，21%的教师已患有心理疾病。其表现是，在家里时常莫名发火，脾气很大，感到无比烦躁和焦虑，身心得不到放松。在学校对学生有耐心，而对自己孩子的学习则缺乏耐心，严重的还打骂。有71%的教师感到工作的压力很大，57%的教师对自己从事的职业缺乏认同感，觉得自己的辛勤付出与实际所得不成正比，缺少成就感。

【案例描述】

一系列调查后触目惊心的数据已经显示，当前教师身心健康状况不容乐观，大多数老师由于各方面的原因正承受着沉重的心理压力！

一直以来，传承文化、培育人才，教师被赋予了崇高的地位。然而，随着社会生活节奏的加快和教育体制改革的不断深入，部分学校过分强调强制性行政管理的思想，学校管理者和教师、学生都沦为了活的工具，都被动地应付着各自的上级布置的任务，而忽视人的主动性、创造性，人们把这种制度管理称之为所谓规范管理、精致管理。在规范管理、精致管理的高压下，教师的工作越来越繁忙，工作强度和压力也越来越大，以至于许多教师出现了不同程度的身心疲惫状态。如果教师长期在亚健康和不同程度心理问题中挣扎，又怎样为学生"传道、授业、解惑"呢？教师没有健康的心理，又如何促进教育的健康发展？

【案例分析】

通过调查发现，当前中小学教师的心理压力比新课程改革未实施以前更大了，具体说来其心理压力主要来源于以下几个方面：

1. 繁重的工作负担，让教师"应接不暇"

备课，上课，作业批改，学生辅导、教学反思，课题研究，政治学习，业务学习，教育叙事，读书心得，案例分析，论文评选，公开课、研讨课，听课、评课，各种教研活动，各种培训活动，教育违纪学生，接待家长，参加各种各样的会议，应付各种各样的检查，组织学生参加各种各样的竞赛，教师的个人进修、继续教育……教师的工作特点决定了他们8小时以外还要工作。不同层次的管理者，由于各种原因，工作的措施缺乏科学性、针对性、有效性，导致教师的工作量不断算加法，负担愈来愈重。众多头绪的工作让教师眼花缭乱，应接不暇，苦不堪言。无奈之下，教师只有默默地忍受，只有麻木地应付。再加上如今一家一户大多只有一个小孩，每个家庭对自己的孩子都寄予太多的希望。"万般皆下品，唯有读书高"，传统的观念仍然成为许多家庭的价值取向。上好学校、读好书、找好工作，是社会普遍认可的子女最好的发展轨迹。面对家长太多的期盼，学校承载着家长太多的希望。为了不辜负家长的期望，学校要通过一系列措施提高学生的成绩，发展学生的能力。而这些都需要学校教育教学的主体——教师去完成。这样，学校的压力又内化为教师的压力，成为教师挥之不去的沉重负担。

2．领导的家长作风，使教师"如履薄冰"

一所学校的管理是否能够给教师提供一个教育教学的良好氛围和环境，会直接影响教师的心理承受能力。部分学校领导存在急功近利的思想，人为地给教师们制造了不合理也不合法的压力，不仅压力没有转化为教师工作的动力，反而使一些心理本身比较脆弱的教师因压力过度而导致心理危机。比如学校领导在举例表扬时，常以那些带病工作、主动放弃婚假之类的教师为标榜。显然，这些领导并没有把老师的生命和健康挂在心上，没有把教师当成有生命的人看待。一些领导还常常不顾教师的心理感受和尊严，随意训斥冷淡教师，甚至整天手拿"待岗""交流"的大棒吓唬老师们，这使当前教师队伍中普遍蕴蓄着一种长期积压的愤懑，这严重影响着我们教育事业的发展。

3．僵化的考核机制，给教师"三环五扣"

现在的学校普遍重视教师教育教学工作的过程管理，在指导或考核上存在过细过死的缺点。如对教师的考核管理从早到晚的签到签退，到每课的教学反思次数、每周听课次数、每周业务学习笔记的篇数、学生作业设计与批改、辅导笔记，等等，但凡是教师的工作，都有相对应的考核制度与细则（有些领导者还美其名曰"精细化管理"）。过细的量化考核不仅无法调动教师工作的积极性，反而使教师工作越来越消极，一切工作都围绕考核的分数运转。不完善的考核制度是产生教师心理问题的一个主要原因，严重地干扰了教师工作的自主性，使教师创造性的工作变为简单的机械性劳动。

4．不合理的激励方式，令教师"心灰意冷"

教师的工作投入与收入不成正比，是导致心理失衡的主要原因。许多学校为了刺激教师的工作干劲，对教师的工作业绩进行物质刺激。但在发放方法上存在较大的缺陷，如人为地拉大奖金差距，使部分教师工作投入得不到合理的回报，使多数教师感受不到成就感。更有甚者，受社会腐败风气的影响，部分学校在教师考核、评优推先、提拔干部等方面，搞"近亲繁殖"，过多地照顾关系，考虑亲疏，使工作突出的同志感到寒心，丧失工作热情，产生失落情绪，久之因压抑而产生心理问题。

【解决方案】

"现代型"学校要求学校管理要"以人为本"，把人与人的发展作为处理和解决问题的首要原则。而人文管理是指从人的情感、需要、发展的角度来理解管理，实施人文管理符合社会和教育的本质。规范管理和人文管理能从不同方面产生不同的效果，在学校管理中不可偏废。良好的心理素质是教师从事教育事业、享受美好生活的重要条件。要想解决教师身心压力，必须"对症下药"，才能行之有效地处理问题、解决问题。

1. 切实减轻工作负担，为教师"松绑"

教师减负，是学生减负的前提。只有解放教师，才能解放学生。首先，要减去教师额外的负担，消灭"土政策"，如一些学校制定的必须会制作课件、必须有教科研立项课题、必须每年发表一定数量的论文、必须辅导学生获得一定数量的县市以上竞赛奖等。其次，改变绩效管理。充分发挥教师的主观能动性，尊重老师个性化的工作作风。学校的量化考核应从注重数量转向质量。再次，去除无效劳动。例如，教案检查是一项常规管理，为了应付，许多老师花费大量时间用于写教案（大多教师是抄写教案），而真正用于思考的时间很少。有些学校规定教师的课堂教学必须使用多媒体课件，老师课前要花费大量时间制作课件，而对于是否每堂课的教学都需要课件，使用课件后的效果到底如何，连教师自己也感到茫然。因此，在实际工作中，我们应该尽量剔除"抄写教案"之类吃力不讨好的事情，尽量减少检查、评比的次数，尽量做些对教育教学质量提高有益的事。最后，减少无效会议。有些学校硬性规定一星期集中开大会三四次，小会随时有，至于会议召开是否有必要充耳不闻、视而不见，浪费了教师大量宝贵时间。于是老师们谈"会"色变，参加一次会议就是经受一场煎熬。作为学校，应该尽量减少会议数量、压缩会议时间、控制会议规模、改革会议形式，努力提高办会水平。真正做到少开会、开短会，少讲话、讲段话，少发文、发短文，重制度、抓落实。

2. 确立人本管理思想，给教师"快乐"

在学校管理工作中必须有规章制度，规范管理是保证管理合理性的必要前提和基础，但它忽略了"人本"这一理念。学校管理的核心是人，教师是一个个活生生的人，他们有思想，有感情，有独立的人格，有各种需要，渴望自身价值的实现——这些正是作为生命体的人的主要特性。学校内部管理机制的优化，关键在于张扬人性管理，树立为教师服务的思想，激发教师的热情，让他们安心、舒心、热心、尽心地投入到工作之中。学校管理要正视这特性，在注重管理的科学化、有序化的同时，确立生命意识，关注生命，以教师的发展为本，树立人本主义的现代教育管理理念，进行民主管理。学校领导要发扬民主作风，尊重、信任教师，确立教师在学校中的主体地位。要加强与教师的情感交流，建立起民主和谐的人际关系，使教师心情舒畅地投入到工作之中。学校召开的会议要弱化行政意味，强化研讨气氛，让教师有机会表达自己的意见、观点，避免一言堂、家长制的会风压制教师的思想。设立教师与领导的交流平台，及时交流、交换意见，消除思想隔阂，以便彼此都能"打开窗户说亮话"。举办各种文体活动，增强教师间的交流机会，形成团结、竞争、进取、活泼的团队作风……让教职工在充满人情味的校园文化中，怀着快乐的心情为学校工作。

3．建立多元化评价机制，给教师"信心"

"评价最重要的意图不是为了证明，而是为了改进。"（斯塔费尔比姆）不能把领导对教师的考评或学生对教师的考评作为唯一的评价标准；要将过去偏重教学结果的终极性评价，改变为重视教师发展过程的发展性评价；要改变单一的评价模式为多元的评价模式。对教师的考核奖励，要把金钱物资的激励与精神上的满足结合起来；不要规定教师工作的硬性指标，如规定升学率要达到多少才算完成任务等；不要硬性规定教育手段和教学方法，毕竟教师不同，教育对象不同，教育学科和内容不同，教育教学方法也就可以不一样，教学有法，教无定法，贵在得法……评价教师，不仅要看教学成绩，更要注重教学态度、教学过程、教学行为及教师对学生综合素质和创新能力的培养等。要重视对教师正面的激励作用，鼓励他们终身学习，鼓励他们开展教学研究，不断促进他们向研究型、发展型转化。

4．充分提供平台，给教师"动力"

"十年树木，百年树人。"教育是一个长期的、渐进的过程，学生的成长不仅与教师相关，也与学校管理者有关。教师作为一个人，需要是多层次的，如生活方面的需要，政治方面的需要，学习、进修的需要，文化娱乐的需要，发挥个人才能的需要等，管理者应该满足教师的合理需要，才能充分调动他们的积极性，挖掘他们的潜力，才能真正调动教师内在的动力。教师作为办学的关键因素，是决定办学质量的重要条件，只有高素质的教师队伍，才会有高水准的教育质量；只有教师自身素质的发展，才会有学生的发展和学校的可持续发展。学校管理者要通过校本培训等方式创造各种机会，提供舞台，构筑教师自我发展的能力，促进教师专业能力和终身潜力的可持续发展。同时，要重视教师群体的作用。任何一个学生的全面发展和成长进步，都凝聚着众多教师的智慧和汗水，教师劳动的成果具有集体性。因此，要培养教师对学校的认同感和对教育事业的共同责任感，形成强大内聚力和整体合力，促进全体教师协调合作、和谐发展。

交流之"痛"
——浅谈义务教育均衡化目标下的城乡教师交流

没有公平，就没有正义。没有教育公平，就没有真正意义上的社会公平。因为教育是奠基工程，是民族振兴的基石！如今，虽然教育公平已引起各级政府的重视，均衡教育也成为推进教育均衡的重要举措，但城乡之间、学校之间的办学条件，尤其是"软件"——师资力量仍然存在较大差距。实现教育公平必须突破城乡教育悬殊这一重要瓶颈，加大统筹城乡教育、区域教育发展的力度。当前，推进基础教育的均衡发展，已成为新时期的重要任务。"谁赢了今天的教师，谁就赢得了明天的学校教育"。教师在教育教学中起着重要的作用，教师队伍的均衡在推进"均衡教育"中就显得尤为重要。自2011年开始，我县积极实施联盟办学，加大城乡教师交流力度，让县城教师下乡"传经"，农村教师进城"学艺"，城乡学校帮扶、教师"双向流动"，从而促进了师资队伍的均衡，充分发挥了骨干教师的辐射带动作用，有力推进了全县义务教育的均衡发展。

身为交流教师中的一员，对"交流"的积极作用有着切身的体会。但是，跳出"角色"，以旁观者的眼光审视"交流"，不难发现，当前城乡教师交流还存在一些亟待解决的问题：

一、城乡教师交流中存在的问题

1."城下乡"的利益性问题

城乡教师交流对象的产生，虽力求动员老师们自主申报，但事实上大多还是在教育主管部门的主导运作下进行，究其原因，因为"交流"触及对利益相关者既得利益的调整。城乡的差别是客观存在的。"交流"肯定会造成县城优质学校或教师个体既得利益的损害，所以这些学校或教师个人会对交流采取消极的应付甚至是抵制行为，从而阻碍交流制度的良性运行。

首先，县城优质学校参与师资交流的积极性不高。城乡教师交流，农村学校可以获得优质的师资，而县城学校在一段时间内将失去这部分优质师资，校长们担心会影响学校的教育教学质量，因此对"下派式"的交流采取消极应付的态度。其次，客观上城乡交流会让"下派"老师的个人利益受损：城乡教师交流，县城参与交流的教师迫不得已要离开原来"优质"岗位，从"米箩"跳到"糠箩"里，使原来的既得利益受到损失，从而引起这些教师的极度不满或强烈抵制。

2. "城下乡"的实效性问题

教育主管部门花费大量的精力，推动教师交流工作，促进教育的均衡。但现实中，在"城下乡"交流中暴露出的一些问题不容忽视。否则，交流就会"变味"，就会事与愿违，甚至产生恶劣的影响。

一是没有"沉下去"。每年，局党委选派大量的骨干教师委以重任，寄予厚望，让他们到薄弱学校"传经送宝"，力求发挥示范辐射作用。但事实上，有些老师只是"挂名交流"。原因多方面的：有县城学校师资紧张，无法抽出人的；有关系照顾的，借"支教"之名，方便于照应自家上学的孩子或者做生意等；有的乡村学校将县城交流来的老师奉为"上宾"，在管理上碍于情面，不好意思得罪人，使得支教老师成了派出学校和接收学校两头都管不到的"真空人"；甚至出现一种"空对空"式交流：派出学校与接收学校领导商议好，交流教师打好申请报告，开学初到接收学校报个到，学年结束再填个交流考核表交到原学校，如此"有头有尾"，一年的交流工作便"大功告成"。如此无序、被动甚至虚假的"交流"，大大弱化了教师交流的初衷和效果，甚至造成了恶劣的负面影响。

二是没有"真用心"。从支教教师角度看，自身的利益是他们首先考虑的重要内容。现实是，部分县城老师"以支教之虚、谋职位、职称之实"，眼睛紧盯的是交流制度中所规定的"实惠"，而将支教的初衷——帮助农村薄弱学校提高教育教学质量抛之脑后，工作不安心，得过且过。甚至少数县直学校把支教作为惩罚手段，将平时难管理的或教学能力差、责任心不强的教师"充军发配"到农村学校，促其"反省"。显然，以上两种状况都是"乱弹琴"，必将造成教师交流制度的异化，使其失去应有的作用。

三是无法"用得上"。一所学校迎来了下派的骨干教师，而骨干教师究竟能发挥多大的引领辐射作用？我们无法肯定。现实是：交流教师奔波于城乡，每天乘车坐船要花许多时间；骨干教师家庭在县城，工作在乡镇，难免会"身在曹营心在汉"；一个在接受学校没有职务的骨干教师，他又有多少话语权？他一样要从事教育教学工作，仅凭他一人的力量是否能"四两拨千斤"？安排到一所学校交流的教师人数比较少，势单力薄，如果坚持自己的习惯和做法，可能会被其他教师视为"另类"……久而久之，骨干也会被同化。

四是不能"稳得住"。交流频繁，比例大，时间短，缺乏稳定性，将会影响学校的管理。一学年的支教，开始有个适应期，结束前还有个调整期。这样一来，交流教师用在教育教学上的时间就很有限了。然后下一学年又要派出另外一批教师支教。对于农村学校的老师而言,"人参果的味道"——县直教师先进的教育理念和管理经验,也只能是"闻闻"而已。如此周而复始地"走马观花",预期目的不但没有达到,可能还会影响到原有的良好教育教学秩序。

3."乡进城"的隐性问题

谈到教师交流,我们关注的往往大多是"城下乡"的支教,而忽略了"乡进城"老师"取经修炼"存在的问题。

一是"吃不消"。县直学校相对乡镇学校,工作节奏快,要求高,强度大。部分乡镇老师交流至县直学校,明显感到无法适应新的工作环境。加之学生家长的要求高,谈乡镇交流教师"色变",无形之中让他们感到很大的压力。有些老师"挨"了一年后,发出了"死也不到县直学校交流"的感慨。

二是"吃不了"。部分乡镇教师来到县直学校,课务没有减下来,在高要求之下,他们的各项工作往往需要更长的适应时间。学校为了提高教师素质定期举行各类培训学习,满负荷工作的他们往往无法跟得上节拍,也无法适应高标准的工作要求。

三是"带不回"。"乡进城"是让乡镇骨干教师"取经"之后,回到原校,传播"真经"。但现实中,许多"乡进城"接受培训的老师回去后还是"重复着昨天的故事"。更有甚者,"乡进城"成了个别老师的"专利"和"特权",进来容易,回去难,一连几年,稳如泰山,从而剥夺了更多老师学习锻炼的机会。

四是"掏老本"。在乡镇工作的老师,优秀者不乏少数,这些老师上进心强、求知欲旺,往往首先被选中进城交流培训。相反地,个别"城下乡"的交流的老师自高自大,甚至还不如前者。这样一来,就形成了"弱者更弱,强者更强"的局面,与城乡交流的初衷正好相反。

二、促进城乡教师交流的策略

1.规范交流程序

教育主管部门要在调查研究的基础上,根据实际情况,建立健全规范的交流程序,以保证交流工作的良性开展。一是凸显"雪中送炭"。基于均衡教育的目的和支教的性质,交流老师应以县城骨干教师为主力军,以被支教学校紧缺或薄弱的学科为主。二是激活交流方式。可根据学校和老师的实际情况设置多样的交流方式。交流时间也可根据不同的交流形式灵活安排,力求科学合理。

2. 确定支教待遇

老师的交流要贯彻自愿为主、就近交流的原则，让教师从交流中尝到甜头、深受补益，逐步成为"我要交流"的自发行动。教师交流的相关待遇可概括为两个方面：一是县教育主管部门从绩效工资总额中提取出来一部分，设立支教专项资金，用于基本补助和特别贡献奖励，重点突出后者。基本补助用交通、食宿等因交流而产生的日常开支；特别贡献奖励重在激励，根据支教的相关细则进行考核发放，真正体现"多劳多得，优绩优酬"。二是关于职称评定、职务晋升等其他的优惠待遇，要求只有实绩显著，支教老师考核结果达到优秀，才能获得相关待遇的资格。

3. 强化绩效考核

教育主管部门坚持公开、公平、公正的原则，进一步规范和完善支教老师的绩效考核制度，强化考核的力度。一是制订考核条例。考核标准应该科学、具体，以教育教学实绩为主要依据，明确划分考核的等级和相应的工作要求。二是区别对待。不同形式的支教考核的内容和方式也要有所不同，相应的考核要求还要与相关优惠待遇对应。三是严格考核。相关考核必须达到合格以上等次，才能按照规定进行奖励兑现。如果考核不合格，不仅要追究支教老师的责任，还要视具体情况追究双方学校相关领导人的责任。

4. 授权"挂职"人员

选派县城学校的副校长或中层干部挂职到受援学校，从根本上落实工作责任，使下派人员真正履行对派入学校的管理职权，增强了他们的事业心和责任感，激发了工作热情和积极性。事实上，挂职的支教老师相对于一般支教骨干教师，他们说话有一定的威信，工作也容易开展。

5. 发挥团队力量

选定交流的挂职校长后，再选拔2~3名骨干教师一同到受援学校交流任教。（同时，受援学校选拔教师到对应学校任职任教，两所学校就自然形成了对口帮扶的关系）这样，县直学校到乡镇学校参加交流工作的不仅是一位校长或一名教师，而是一个团队，一个集体，代表着派出学校的形象和水平。这样就可以借助县城学校的先进教育理念、科学管理办法和昂扬的工作状态来孵化乡镇薄弱学校，促进受援学校快速可持续发展。

6. 突出管理对口交流

骨干教师的交流对学校的教学工作，对老师个人成长的作用是不可估量的。但是学校整体工作的推进离不开管理人员管理水平和执行力的提高。因此，在下派干部的同时，可以选派受援学校副校长、中层干部到县城相对应的岗位"实习"交流，在学习先进教育理念和教学方法的同时，学习先进的管理方法，不断提升自己的管理能力。

7. 加大教师培训力度

"城乡交流"对推进师资队伍和教育的均衡有显著的效果，但始终给人有一种"杯水车薪"之感。事实上，造成师资队伍不均衡的原因和因素有很多，但追根求源，学校管理和教师培训的缺失应该是主要原因。因此，我们在加大"城乡交流"力度的同时，应该寻求一条"标本兼治"的促进师资均衡的捷径。那就是加大学校管理人员和教师的培训力度，着力提升他们的工作责任心和业务素质。只有提高管理的水平和效能，一所学校才有正气和活力；只有高质高效地培养培训教师、大力提升教师的整体素质，才能保障教育教学的良性运行，促进教育教学快速发展。

让孩子站在网课最中央
——疫情宅家期间的网课怎么上更有效

一场突如其来的疫情，让我们实现了小学生作文中"在家上课"的理想——我们的课堂被迫从学校教室转移到网络平台。实践这么长时间下来，我们都认识到网课功能的强大：可以打破时空限制，有效地进行教学资源共享；学习时间、地点灵活，不收限制；师生交流更加容易和充分等等。但网课始终少了那么一点"灵魂"——没有课堂上的愉快交流，没有眼神交汇，没有生命碰撞。作为一线老师，我们不得不思考如何上好网课，如何提高网课的教学效果？

一、未雨绸缪——课前准备精益求精

1. 做好沟通，家校合力。

在网络上学习，自主性较强的孩子足不出户就能享受到远程教育带来的便利。但是，对于部分学习积极性、自觉性不高的同学来说，确实让老师心存担忧。只有得到家长的支持，才是最有效的途径。因此，在每天浏览的文章中，我们可以选择一些能够叩击灵魂的文章与学生和家长分享，让他们认识到面对疫情和许多不确定的因素时，该如何调节自己的心态和生活节奏，适应目前的特殊形势需求。同时，教给家长和孩子沟通的技巧，以及督促孩子网上学习的方法。

2. 精诚合作，同心协力。

自从接到教育主管部门启动网上学习的通知，为确保"教育＋互联网"形势下的高质量教学效果，学校未雨绸缪，以研促教，以研促学。以级部和教研组为单位，将钉钉平台、Zoom 会议室、微信群、QQ 群变成了"教研室"，通过语音、视频等形式进行线上集体教研活动。老师们分工明确，各司其职，每一课时的课件、练习及答案都落实到专人，一气呵成，然后在群里共享，给大家提供二轮备课的脚本。力求做好学生网络学习的一切准备，努力做精"停课不停学"，确保课堂效果达到最佳。

3. 他山之石，为我所用。

过去，因为教师教学水平的差异，学生的受教育很难实现真正的"公平"。而如今

的网上授课，给众多学子创造了一个公平的学习环境。如网络平台上有许多名师优秀的成熟的课堂教学资源，我们可以结合自己的教学有选择的加以使用。采用微课和讲授相结合的形式进行"双师"授课，既可以增加学生的兴趣，感受不同老师的教学风格，又减轻了授课老师的教学负担。

二、八仙过海——课堂教学各显神通

网课初期，学生有新鲜感，坚守家中抗疫的家长也可以陪伴孩子，效果很好。但后期复产复工，父母上班，孩子的学习无人管控，孩子学习的实时动态无法掌握。此时的网课教学，重中之重是抓住学生的注意力，把他们"吸引"进线上学习。

1. 导学前置，自主学习。

课堂教学应关注学生的现状和发展需要。当天网上授课结束，告知学生第二天学习内容，并下发"导学单"，让学生提前自主学习。"导学单"对学生应达到的学习要求都给出详细说明，鼓励学生提出自主学习后不能解决的问题。如《自相矛盾》第一课时"导学单"：

一、我能读通。

自由朗读课文，读准字音，读通句子；遇到喜欢的或难读的句子，多读几遍。

自我检测：我课文读了（　　）遍，做到了：正确¨ 流利¨

二、我想提醒。

（1）易读错的字音：

（2）易写错的生字：

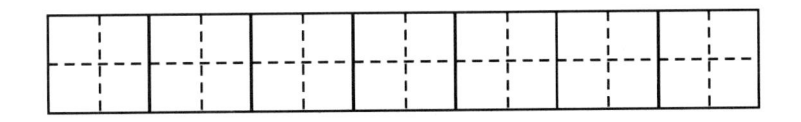

三、我能理解。

1. 默读课文，想一想加点的字的意思。

（提示：可回顾旧知想一想，借助工具书查一查，结合注释看一看，联系上下文猜一猜。）

楚人有鬻盾与矛者，誉之曰："吾盾之坚，物莫能陷也。"又誉其矛曰："吾矛之利，于物无不陷也。"或曰："以子之矛，陷子之盾，何如？"其人弗能应也。夫不可陷之盾与无不陷之矛，不可同世而立。

2. 说一说每句话的意思。

四、我会概括。

课文主要讲的是：_____

五、我会质疑。

我思考后仍不能解决的疑惑有：_____

_____

网上授课使用"导学单"，可以培养学生自主学习的能力，同时能够更好地了解学情。上课前老师通过学情反馈，对学生课前预习时的难点、兴奋点及学习心理需求等做到心中有数，进而根据学生的实际状况，及时调整学习目标，课堂教学有的放矢，让"教"更好地为"学"服务。

2. 课前激趣，营造情境。

学生进入直播间有个先后的次序，需要一定的时间。教者可以提前几分钟开直播，利用这段时间"大做文章"。可以紧扣学习内容和教学目标，课前精心设计猜谜语、讲故事、古诗诵读等活动，调动学生的学习兴趣，使其进入跃跃欲试的亢奋状态。也可以播放悦耳的音乐、如画的风景，造就学生轻松愉悦的学习心境，为课堂教学的有效开展奠定了基础。

3. 课中互动，事半功倍。

一是"露脸"上课。根据孩子们的认知规律，眼睛看、耳朵听、大脑想、手中写，经过这一系列协调的连贯过程，知识才能走进孩子心中，才能为他们所理解和掌握。当然，看屏幕上的内容也是。带有教师出镜的屏幕把孩子们带入网课，教师温暖的话语、和蔼的面孔，拉近了师生的距离，增强了孩子们对知识的渴望，一定程度上增加网课的情感效应。

二是活用媒体。网上授课，如果形势单一，仅有老师的讲授，无法调动学生学习的兴趣和热情。此时我们可以充分利用多媒体教学，让学生的视觉、听觉等知觉都参与到教学过程。如教学《七律 长征》：在《长征组歌》背景音乐的衬托下，视频播放长征途中红军战士不怕牺牲、英勇战斗的一个个感人画面。现代化的教学媒体带领学生穿越时空，置身于长征的特定情境之中。他们如临其境，对"长征"有了初步的直观认识，为后面的自读、自悟、质疑、探究做了有效的铺垫。

三是加强互动。网上授课，师生、生生之间的互动没有平时课堂上快捷、方便，我们老师往往考虑到教学进度，有意无意地弱化"互动"的功能。试想，如果一节课下来都是老师一个人在屏幕前讲得天花乱坠，又怎知学生不是在屏幕前昏昏欲睡？如此日复一日，其教学效果肯定很难得到保证。所以，直播教学时务必提醒学生提前连麦，教学中随机进行提问互动，闻其声、见其人，及时了解孩子课堂的学习状态。同时，连麦可以有针对性解答问题，避免聊天室刷屏或弹幕遮盖遗漏问题，提高教学效率。

四是及时点评。"所谓的教育就是相互影响"，即时点评，就是一种影响。在教学中，教师要有一双敏锐的眼睛，发掘学生的优点、长处，对学生正确的学习态度、完整的问题回答、好的学习结果等及时地做出回应，充分给予肯定，激发和维持学生的学习积极性和主动性。非道弘人，人恒弘道也。备课的时候，我们最好就能对孩子的发言进行预设，课堂上才能得心应手、适时点评。教学过程中，我们要针对不同层面的学生因材施教，不急不慢地倾听孩子，不断给学生创设成功的机会，让他们体验成功的欢乐，以此增强学习的自信。同样，通过"家校本"布置的作业，我们教者要及时批改，及时反馈给家长和同学，对作业质量进行及时点评，并做好个别网上"辅导"。

六是适度拓展。学校教育存在着一个明显的短板——管的多、灌的多、督的多，学生因此缺乏自主学习的能力。"拓展"上网课，就是网课学习内容不要仅局限于知识教学。居家期间，我们应更多地培养学生自我管理、自主学习、学会求知的习惯和能力。特别是疫情当前，为什么不能返回学校上课？我们不妨让学生来当小主播，谈谈感受，进而普及疫情防护知识，加强生命安全教育。引导孩子敬重自然、珍爱生命，每个人都要对自己、家人、社会、国家负责，培养孩子的责任感。总之，将单纯的书本学习转向丰富多彩的综合性学习，不但提高学生学习的积极性，而且有利于提升学生的综合素养。

三、度身定造——教学安排张弛有度

小学生的注意力集中时间有限，加之网上学习，容易损伤孩子视力，所以对网上学习的内容和时间必须进行科学安排。

1. 控制时间，学得轻松。

学校统筹，规范操作，合理安排教学进度，对每周、每天授课的内容，每节课授课的时间进行适度控制。如：小学生的网上学习每天安排3课时，低、中、高年段每课时学习时长分别不超过20分钟、25分钟、30分钟，每课时之间安排相关文体活动不少于30分钟。这样，既保护了学生的视力、调节了学生的身心，又留有更多的时间给学生自主探究和生活实践。

2. 精讲内容，紧扣重点。

上网课，重点不是老师"自嗨"，而是让学生学到知识，掌握技能，发展素养。有限的时间内如何达到教学效益的最大化？这就要求我们老师课前精心备课，摒弃大田漫灌，实现精耕细作，对授课内容进行科学分解和重新包装。直播教学时挤水分、讲干货，多给学生创造"茅塞顿开"时刻，让学生时不时眼前一亮，用成就感带动他们积极听讲，从而让直播课提速，变得更高效、更紧凑、更有吸引力。

3. 小组合作，互帮互助。

教师可以科学安排学习小组，4到6人为一组，一个小组建立一个微信群，组员轮流做组长。课上，组内互助，组间竞争。采用多种形式开展小组竞赛，对各小组的学习过程、学习效果实时评价，重点关注学习目标的达成、学生在合作学习中的表现、学习习惯和态度等。课余组内帮扶，共同进步。由组长负责了解组员学习情况、作业完成情况等，并对学习有困难的同学进行及时帮助。

4. 关注课后，贴近生活。

课后学习不仅是检测性、巩固性的作业训练，更应是孩子探究性学习的拓展。学习内容上，可根据孩子的个体差异，让其自主选择，自主探究，促进他们个性发展；学习程序上，可鼓励学生从课内走向课外，继续收集、处理和运用信息；学习资源上，可引导学生将自己的生活经验和实践体验等纳入其中，帮助其树立正确的价值观和人生观。如教学《七律·长征》时，教者在引导学生回顾学习收获之后，进一步鼓励学生走出课堂，继续收集有关长征的资料和故事，观看与长征相关的影视作品，吟唱赞颂长征精神的歌曲，进一步感受红军战士大无畏的英雄气概和革命精神。

不想当主播的老师不是好园丁。就算没有这场疫情逼我们离开自己的舒适区，尝试新的授课方法，也会有其他动因，推动我们探索和接纳新的方式和领域。面对趋势，顺势而为才是王道。抗疫宅家的特殊时期，我们老师要积极转型，与时俱进，做智慧型的教师，充分利用网络资源，调动一切可以调动的力量，家校结合，帮助和引导孩子们逐步适应网络教学，提高网课的教学效果，真正做到"停课不停学"。

走出"迷雾" 远离"奢侈"
——学生奢侈浪费现象成因及对策

当前,学生的奢侈浪费的现象日益严重。盲目攀比,追求时尚,比比皆是。穿"耐克"鞋追品牌,吃"肯德基"寻休闲,买台电脑专发"伊妹儿"赶潮流。今天你背个名牌书包,明天我穿件高档服装;今天你买一辆自行车,明天我骑一架电动车;今天你生日请同学吃蛋糕,明天我唤"哥们"坐酒店。部分学生只知道花父母的血汗钱,不体谅父母的辛劳。嫌家里的饭菜不好吃,要下馆子;家中的饮料未喝完,又要去茶社;食堂变成"饭菜遭殃场",馒头随处抛,饭菜到处倒;花钱请人代做作业,卫生用钱雇人代打扫……如此种种现象所形成的潜流,正悄悄地改变着孩子们的价值观、人生观和道德观。这不能不让我们教育工作者感到深深的忧虑。

为什么校园中会掀起这股竞奢侈、乱浪费的波澜呢?究其原因,大抵有以下几点:

一、社会上高消费"狂风怒号"

新的经济体制下,社会上"享受潮"、追求高档次消费热形成的"攀比风",吹进了校园,产生了误导。质高价贵的麦当劳、肯德基,去一次至少几十元;一个书包上百元,一个多功能的文具盒要四、五十元,一双品牌运动鞋至少上千元……随着社会经济的发展,人们的生活水平日益提高,但也出现了一些不切实际、不合时宜的享乐主义和超前消费风,这给思想品德尚未定型的青少年学生造成了一定的影响。青少年富于幻想,不满足于现状,如果缺乏正确有力的思想引导,便会片面地比吃、比喝、比穿、比玩、比派头,形成不良的行为习惯。

二、道德规范教育"杯水车薪"

目前学校德育成人化的说教多,教化作用在各种诱惑面前显得苍白无力。(如"你必须……""你不能……")而联系社会实际,贴近学生年龄特征的教育少,特别是在道德规范方面缺乏生动形象的具体指导。许多学生不懂得社会的发展是依靠人民的艰苦奋斗来发展社会生产力。从小没有养成正确的劳动态度和良好的勤俭习惯,没有树立起以勤俭为荣,以好逸恶劳、贪图享乐、奢侈浪费为耻的观点。

三、家庭反面教育"潜移默化"

当今大多数学生是独生子女,一些家长对孩子娇生惯养,缺乏正确的教育方法,过分溺爱迁就子女。不管子女提出什么要求,都是有求必应。他们认为花在子女身上吃、穿、玩的费用越多,就越能体现出自己对子女的爱。甚至有些经商的父母认为:大家花钱都这么小里小气，内需如何能够扩大，经济又如何能够发展？于是他们怂恿子女大把花钱，崇尚"只有今日会花钱，明天才能挣大钱"的错误观点。一些非富裕家庭出身的孩子，在此观念的误导下，花起父母的钱，一点也不觉得心疼。

四、经营者利欲熏心"推波助澜"

不法商家利用小学生这一特殊消费群体无知、好奇的心理，推销一些稀奇古怪的商品。学校附近的商贩"泛滥成灾"，他们都变着法子向学生"下套"，不断地想方设法进"新"货、出"奇"招，无一不以营利为目的，想方设法将小学生口袋里的钞票变成自己的。甚至，学校门口的店主们为了赚钱，鼓励学生赊账，允许他们在不带钱的情况下也能买东西，这就等于店主在诱导学生超前消费。

……

青少年时期是人成长过程中分辨能力很弱，而模仿能力又较强的时期。他们很难对钱这一复杂事物做出正确判断，极易不由自主地卷进金钱的漩涡里，日渐增长惰性和享乐心理。那么，又怎样引导学生远离金钱制造的迷雾，回归勤俭节约的正路，健康成长呢？

一、强化正面教育，发挥榜样作用

榜样的力量是无穷的。教师可以经常用领袖人物、知名人士勤俭节约的故事感化学生。比如，给学生讲一代伟人毛泽东、国家总理周恩来等保持艰苦朴素、勤俭节约的劳动人民本色的故事；用学生们的爷爷辈，为了使全国人民过上幸福的生活，坚持自力更生、艰苦奋斗的经历来教育他们；讲一些有作为的企业家，如美国亿万富翁洛克菲勒，坐普通火车到各地检查工作，对儿女的零花钱给予限制的故事。

二、举办有益活动，引导正确消费

平时在学生中要多开展一些有意义的活动，引导他们勤俭节约。如可以在学校或班级设立红领巾"小银行"、小小"储蓄站"等，有意识地引导一些学生将"压岁钱"和平时的零花钱存到"小银行""储蓄站"中。指导学生将这些钱用来购买学习用品，或用到资助贫困生、班级图书角等有意义的地方去。另外，教师更应率先垂范，平时的衣着打扮要朴素大方，给学生以积极的影响，使学生学有目标，确立正确的消费观念。

三、挖掘学生亮点，启发自我教育

在日常生活中，教师应善于认真、细心地捕捉学生的闪光思想和行为，启发自我教育。利用班队会、思品课，紧密结合教材中思想品德教育的内容，帮助学生认识道理、辨析正误。运用学生中的典型事例，通过从学生中来，再回到学生中去的自我教育过程，让学生自己教育自己，提高自己。树立他们身边勤俭节约的典型，让他们学有所依，真正形成"以勤俭节约为荣、以奢侈浪费为耻"的正确人生观。

四、加强劳动教育，体会劳动艰辛

在对学生进行说教的同时，不妨让学生走入家庭、走进社区，开展有关劳动艰辛的调查实践活动。如低年级学生观察自己父母每天家务劳动的情况；中年级学生观察自己父母家务劳动的同时，调查了解自己父母在单位工作情况；高年级学生除了完成以上两项任务外，还去社会上调查各行各业人们是怎样劳动的。通过观察和调查，使学生们体会到父辈们的辛苦，认识到是他们的血汗换来了自己的幸福生活，懂得珍惜父母的劳动成果。最终树立"以辛勤劳动为荣、以好逸恶劳为耻"的正确价值观。

五、利用课外实践，转变学生观念

组织学生走出课堂，到工厂、到农村走访、参观，参加劳动实践。通过郊游等活动，激发少年儿童热爱祖国，热爱家乡，热爱劳动人民的情感，把他们从狭隘的追求消费的圈子里引向美好而广阔的天地，受到高尚情操的陶冶。开展班队会主题活动，使学生懂得我们国家虽然地大物博，但人口众多，跟发达国家相比还比较落后，还需要我们继续发扬自力更生、艰苦奋斗、勤俭节约的优良传统，从而建设祖国的美好未来。

六、建立健全制度，制约不当行为

《中小学生守则》和《中小学生日常行为规范》对青少年的各个方面行为都提出了具体的要求，起着制约规范的作用。学校应当重视这些规定，充分利用这些规定，在学校中、班级中强化学生的养成教育。针对个别乱花钱、乱消费，用钱无节制、屡教不改的学生，"因材施教"，利用多方面的力量控制其乱消费的行为，使这些学生自觉接受校纪校规的约束。

七、密切三方联系，健全教育网络

通过各种途径、方法，呼吁全社会关心下一代。社会与学校不断加强校园与周边环境管理，建立一个从内到外、面面俱到的"校园安全防护网"。同时，也需要家长共同配合，培养孩子艰苦朴素、自强自立的品格。取得家长、社会的理解和支持，形成学校、家庭和社会"立体"教育网络，营造一个培养青少年良好思想品德的社会氛围。

旁敲侧击 因势利导
——班级中棘手事件的处理策略

【背景介绍】

　　在我任教三年级时，某天上午第三节课上，有一学生在座位上玩电子计算器，不注意听课。我为了不影响上课，向那位学生"借"用了计算器，之后又随手放在了讲台上。下午上课时，我发现计算器突然"消失"了……

【案例描述】

　　计算器怎么会不见了呢？班上又怎么会没有知情的人呢？难道是上课玩计算器的那位同学？不会吧！如真的被他拿去了，又为何向我讨要呢？这究竟是谁干的呢？一连串的问题在我脑海中闪现。我思前想后，慢慢理出头绪来：在中午放学到上学这一段时间里，要想拿走计算器，又不被其他同学看见，最容易这么做的是锁门人。可这仅仅是一种猜测，并没证据啊！按常规处理法，把门长找来，可以直接逼问他。可我总认为十分不妥：如果不是他，岂不给他造成心理挫伤？即便是他，他不承认又该怎么办？此时，我倒觉得这件事的教育价值远远大于丢失计算器的价值。必须慎重对待，妥善处理。

　　面对这种无人认错的情况，我想：再追问下去也是徒劳。于是，我自编了一则谜语，让学生来猜一猜。内容是这样的："在十几年前，有一学生拾到一块手表，当时没主动交公，后老师要追查这件事，他顾于面子，更不敢承认了……"你们能猜出那个学生是谁吗？同学们听后相互摇头，面面相觑。这时有个学生小声说："该不会是老师您吧？"我听了后说："你真聪明！这件不光彩的事已埋藏在我心底十几年了，我一直在忏悔。今天，我没法面对以前的老师和同学们做检讨了，就当着在座同学们的面说一声：'对不起，我错了！'"我刚说完这句话，还没来得及引导到"丢失计算器"这事上，班上那位门长便立刻站了起来……我和同学们为他有这样的勇气而自豪，大家不约而同地为他鼓起了掌来。

【案例分析】

　　班主任整天面对几十个学生，而每个学生都有自己的个性，个性的多样化使班级事务呈现较大的复杂性，有些事情往往会使班主任感到棘手，甚至无从下手。如班上某同学的物品不翼而飞了，班上的公物不声不响地坏了，一个食品袋又出现在班级地面上……可当班主任了解情况时，无人知情，无人承认。面对此情此景，该怎么办呢？苏霍姆林斯基说得好："自我教育是教育的真谛和核心。"作为教育者，要做到因势利导，善于发现和捕捉偶发事件中的"闪光点"和转化的"契机"。我正是抓住了学生顾面子，不敢承认错误这一心理特点，挖掘积极因素，化不利为有利，使棘手事件的处理迅速纳入最为有利的轨道。

作为一个教育者，面对这突如其来的棘手事件，不光要追求弄清事情的过程和结果，更重要的是从事件中找准一个"支点"，以旁敲侧击的方法来触动学生的心灵，最终让其做出自我表白。当然，要达到"水到渠成"的效果，班主任必须做到以下几点：

第一，正确读解学生。棘手事件的发生有较大程度的偶然性，而"偶然"之中往往隐含着"必然"的因素。只要班主任平时注意观察了解学生，分析研究学生，积累和占有资料，到事情发生时才会心中有数，才会处变不惊，找到开启学生心灵之门的钥匙。

第二，把握处理原则。棘手事件的发生常常会令班主任措手不及，心理容易失衡。甚至会使有些班主任产生"是可忍，孰不可忍"的愤怒情绪。这时容易偏听偏信，主观臆断，或是只从表面现象，凭"老经验"妄下结论。结果往往是弄巧成拙，导致事态向反面发展。因此，班主任面对事件要冷静，再冷静；要学会避重就轻，因势利导；要在寻求事情结果的同时，更注重教育过程、教育效果，从而为事情的解决画上圆满的句号。

第三，讲究教育艺术。同样是处理一件事情，不同的处理方式会带来迥然不同的结果：有的立竿见影，有的姗姗来迟，有的则是事与愿违。因此，在处理棘手事情时，我们要走出常规思维所带来的"误区"，工作中讲究一点艺术性，处理起来就会得心应手，水到渠成。

综上所述，在处理棘手事件时，我们要用新思维去审视发生在周围的事情和所处的环境，从学生身上找准"切入口"，运用一定的技巧，为当事人创造宽松的环境，促使当事人主动"站"出来承认错误，改正错误。这样，既维护了学生自尊心，又让当事人在潜移默化中接受了教育，同时让全体同学在愉快的氛围中接受了一次精神的洗礼。

与大师对话
——初遇"凤凰语文"

2016年4月21日—4月22日，建湖实小教育集团唐广泉名师工作室成员，受邀来到镇江市丹徒实验学校，参加"第九届凤凰语文论坛活动"。本次活动由国家课程标准苏教版小学语文教科书编委会、江苏省教育学会小学语文专业委员会、南京凤凰母语教育科学研究所主办，活动主题是"说理文教学内容的确定与教学策略研讨"。出席对象有凤凰母语"经典诵读"研修营学员、凤凰读书班学员、四地名师工作室成员、凤凰语文网络教研实验学校代表及省内外名师专家等。

活动中，我代表工作室做说理文《山谷中的谜底》课堂教学展示。课堂上，我以学生为本，以生命为本，充分发挥学生的生命潜能和发展本能，引导孩子在预设的智慧话题中，在深入探究学习中去思索、去联系、去体验，和教材中的精神、情感、智慧进行对话，和自己的知识经验、生活积累进行对话，和学习同伴进行思维碰撞、智慧启迪……课堂教学受到了与会专家和听课老师的高度赞誉。

观摩课后，是"课堂观察与评价"环节。七个观察团队、参会老师与执教老师围绕"说理文教学内容的确定与教学策略研讨"主题，就说理文"教什么""怎样教""学得怎样"等问题进行了深入的互动、探讨。坐在台上的我，结合长期的教学实践及深入的思考，畅谈了说理文读写结合的策略及实施效果等……

此次丹徒之行，与凤凰论坛相约，工作室的每个成员深受启发，收获颇丰。"读如何促进写，写又如何促进读？""怎样找到一个支点，将读写互动置于一个更大的背景之下？"……尤其是身为当事人的我，本次活动所引发的思考，将成为我实践新课标精神，深化课程改革的新目标、新方向。

凤凰语文，爱你没商量
——写在凤凰语文"课堂进阶"研修之后

满怀着期盼，开始了为期5天的凤凰语文研训之旅。11日，经过三个半小时的跋涉，到达省会南京。满眼的繁华未及欣赏，匆匆转乘地铁，再转乘校车，一路向句容进发。随着离省城越来越远，大家的心也逐渐失望起来："到的什么地方呀？""原来是偏僻的乡镇呀？"……

携着饥饿和疲惫，终于到达目的地。映入眼帘的是金碧辉煌的凤凰雕塑和外观豪华的凤凰城酒店，所有学员的心再次兴奋起来……

午饭、入住。匆匆忙忙，来不及休息与调整，便开始了第一次集中研训。简短的开幕式之后，是专家孙景华的讲座。因为是省内外著名的特级教师，因为是仰慕已久的语文专家，因为讲座的内容既高屋建瓴又很接地气，所以听得特别专心，也记得格外用心。时而心有灵犀，时而茅塞顿开，时而发人深思……

长吁半口气——半天奔波，半天讲座，终于可以放松一下了。可还没等剩下的半口气吁出，沈站长隆重宣布：晚饭后以研训小组为单位，就公布的课题进行实作练习，明天小组间展示互K！

战斗的号角吹响，容不得你丝毫的犹豫和退缩。

挑灯夜战——新奇！相互PK——刺激！第一晚，通宵达旦，B1小组8人积极研备，出谋划策：理念、目标、难点、流程、亮点……思索着，碰撞着，收获着——凌晨两点，教案几经修改、打磨，终于定稿！

第二天上午，"实战"拉开序幕。难道是上帝对我们组特别的青睐？第一轮抽签就中彩！陈述、补充之后，迎来的便是其他组友的"枪林弹雨"。接招，应对，还招……十几回合下来，场内不时响起热烈的掌声。战得正酣，主持人突然鸣金收兵！接下来是第二轮、第三轮的展示、质疑、答辩，相互间唇枪舌剑、妙语连珠、针锋相对、巧舌如簧……那就是一个没有硝烟的战场！

接下来，一连几天，下午听专家指点迷津，晚上到凌晨小组研备，第二天上午互相"厮杀"。累吗？不累？骗鬼！裤腿挡不住摇晃的脚步，眼线遮不住眸中的血丝，粉霜盖不住疲倦的面容，咖啡治不了声声哈欠……但大家没有任何的不满和怨言，相反打了鸡血般地越研越有激情，越战越有斗志，越累越觉得充实！

这就是凤凰语文的无限魅力——"一顾倾人城，再顾倾人国"。

这就是进阶研修的高明之处——"为伊消得人憔悴，衣带渐宽终不悔"。

这就是咱语文人的执着追求——"愿得一心人，白首不相离"！

"抓壮丁"主持
——我与"凤凰语文"不解之缘

2016年10月22日,凤凰母语"课堂进阶"教学观摩研讨活动在建湖实小西校区举行。

受集团唐校长前一天晚上的嘱咐,早早来校将"凤凰转转盘"(用来随机抽取上课老师次序的软件)安装到会场的电脑上,并进行试操作。一切妥当,回到办公室边吃早饭边等待活动时间的到来。

8点,沈高明主任和参加活动的名师工作室团队陆续到达。

忽然,沈主任"抓"住我问:"你们学校谁主持的?" 我无言以对,因为整个活动均是集团统一组织安排。还好,集团唐校长就在旁边,我立即向他汇报。没想到唐校长随即说道:"就你主持吧!"我顿时懵了,头脑一片空白!

开场说些什么?如何欢迎远方的客人?以什么样的姿态站在台上?尽管脑瓜在迅速转动着,可就是想不出一个字眼儿。再定神,发觉自己的后背已经冒汗。我连忙向沈主任请教,他轻描淡写地说:"时间已经耽误10分钟了,你就把活动的流程说一下,然后上课。"

时间既匆匆又难挨。很快,学生已经上台坐了下来。我只好拿起话筒硬着头皮上了台:"尊敬的各位专家、各位老师,大家早上好……"一两句招呼后简单介绍了上午活动的步骤及相关环节。邀请第一节观摩课备课组的四位老师上台逐一自我介绍后,便是刺激的随机抽签决定执教者环节。我边打开"转转盘"边配音:"抽选上课的老师,也不是'非诚勿扰',我们就不必考虑男女性别了,现在输入数字1到4,这是随机摇号的按钮……"操作就绪,按沈主任要求,选出一位上课的学生上台点击按钮。"现在站在台上的有四位老师,其中一位将由我们的孩子选择留下来为我们上课,哪位小朋友上来?"没反应,甚至个别孩子露出了惊慌的神色。确实,作为学生,他们一直是"被选择",哪有过"选择"老师的呢?他们肯定没有这样的胆量。下去动员个别学生,仍然死活不肯离板凳……好容易,生拉硬拽了一个。"现在,你这个手指已经有魔法了……"鼓励着孩子按下了鼠标。转盘转动了,上课老师随机产生,终于进入了上课环节。

我立即退到旁边,想到"金牌主持人"的同学,连忙微信,向其求救。可是任凭我如何"哀求",如何"献媚",得到的答复只有:"你当然行的!""在我感觉中,你只会做得比我更好!""你有你的风格!"……"东风"肯定借不到了!心里明白:这也是对我的考验吧!算了,豁出去了,走一步算一步吧!

第二节课，上台的四位老师变换了一下自我介绍的方式，由面向全体听课老师转向到面对同学们。这样在一定程度上拉近了师生的距离。但效果仍然不太理想，因为是零起点上课（事先老师与学生没有任何接触），几句"一厢情愿"的自我介绍，师生间不可能产生多少共鸣。所以，操作"转转盘"的孩子几乎也是在我的连哄带骗下走上来的……

课堂教学一定很精彩，可是我什么也没有听进去。

课堂教学之后是"观察研讨"环节。中间的衔接与研讨进行很流畅，因为话筒已转交给沈主任。

午饭后，我来不及休息，思考着如何吸引孩子上台来"选"老师，以及酝酿着活动结束时的主持讲话。

很快，下午的活动又拉开了序幕。介绍下午的活动流程和授课团队后，第三支团队被邀请上台。终于四人团队中有了一位男老师。"此时我很激动，连续三支团队登台，我终于盼到了一位男同胞，而且是重量级的（蒋校长身材魁梧）……"台下一阵哄笑。团队成员自我介绍后，我接上来："谁想留下来？"没人回答，"都不想留下，算了，你们下去，我来上课！"又一阵哄笑。"可是我说了不算，要让孩子们决定。"我走向电脑，面向孩子："同学们，喜欢抽奖吗？"这一问有效果，立即小手如林。台下又一阵哄笑——老师成奖品了。叫了一位手举得最高的小朋友上台，很顺畅地抽签产生了执教者。但问题又出现了，连续三次摇号，都是3号！不要说台下，连我自己都产生了怀疑。上课前的空隙，我在台上又试验了一遍，大事不妙，又是3号！这下是跳进黄河也洗不清了。我连忙自我解嘲："天地良心，这个软件是原封不动下载凤凰研修营QQ群上的，没做任何手脚，如我有这能耐，就去IBM了。退一步讲，就算程序有问题，我们上台的四位老师也是随机编号的。"

第三节课讲行中，心中没底的我连忙到自己办公室电脑上将"转转盘"又试验了十多遍。还好，没有问题。我又底气十足地来到了会场。

第四节课，四位老师上台自我介绍，3号、4号都没有报自己的编号。我连忙抓住契机："不知大家注意到没有，刚才四位老师自我介绍，3号、4号吓得连号码都没敢报，这个'小三'也确实让人担惊受怕的。不过刚才我特地试验了十多遍，摇号软件应该没有问题，只是'小三'出现的概率好像高了些。"（哄笑）为了增加不确定性，我特地在"男生""女生"栏目中分别输入"1到4"。学生上台，按下鼠标，转盘快速转动着，十几圈后终于停了下来。又是3号！"什么是奇迹？这就是奇迹！我们都是奇迹的见证者！下面有请3号选手为我们演绎精彩！"

……

活动终于接近尾声了。结束语在腹中念叨了几遍，准备最后"表现"一下。可大家似乎都很着急，颁奖完便纷纷起身。看看大家焦急的神情，再望望外面飘泼的大雨，我按捺住了自己。但心情还是要表达的，就写在这里了：

各位专家、老师们，美好的时光总是那么短暂。凤凰母语"课堂进阶"教学观摩活动马上就要结束了。

一天中，一线老师课堂教学的精彩演绎，观察组和备课组之间的智慧碰撞，特级教师、专家的指点迷津和高位引领，给我们带来的是一场文化的盛宴，更是一次精神的冲击和灵魂的洗礼。我建议，让我们用热烈的掌声向他们表示崇高的敬意和衷心的感谢！

"课堂进阶"研修观摩活动，给我们提供了一个展示自我的擂台，一个相互交流的舞台，一个增进友谊的平台。我们深信：有凤凰语文的高屋建瓴和鼎力相助，盐城、镇江、南通、南京四地名师工作室的交流活动只有起点，没有终点；只有逗号，没有句号！让我们共同期待下一次的再相会！

各位专家、各位老师，"课堂进阶"研修观摩活动到此结束，祝大家身体健康，工作顺利，回程一路顺风！

学习中体验 思考中前行
——写在校级后备干部跟岗研训之后

后备干部跟岗研训寄托着局党委对我们成长的厚望，对家乡教育的期盼。我们清醒地认识到自己肩上的责任与使命，所以非常珍惜这次学习的机会。大家都以饱满的热情、认真的态度、刻苦的精神、灵活的方法投入到跟岗研训中。

在赣榆跟岗研训的几天里，我们的内心一次次被感动的激流冲击着，思想的潮水在不时地翻滚澎湃着。当我们走进一个个如沐春风的教育殿堂时，真真切切地感受到：一所学校的成功，不是因为做成了一件又一件的漂亮事，而是因为有一个领头人引领着一群人，向同一个方向不停地努力而形成的一种状态。在这里，我们看到了一个个高度协作统一、执行力强的领导集体，一支支作风扎实、团结高效的教师队伍，一个个明事理、知荣辱、善思辨的学生群体。

一、印象黄小——雅润校园，儒行天下

连云港市黄海路小学地处黄海之滨，衔接新老城区。学校秉持"雅润校园、儒行天下"的育人理念，坚持走特色立校、师资强校、活动兴校之路，成为苏北地区一所既充盈浓郁文化氛围，又极具现代化气息的儒雅特色学校。

该校精心构建校园文化，倾力打造儒雅校园。肃穆宏伟的孔子广场、小桥流水的若水园、典雅润致的藏书阁、古朴庄重的孺子学堂等儒雅文化场所，无处不发挥着"润物细无声"的育人功能。

该校多措并举，相继成立教师发展中心，开办"儒雅讲堂"，成立"名师工作室"，组建"骨干教师推介工作组"，举办"儒雅文化沙龙""辩课进校园"等活动，着力培养一支爱岗敬业、勇于创新的高素质教师团队。

该校全力打造课程文化，实施个性化课程，促进学生全面协调发展，使素质教育真正落到实处。

五年的时间，年轻的黄海路小学已迅速成长为连云港市小学教育的明星，全校四千多名师生，在儒雅文化的熏陶渐染下不断发展与成长；这里，成了他们共同筑梦的地方！

二、活动掠影——真实有效，精彩纷呈

9日上午：到达赣榆教师发展中心，举行开班仪式。

9日下午：参观新城小学、柘汪小学、马站小学、海头小学的校园，听取各位校长有关学校特色建设等方面的介绍。

10日上午：参观黄海路小学的校园文化建设，听取梁校长就该校环境文化、课程文化、活动文化等办学特色的介绍；观摩学生体育大课间活动；分德育政工和教学教研两组与学校分管校长面对面交流，并就学校管理中的热点、难点问题进行了探讨。

10日下午：观摩了该校的数学校本教研活动和学术团队活动。活动中，相关老师展示了课堂教学并做专题讲座。《在反思中逐渐成长》告诉我们，教师的专业成长离不开读专业的书和专业的反思。

11日上午：观摩该校"语文主题学习模式"研讨交流，听取了专题讲座《语文主题学习实践概述》和教师发展经验交流《做"最好"的自己》。

11日下午：观摩语文校本教研活动和学生个性化课程教学。

12日上午：驱车赴城头小学参观后，组内讨论交流学习心得。

12日下午：与黄海路小学领导班子交流研训心得体会，并就管理工作中的问题与困惑向对方请教。

13日上午：听取赣榆实验小学王聿松校长题为《基于核心素养的"和美文化"课程建构与反思》的学校管理讲座；举行结业典礼。

三、反思展望——且思且行，且行且思

1. 校长的远见卓识是学校发展的方向

在赣榆期间，无论是短时间参观的几所学校，还是几天跟岗研训的黄海路小学，走进校园都是"一把手"带领着我们，亲自向我们如数家珍般地介绍着自己的办学理念、学校的办学特色和教育教学的成果。倾听着他们的谈吐，感动于他们的教育情怀，羡慕于他们的真知灼见，惊叹着于他们的硕果累累……这些学校的校长都有一个共同的特征，那就是：时代的眼光，社会的良知；正确的理念，独到的见解；坚韧的品格，广阔的胸怀。

"一个好校长就是一所好学校"。中国教育报记者陶继新说过："一个有思想的校长可以把一所江河日下的学校经营得蒸蒸日上，一个没有思想的校长可以把一所蒸蒸日上的学校经营得江河日下。"学校办得好坏，首先是校长的责任，校长应该有高度的责任感和使命感，为了学校发展能做到豁得出，拼得上。作为校长和未来的校长，我们更应该思考，更应该探寻：我们应该怎样走向我们的未来？应该怎样成就我们的教育梦想？直白地说就是：我们应该如何打造本校特色和建湖教育的辉煌？也许，我们不能成为教育家，但是，我们可以拥有教育家的情怀，拥有教育家的境界，尽自己所能，办"理想"的教育。

2. 高雅的校园文化是学校发展的基础

走进连云港市黄海路小学，欣赏着校园里的一草一木、一石一水，倾听着梁校长的

介绍，沐浴着浓郁的"儒雅"文化，心胸开阔，思绪飞扬。仅仅几年的时间，黄海路小学从名不见经传到名扬省内外，这靠的是什么？靠的是文化的力量！在黄小学习的过程中我看到了很多，思考了很多，也收获了很多：很多没有读懂的教育真谛，很多没有悟透的教育思想，很多没有看到的教育创新点……一周的跟岗学习时间不长，却让我清晰地认识到，赣榆很多学校的文化不是挂在墙上、留在嘴上的响亮口号，而是在特定的校园环境下，在教育实践中，经过倡导、培育、积淀和巩固，逐步形成的学校师生认同和遵守的价值观念与行动指南。"儒雅"文化无处不在，无时不在，它通过各种载体弥漫在黄小校园的每一个角落。它既是学校一切规章制度的理论依据，是处理问题的原则，也是一切教育行为的导向。

学校文化就是学校的灵魂，就是学校的立根与生长之本。如何打造学校文化，铸就本校特质的"魂"？通过参观学习，结合个人反思，认为：

一是校园文化必须有自己的个性特征。学校文化带有自身特定条件下的历史积淀，是"个体特质"，不可抄袭，不可复制。她需要我们去积累，去呵护，去梳理，在传承中延续，在延续中厚实。

二是校园文化要重视校园环境建设。参观柘汪中心小学、城头中心小学等，最大感受是"麻雀虽小、五脏俱全"。哪怕是弹丸之地，校史室，各类陈列室、展室、活动室应有尽有，让人惊叹于这些校长的"有心"与"匠心"。再说黄海路小学，学校的环境文化更是做到了极致，孔子广场、若水园、藏书阁、三省堂、书法长廊等都达到了使用功能、审美功能和育人功能的和谐统一，从而让学校文化真正成为一张亮丽的名片。

三是文化的内核是为了促进师生人文素养的提升。学校文化层次的高低，教师人文素养的整体提升是关键。黄海路小学自主成立教师发展中心，开办儒雅讲堂，组建青年教师推进工作组，以学术团队为载体，学术研讨为平台，逐步打造一支"正身仁爱、贤达乐教"的高素质教师团队。在"儒雅文化"潜移默化的浸濡下，在仁爱之师诲人不倦的教育下，黄海路小学的学生心灵深处种下了理想的种子，在健康成长发展的阶梯上不断攀登，逐步成长为"崇德明理，志学善艺"的人。

3. 优秀的师资队伍是学校发展的关键

"教育大计，教师为本"。跟岗研训期间，参加了黄海路小学的"主题学习模式"研讨、语文校本教研等活动，聆听了几位校长、主任的相关专题讲座和管理经验交流，感触很多，真正认识到：教师是学校的第一生产力，学校的核心竞争力在于拥有一支优秀的教师队伍。

黄海路小学在梁校长的引领下，通过构建共同愿景、完善评价机制、发挥政策激励作用等一系列措施，促进教师的专业化成长，取得了较为理想的效果。作为管理者，我们又如何因地制宜，让我们的老师行走在精神的高地上，在行走的同时享受职业的幸福？

一要营造校园人文气息，让教师成为学校的主人。一所有品味的学校，应该弥漫着浓郁的人文气息：学校领导思想解放，理念开放，言行奔放且富有人情味；教师志趣高雅，仪表典雅，举止文雅且富有书卷气。黄小梁校长介绍说："我校原来是一所完小，只有80多名教师，经过几年的努力，现在已有180多名教师，每年递增20多人。我们想方设法让老师们认识到学校的发展离不开教师的发展，教育成功与否取决于全体教师的态度。教师的专业发展不仅是他们所从事职业的要求，也是他们自身追求职业尊严、延续教育生命、实现人生价值的体现。我们尊重教师的这种高尚的需要，支持他们的追求，并积极地帮助他们不断地满足这种需要，实现所追求的目标。"

确实，面对如今日趋严重的"教师职业倦怠"，我们校长要转换思维和方式，静下心来想一想：我们教师最需要的是什么？可能有人说，还不是需要金钱和地位？是的，这些一定程度上能体现教师的价值。但是作为校长，你又能给老师多少待遇和地位？因此，从长远来看，我们的老师最需要的是一种幸福，是认识自我、发现自我、发展自我、创造自我、成就自我的幸福！这种幸福会净化他们的心境，使自己越来越感受到活得有价值、有意义，越来越体悟到人生的真谛！

二要建立评价激励机制，让教师行走在公平的道路上。黄海路小学的各种规章制度、考核方案，都力求发挥其激励的功能，制定时均是自下而上，在广泛征求全体教师意见的基础上，经过教代会通过。一旦制度定下来，就毫不动摇地执行。在管理中公平、公正地评价教师。而在我们的管理中，有时候"人"的作用远远高于制度！

从中我们认识到：在学校管理中，要讲和谐，但绝不能和稀泥。在制度面前，必须人人平等，奖惩分明。在公平、公正的基础上，再进一步倡导教师评价力求发挥展示、改进、激励的功能，把评价看成是教师展示才华、追求卓越、完善自我、不断发展的过程。只有这样，才能形成正气，才能真正地构建和谐校园，才能促进学校各项工作的良性、快速发展。

三是架设专业发展平台，给教师成长的广阔天地。"谁赢了今天的教师，谁就赢得了明天的学校教育"。黄海路小学师培的众多举措让我们清醒认识到：校长要努力打造书香校园，采取各种激励措施鼓励老师通过读书拓宽知识面，丰富知识结构层面；努力让读书成为教师的一种需要、一种习惯、一种生活方式。在充分调动教师工作积极性的同时，要加强培优、培训，努力为他们的发展创造机会。通过构建教师发展共同体、成立学术团队、专家引路等系列措施促进教师学习先进的教学理念，拥有高超的教学艺术，养成良好的人文素养，使他们的思想得到净化，理论得到提升，视野得到开阔，个人得到成长。

4. 丰富的校本课程是学生幸福成长的舞台。

"学校应该成为每个孩子都可以放声歌唱的地方，努力成为在校生喜欢，毕业生怀念的乐园"。黄海路小学在完成国家课程统一性要求的同时，开发、实施灵活多样的校本课程，菜单式地开设了器乐、美术、科技等30余门类特长班。编纂《七彩论语》《书艺》等多套校本教材，开设小古文诵读课，成立少儿俱乐部，创立儒芽文学社，发行《儒芽》校报。门类丰富的个性化校本课程为学生打开了一扇扇了解社会、认识世界的窗口，搭建了一个个展示自我、活动交流、实践创新的平台。

"基础教育不仅要对学生的升学考试负责，更要对学生一生的幸福人生负责。"基于这样的认识，我们建湖实小三年前开始大胆创新，以校级社团和班本课程为载体，从学生成长出发，开设了器乐、合唱、舞蹈、书画、科技等数十个活动课程，实现了课上精彩，课下多彩。我们的认识是：丰富多彩的校本、班本选修课虽然不能直接提高考试分数，但它促进了学生的全面而有个性的发展，拓展了学生的视野，培养了学生的学科素养、创新精神和实践能力，其作用是僵化的教科书所不可企及的。当然，如何进一步明确课程建设的目标，如何将个性课程做大、做强，从结构、内容和形态三个维度构建全面和谐发展的课程体系，还需进一步探索和努力。

一周跟岗研训的时间是有限的，但我们的收获是无限的。跟岗研训让我们看到了赣榆教育的成绩斐然，看到了赣榆人教育的情怀和智慧，更看到了我们自身的不足。跟岗研训让我们心头更多的是一份宽荡荡的教育视野，更多的是一份心颤颤的教育感动，更多的是一份沉甸甸的教育责任。在今后的教育教学工作中，我们将永不停歇地领悟、改变、思索、行走。

教师节获奖感言
——写在被评为"江苏省优秀教育工作者"之后

尊敬的各位领导、各位兄弟姐妹：

大家下午好！

在这个秋风送爽，硕果累累的日子里，我很荣幸，能够作为教师代表站在这里，与各位共同分享来自第 32 个教师节的温暖和幸福，共同诠释教师这个职业带给我们的光荣与梦想。下面，我想用几句诗句表达自己此时的心情和感受。

"德高鸿儒博学，望重英雄豪杰"

今天，我站在这里既高兴又惭愧。高兴的是，我的工作得到了领导的肯定和大家的认可；惭愧的是，在我们学校，在我们身边，有一大群爱岗敬业、默默无闻、无私奉献的老师，他们的事迹都可以编撰成一部部感人至深的巨著，他们的模范行为都能谱写成一首首动人心魄的爱心史诗！而我，没有惊天动地的壮举，也没有感召别人的豪言，有的只是一颗做好本职工作的平常心。是在座的各位领导和同仁，是你们兢兢业业、日夜操劳的身影，是你们恪尽职守、呕心沥血的精神，无时无刻不在感染着我、影响着我、改变着我。

所以，在座各位就是德高望重的"英雄豪杰"，你们永远是我前行的榜样。

"谁言寸草心，报得三春晖"

21 年的教学生涯，我有过彷徨，有过迷茫，有过无奈，有过泪水……生活是最好的导师，时间是最好的良药。在彷徨中挣扎，在撕扯中坚守，在痛苦中前行，我深刻领悟到：人生重在修心——有一颗随缘心，会更洒脱；有一颗平常心，会更从容；有一颗慈悲心，会更积善；有一颗感恩心，会更幸福。回想过去，是建湖实小这个温馨的大家庭给了我一个平台，让我在这个广阔的舞台上不断展现自我；是实小的各位领导，给了我关心与鼓励，给了我最大的支持，也给了我最大的动力，让我能安心工作，追寻自己的梦想；是在座的兄弟姐妹们，敞开宽阔的胸怀，给了我很多无私的帮助，给了我教育教学的经验，让我能够不断成长。

所以，在座各位就是春天的阳光，你们的恩情我无以言报。

"欲穷千里目，更上一层楼"

老师们，瞬息万变的社会、个性多样的学生和新课改的发展决定了我们对教育的理解只能深入而不能停止。我们需要不断学习，积极思考，深入实践，努力发展，以发现教育中的新情况，满足学生的新需求，探究教育的新领域，创造教育的新境界。今天，社会对教育和教师的要求越来越高，时代向我们提出了更高的挑战。我们教师在照亮学生的同时，也要照亮自己。只有教师发展了，学生才能获得真正意义上的发展；只有教师教得快乐和幸福，学生才能学得快乐和幸福。

所以，老师们，我们可以不成功，但不能不成长！

"我愿平东海，身沉心不改"

教育是良心工程。世上很少有像"教师"这样的职业，与民族的兴衰息息相关；世上很少有像"教师'这样的职业，承载着千千万万家庭的希望和梦想；世界上很少有像"教师"这样的职业，需要用良心和智慧去塑造人的心灵。虽然我们不能像太阳那样用耀眼的光芒照亮整个地球，但可以像萤火虫那样为黑夜增添一丝光亮。让我们把教师节作为一个崭新的起点；让我们心怀教育的理想，追寻理想的教育！

人心齐，泰山移。我们坚信，在舵手唐广泉校长的引领下，在各位同仁的齐心协力下，建湖教育的腾飞将由我们托起，千家万户孩子的梦想将从我们这里起航！

所以，我们对未来充满希望，建湖实小的明天一定会更加灿烂辉煌！

最后，真诚地祝愿各位领导、各位同仁身体健康、工作顺利，节日快乐！

谢谢大家！

感谢青春
——写在建湖县纪念五四运动 100 周年主题团日活动之后

一

4月10日下午，正在参加教学研讨活动的我接到胡钧胜校长的电话："荀校长，县纪念五四运动100周年活动，举行首届'新长征突击手'的评选，几位校长商议决定，推荐你申报。""不要，我都快中老年了……"

几分钟后，颜红华校长追电："荀校长，按通知精神，我们校区可以推荐1—2名候选人到县局，最后由县局择优报1—2人参加全县的角逐。因为是全县各行业优秀青年的竞争，我们其他几位校长考虑再三，觉得你最有竞争力，所以推荐你……""颜校长，我真的不需要，我省表彰都有了，还是把机会让给其他青年教师吧！""现在的你是代表实小西校区，下一步可能就是建湖教育系统，所以你必须……"于是，我连夜填写推荐表，撰写申报材料……

4月11日，接到县局相关部门的电话通知："荀以勇，经材料审核和局党委会办，你将代表教育系统参加全县首届'新长征突击手'的评选，团县委从全县各行业筛选20人参加候选，最后表彰10人，另10人获提名奖。"

二

4月19日晚，团县委宣传部张部长来电："荀校长，我们准备拍摄'新长征突击手'的宣传微电影，请你做好准备，等下剧本发你，明天上午我们过去取景，辛苦你了！"没有太多的激动，也没有太多的顾虑，因为有近10年办公室主任工作经历的我，自认为与新闻媒体接触很多，应该都是大同小异。

很快，剧本通过微信传来。打开浏览了一遍，其中有一个场景：一位家长带着一个因膀臂受伤而裹缠纱布的学生来校找老师"理论"，然后老师怎样耐心做家长的工作……我立即向张部长解释："从教以来，真的没遇到过家校矛盾发展到这种地步的情形，而且我们实小西校区的家长都是非常理解支持教育的……""编导的意思是，矛盾冲突更能塑造人物的形象。"张部长解释道。"真的演不了，如果我今天让孩子'假受伤'，明天他就会'真受伤'！我也不能为了剧情的需要，让我的家长背负沉重的精神负担扮演'反面'角色！如有可能，希望编导修改剧本，从弘扬正能量的角度考虑……"

历时半小时，几经商讨，最后编导让步：孩子受伤，家长闹校的情节被删除。

第二天一早（周六宫校共建，大多学生在校），没想到团县委单书记亲自带队，几位部长陪同摄影剧组一行来到学校。光器材就是满满的一车：灯光、臂杆、"长枪短炮"加轨道……架势已让我震惊！接下来的取景、拍摄等更让我震撼！一个行走的背影，拍摄了十几次，我走得近乎不会走路；和孩子们谈笑行走的场景，拍摄了二十几遍，直到我和孩子的微笑已经僵硬……这是什么？这就是精益求精的工匠精神！

因为事先没有告知孩子们穿校服，故上课等一些场景无法拍摄，约定下周一 9:00 左右到校继续拍摄。

三

4月21日早上 8:30，接到张部长的电话："荀校长，我们已经到学校了……"

摄影器材搬运到了教室门口，摄影师突然说："教室里学生太多，后面两排的学生连同桌凳全部撤出教室，让出安放摄影器材的空间。""不行，我的课堂必须让孩子全部参加！摄像的空间我来安排。"很快，所有课桌前移，二、三组的后两排学生和桌凳分别移至一、四组，让出的地方正好放下移动轨道和摄像机……

课堂上，孩子们很兴奋，学习也很投入，我也很踏实。

课间，在操场上，我带领一年级女子足球队的孩子们上体育课。剧组拍摄了我们一起奔跑、踢足球、玩游戏的场景。没有反复，孩子们天真无邪的笑脸和欢畅悦耳的笑声立即感染了我，我很快融入其中，成为她们当中的一分子……

四

4月28日下午1:30，在县文化艺术中心举行"纪念五四运动100周年主题团日活动"的彩排。一遍下来，还有第二遍。前一天夜晚腰椎间盘突发的我实在无法坚持（坐在座位上，起身都已很困难），迫不得已，发信息给团县委领导，请假提前离场去看医生……

4月29日上午9:00，"青春建湖勇于追梦"纪念五四运动100周年主题团日活动正式拉开序幕。活动分为序幕、青春同见证、青春好榜样、青春梦起航四部分。朝气蓬勃的"塘河书院"孩子们的大合唱让我们看到了祖国的未来和希望，也让我感受到了师者的自豪（入场时，10多个教过的孩子主动向我问好）；"扎根农村献青春"老团支书谢红光，让我们认识到什么是青春的无悔和无悔的青春；江苏省杂技团两位优秀演员的精彩表演，让我眼含热泪——成功源于他们艰辛的付出，源于他们"一颗匠心一段情，一份技艺一传承"的坚守；青年代表访谈、活动短片、微电影、情景剧，让我们看到了当代建湖青年热爱祖国、奉献社会的高尚情操，看到了他们朝气蓬勃、奋发有为的精神风貌和崇尚事业、追求卓越的创业精神……

活动的主体是第三章"青春好榜样"。微电影《不负青春》撷取了受表彰的"新长征突击手"生活、工作的场景：科技创新带头人袁乃更、人民安全守卫员陈翔、清风护航者尤纪勇……一幅幅画面震撼人心，一句句配音激荡灵魂——

青春，
是坚守的每一个夜晚，
是你珍惜的每一个清晨，
是你奋斗的每一个时刻；
你说，
传道授业是你的责任，
工匠精神是你的动力，
勇敢无畏是你的使命；
你默默付出，
你初心不忘，

你奋力奔跑；

有一天，

你回首过往，

心中没有懊恼，

只有笃定欣慰；

梦在远方，

路在脚下，

砥砺前行，

不负芳华！

五

29日下午，无法忍受腰疾之痛的我躺在病床上接受医师的推拿，浏览朋友圈和微信群，大多是上午活动的剪影，还有朋友、同学、同事和学生家长的祝贺。一个43周岁大龄青年的我，踏着青春的尾巴，享此殊荣，实感惭愧。因为，我深知：我做的，是自己应该做的；我做的，是众多同仁一直在做的；我做的，还远远不够……

感谢青春，无悔青春！

成长，真好！
——写在参加全国小学语文名师展示暨新教材教学研讨会之后

17日下午5:40，班级的网上直播教学后，无意中看到手机微信显示两条未读信息，打开一看，是集团唐校长发来的。第一条是："一二年级名著导读，有一个上课名额，你愿意吗？"第二条是"2020春全国小学语文名师展示暨新教材教学研讨会"日程安排表。

第一反应："全国"，级别如此之高，机会难得，感谢唐校长的推荐；第二反应：工作25年，一直任教高年段，加之一个大男人，如何适应低年级的教学？第三反应：什么时候举行，有多少准备时间？

打开安排表一看，已经公布的做课、做讲座的都是陈小平、薛法根、宋运来、张祖庆、雷燕等众多全国知名的大家、大师，我一下子有点怯了——自己一个无名小辈，如何跟得上？又怎能同台？再一看下面的说明：课程规划是每节课1小时，前20分钟是微讲座，后40分钟是课堂教学展示。研讨形式因疫情缘故，要求上课老师提供真人出境的优质视频，在直播平台上面向所有的学生和老师开放。

上？还是不上？上，上什么？怎么上？我犹豫着、纠结着，随手网上查阅着二年级下册的必读书目。一会儿工夫，唐校又来电话："荀校长，考虑好了吗？准备上什么？快点！把上课课题报过来，南京那边等着。"此时，我刚好浏览到必读书目《安徒生童话》，没有更多的思考，一时冲动下的当机立断：上！就上《安徒生童话》导读。

课题报上去，再细看通知，要求21日前上传讲座和教学视频。掐指一算，只有四天四夜的时间！我迅速规划：两天时间备课、制作课件，半时间录课；一天时间撰写讲座稿，制作PPT，半天时间录制视频。

来不及多想，立即进入工作状态！从儿子的书架上找出《安徒生童话》；回顾《课程标准》中低年段的阅读要求；网上搜索有关《安徒生童话》导读的案例……搜索案例时，一搜吓了一跳：网上的案例很多！再一细看，压力更大：一些名师的教学实录，上得非常好！在这样的情况下，我如何突围，如何出新？

此时，已是18日凌晨3点。我一下子没了头绪，头脑里一片糨糊，甚至产生了打退堂鼓的想法……

但是，开弓没有回头箭。18日早上，班级的网课直播后，我立即调整思路，找出自己以前发表的有关课外阅读方面的几篇论文回味了一遍；再打开中国知网，拜读一些专家、名师关于小学低年级课外阅读的经验文章……到了下午，我的思路渐渐明晰：低年级的整本书导读教学，着力于两个方面：一是激发兴趣，让学生感受乐趣；二是教给方法，让学生学会阅读。

基于这样的认识，18日下午，我花了两个多小时的时间，以儿童的视觉将向二年级邵诗逸同学借来的拼音版《安徒生童话》看了一遍。接着又花了一个小时，把认为可以体现自己教学理念、作为课堂教学范例的几篇童话故事细细地品味了一遍。晚上7点开始撰写教学设计，19日凌晨2点完成草稿。早上班级网课后（实在精力有限，找了省名师空间课堂的习作指导录像课给学生观摩学习，然后做简要指导），继续修改、打磨。直到下午5点基本定稿，开始制作课件。夜里11点，课件基本成型。

此时，才想到还有视频录制的难题。自己上网课用的是"钉钉"平台，因为有互动面板和连麦功能，可以进行一些师生互动，具有一定的教学情境。而现在授课内容是二年级的，没有学生，又该用什么软件进行录制？立即向信息处陆洲主任请教，他发来了Camtasia录屏软件。立即安装，并慢慢摸索使用的方法和功能，其间不停地咨询陆主任。到了深夜，不好意思再打扰，就自己探究着。试着录了一段，画面尚可，可声音太小，还有如何插入真人出镜的视频？一时不知如何是好！而此时已是凌晨2点，如果这样摸下去，估计很难按时完成任务。我立即调整工作，录屏技术上的问题先放下，立即起草讲座稿……

20日凌晨4点，讲座初稿形成，以"童书阅读，点亮孩子幸福童年"为题，从"为什么读？读什么？怎么读？"三个问题入手，重点谈三方面的内容：童书阅读，对于孩子之重要；童书阅读，找准前行之方向；童书阅读，导读策略之探究。早上7:30起床，班级网课后继续修改讲座稿，制作PPT，直到21日凌晨3点。

立即睡觉，闹铃7点，起床后准备去学校找个合适的场所录制视频。刚躺下，又想到录屏声音小、如何插入真人出镜的问题。打开手机百度了一下，有解决的方法！立即起身，电脑尝试操作，一切OK！再上床，已是早晨5:30。

21日早上8点，来到学校行政楼四楼会议室。为了增加网课的互动效果，临时请了几位二年级学生在家录制几段文字的朗读音频，教学课件还要进一步修改，所以现在只有先录制微讲座的视频了。

选择拍摄背景，调整笔记本摄像头的角度，尝试着录制。一遍，两遍，三遍……不停地重复着，不是讲稿有不足，就是录屏有问题。算了，干脆先修改讲稿，改好后再录吧！终于改到了自己满意的程度，而此时已是下午3点。饥肠辘辘的我立即叫了外卖，匆匆吃完饭，立即进行微讲座的录制……

晚6点，讲座录好，学生的音频文件也发来了。听了一遍，因缺少现场指导，效果一般，将就着选用了几个插进PPT课件。还好,课上除了一个老男人的声音外,多了几个童声,感觉就是不一样!互动的效果也一下子出来了!这还要感谢大姐姐周瑾校长,之前向她请教,是她教了我这一招。修改好课件和教案,一看时间,已是夜11点多!也就是说相关视频21日肯定不能按时上交了!立即发微信和主办方打招呼:迟会儿发过去,但一定尽快!

有了前面录制讲座的过程,自以为录课应该是得心应手了。课上得很顺,可进行到二十几分钟时,电脑突然黑屏!我一下子蒙了!怎么办?重新录制?就在那一瞬间,我突然感觉要崩溃了!我真正体会到了古人所说"一根稻草压死一头牛"的味道……

不管了,来不及了,接着录制下面的,然后再想办法。我立即先保存第一段,再继续下面课堂教学的录制。

22日凌晨3点,终于录制好了教学视频。等白天再想办法请人剪辑、拼接吧!头昏脑胀的我驾车回到家,准备休息。可一想,白天再请人剪辑,那要耽误到什么时候?不如自己边学习边动手吧!马上再次投入到紧张的工作状态,百度查询Camtasia录制视频的剪辑及拼接的方法。万能的网络真好!一切疑难均有解决的办法。按照网上的介绍,对自己录制的视频进行修改。修改好后,再完整地看了一遍,感觉还好!随即将视频进行格式转换,等待渲染完成,一看时间,已是22日早上5:20。立即发送到主办方的邮箱,上床倒头便睡……

23日,网上直播开始。和全国众多的语文老师一样,我端坐在电脑前聆听着专家、名师的讲座和授课,敬佩于他们精深的理论水平和高超的教学技艺。同时,作为一个局中人,对我仰慕的众多名师、大家成功背后的辛勤付出,更是多了一份钦佩和感动!

不管多么险峻的高山,总是为不畏艰难的人留下一条攀登的路!成长,真好!

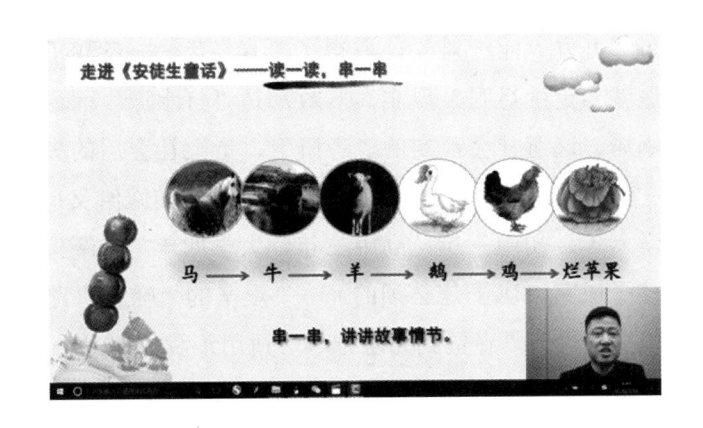

甜蜜，酸涩……
——参加学生升学宴随感

8月8日中午，我克服困难，来到了六年前任教的小学毕业班得意门生吴奇伟的升学宴上。受邀请的客人除了他家的亲戚，就是老师，而老师被安排在首席，其父母亲自陪客。同日傍晚，带着醉意的我冒着暴雨再次来到六年前的学生王聪的升学宴上。

坐在宴席上，作为唯一的一位受邀请的小学老师，倾听着学生感恩的话语，喝着学生和家长敬的酒，我是无比的幸福——我感受到了尊师重教的氛围，感受到了为师的价值，感受到了桃李满园的欣慰！

回到家，尽管酒精的麻痹作用还在，但我不再沉醉，相反思维变得清醒，我感到的是一丝丝的酸涩——

作为中国的学生，尤其是我们这里，孩子活得挺累的。"十年寒窗苦"，一个"苦"字把孩子的学习生活概括得淋漓尽致。学习可以获得知识，学习可以提高能力，学习可以提升素养，学习可以愉悦身心……可为什么我们的孩子感受到的却是"苦难"呢？为什么一旦考上大学，我们的孩子就如释重负？毋庸置疑，我们的教育体制、教育方法有问题，而且是急需"救治"！

作为中国的家长（包括我自己）活得挺累的。孩子"十年寒窗苦"，我们家长是"十年陪伴苦""十年服务苦"，为了孩子的学习，我们的家长可以牺牲一切。花重金，找关系，进知名的学校；出高价，找家教，想方设法提高孩子的成绩……如此等等，举不胜举。"万般皆下品，唯有读书高"的传统观念仍然成为许多家庭的价值取向。上好学校，读好书，找好工作，仍然是社会普遍认可的子女最好的发展轨迹。但是，即使我们孩子经过"九九八十一难"，取得了"真经"——考取了大学，他们的未来就一定光明，前途就一定灿烂吗？现实大多数都是"打水漂"而已！高考时的弃考，毕业后的大学生蜗居，逃避社会现实的"考研"，走上社会后的失业、经济拮据……一般家庭的孩子（官僚、富商另论）生存压力越来越大，转嫁给父母的压力越来越大！幼儿园三年、小学六年、初中三年、高中三年、大学四年——漫长的求学路；走上社会找工作、帮助孩子成家（房子是必须的）——艰辛的"哺育"路……我们的家长要付出多少心血，多少金钱？"春蚕到死丝方尽"适用于我们每一个普通家庭的父母！

作为一个教育者，我在品尝学生金榜题名喜悦的同时，心里也焦急地为自己的孩子担忧——他的明天在哪里？我为了工作近乎"鞠躬尽瘁"，但我在自己的孩子身上花了多少精力？我是称职的爸爸吗？我该怎么办？真想带儿子感受一下"升学宴"的氛围，激发他的斗志。但这又是为何呢？为了让他死读书，考上好的大学，仅仅如此吗？我困惑！我彷徨！我无奈！这是我将自己的希望寄托在孩子身上的一种自私的想法。

作为教师，看着自己任教的学生一个个走进了大学，出人头地的也不少，再看看自己，可能一辈子就这样在讲台上默默地"燃烧"，心中又多少有点不甘，但又有什么办法呢？

吴奇伟、王聪等是我2003年进入实小第一年执教的毕业班学生，那时的我带着乡村的气息、农民儿子的纯真，可能给孩子们留下了深刻的印象，所以孩子们都记着我。之后，我也执教毕业班多年，那么到了明年、后年，是否还会有学生在他们成功之时，想起我、感激我，我心里没底。但愿我执教过的学生提起我，都能有一点美好的回忆……

孩子，我愿意做你的朋友

新学年开学已经两个多星期了，身为毕业班班主任的我，有条不紊地做着教学工作和班级管理工作，班上63位同学的性格特征和优缺点也逐渐了解。

一位名叫馨的女同学，给我留下了深刻的印象：几乎每天早上都迟到，到班时衣衫不整，头发凌乱；课堂上精神萎靡，一声不吭；课间也是独自一人坐在座位上，不喜欢和同学交流、玩耍……

课余时间，我多次尝试和她沟通、交流，可她漠然以待；我又暗中示意班上活泼的婷主动和她亲近，她仍格格不入。

"解铃还须系铃人"，好容易打听到她爸爸的电话号码，跟他沟通，可其也说不出个米和豆子来，只是重复着："这丫头太懒！以后保证不再迟到。"第二天，馨果然没有迟到，可仍然是蓬头垢面！等她上位，我特地面向全班同学表扬了她的按时到校，而她仍然面无表情。到了第二天、第三天……涛声依旧——她仍然迟到，仍然不合群，仍然作业不写，仍然学习和精神状态很不理想。

之后，几次和她爸爸交流，他只是告知孩子妈妈在外打工，自己也很忙，没太多的时间照应孩子。我意识到这肯定是一个问题家庭。正面了解无法突破，我开始侧面了解。和之前执教过她的老师、她同班过的同学交谈，可获得的信息同样几乎没有价值，我的工作一时陷入了僵局。教育的良知告诉我，要尽快找到原因，帮她调节过来，不然后果不堪设想！

第二周的习作课，我有意识地创设了一个特定的情境，然后让孩子们写一写自己的心里话。我向同学们郑重承诺：什么话都可以对老师说，老师绝对接纳并永远保密。课后，还给每位同学发了一只信封。

第二天，孩子们装着"心里话"的信封一个个交上来了。我回到办公室，急切而又快速地寻找着。啊！看到馨的了！我心中一阵窃喜——她能主动上交"作业"了，她终于肯"说"心里话了！

我怀着激动的心情，小心翼翼地打开了信封。一张练习簿纸上，不太整洁地写着几行字：我是一个让老师头疼、同学们讨厌的差生，我看不到希望，我对一切都失去了信心。我的爸爸游手好闲，从来不管我。我的妈妈外出打工，和老板生了一个孩子，抛弃了我。没有人看得起我，我没有一个朋友……

泪水迷糊了我的双眼。可怜的馨承受着多大的心理煎熬啊！难怪她整天自我封闭，自暴自弃。

  找到了问题的根源，接下来就能"对症下药"了。我立即拿起笔，一笔一画、工工整整地给她写起了回信：馨同学，生活中有许多事情由不得我们自己去选择，许多时候，我们能做的只有勇敢地面对和慢慢地适应。……孩子，老师非常佩服你的独立能力，如果不嫌弃，我愿意做你的朋友，一个互帮互助的好朋友，好吗？当然，如果你自信地抬起头，你会发现班上的同学都愿意做你的好朋友！孩子，你是六年级的大姐姐了，相信你以后一定会做得很好！……

  这天放学后，我开始留下她，帮她补习功课。结束后，送她回家的路上，我带她到理发店理了发，帮她买了学习用品和第二天的早餐。

  在她进家门前，我把那封满载希望的信递给了她："孩子，荀老师相信你，请你也相信老师！"

分班后

五年级分班结果终于出来了。

极快地浏览新任教班级的学生名单,有几个四年级任教的熟悉名字,更多的是陌生……

在此之前,作为四(3)班的语文老师,我一直感觉四(3)班这个大家庭永远都在;四(3)班的65位可爱的孩子永远都在我的身边。包括暑假两个月,几乎每天都关注班级群的动态,发发有关家庭教育的文章,和家长谈谈孩子的暑期生活……

直到这一刻,我才意识到,许多挚爱的学生已经真正离开了四(3)班,离开了我——就如,我众多亲爱的女儿已经出嫁!

"百年修得同船渡",佛说前世的五百次回眸才换来今生的擦肩而过。而我,和65个孩子从2017年8月31日开始,历经一学年的朝夕相处,积淀的是师生共长,是家长信任,是父子般的情深……

徐琮罡,博古通今,见多识广;夏梓捷,能说会道,出口成章;王玺哲,多才多艺,心灵手巧;顾力维,虎头虎脑 外愚内智;崔译,精力充沛,生龙活虎;张芮,秀外慧中,温婉贤淑;石牧言,能言善辩,能歌善舞;谷玫洁,冰雪聪明,温文尔雅;徐睿,关心集体,乐于助人……

一幕幕,记忆再现;一张张,笑脸涌现;一双双,明眸闪亮……

多么可爱的一群孩子,真的好爱他们!

转眼间,和大多孩子的分别已成定局,心中多少有一些酸楚,但同时又有一种莫名的喜悦,这种感觉就是:痛并快乐着!

因为,别离标志着他们正在长大;别离,他们才会有更广阔的成长空间。

得知分班结果后,众多孩子的父母发来信息:

"感恩四(3)班老师的辛勤付出,其实四(3)班一直没有解散,它以另一种形式存在着,永远定格在师生的心中,定格在我们家长心中!"

"人别了,心依旧。感谢荀老师的谆谆教导,感谢您给孩子们的快乐陪伴!"

"感恩三位老师的教导和关爱，孩子们永远是你们的学生，四（3）班永远不散场！"

"每年的9月都是在这略带'痛感'的小别离中开始新的征程，衷心感谢荀老师为孩子们所付出的一切，也祝愿四（3）班的孩子们新学年百尺竿头，更进一步！"

"感谢这一年几位老师给了孩子们父母般的爱，也很遗憾我的孩子没能和你们再续师生情谊……在此深深感谢你们，祝愿你们桃李满天下！"

"谢谢三位老师过去一年对孩子们的关爱！孩子也一样，昨天知道自己所在班级后，更多的是关心你们几位老师现在任教几年级几班！大家对四（3）班的感情很深！我们心中永远的四（3）班！"

……

还好，虽然曾经的四（3）班已经解散，但她永远定格在我们心中、家长心中和孩子们心中！

还好，虽然大多孩子已经分散到各个班级，但任教五年级的我，还可以每天看到他们，看到他们的不断成长与进步！

还好，虽有"旧情"离别的痛，但我又迎来了众多的"新欢"！

心中有爱，我们和孩子永远都是"热恋"！

儿子分班
——写给亲爱的儿子，希望他能理解爸爸的心

亲爱的儿子：

你可知道？爸爸多少天彻夜难眠！你可是我和你妈妈的希望，你是我们的一切！

眼看着你很快长大，既高兴又担忧……

很快，你上四年级了。为了你，一直任教高年级的我今年毅然选择了执教四年级。至于我为什么要任教四年级，相信你应该会明白。本来，我一直想着能亲自执教你——我的儿子，希望你能在爸爸的教育下不断进步。甚至，爸爸在校长面前，不止一次地强调，老师执教自己子女的好处：一是他（她）的孩子在自己班上，他（她）一定会精心备课，一定会"为人师表"，因为他不仅是老师，还是一个家长；二是一个老师，如果他（她）自己的子女都教育不好，他（她）又有什么心思和精力去教育其他的孩子呢？（背景：以前我们学校为了保证教育的"公平"，刻意不让老师任教自己子女所在的年级和班级。）

多少天前，爸爸就开始设计教育你所在班级的美好蓝图——尽力以一个教育家的姿态去教育你们，而不是做一个教书匠！但是，就在分班前的一刹那，我犹豫了：如果你在爸爸班上，班级其他学生的家长又会怎么看待？如果你在爸爸班上，同年级的其他老师又会怎么看待？如果你在爸爸班上，你是否有很大的心理负担或者有太多的优越感……于是，我临时决定：让教导处任意分配。因为爸爸相信你，无论在什么样的环境中，我的儿子你不一定是最优秀的，但你一定能做得很好！因为爸爸在你身后，时刻关注着你！

儿子，不知你能否理解我的心情？一个教育者的心情，一个为人父的心情！

儿子，希望你升入四年级后能培养自己良好的学习习惯，多读书，勤思考；希望你能多做家务活，养成勤劳的好习惯……

爱你的爸爸

2009年8月29日

陌生

2010年8月31日，儿子开学报到了，我也正式踏上"挂职锻炼"的路途，来到边远乡镇的宝塔小学正式上班了。

中午，在宝塔中学食堂搭饭——五个大男人和一盘韭菜炒肉丝、一碗冬瓜汤形成了鲜明的对比。还好，米饭是可以添加的，否则还不如厚着脸皮做乞丐讨饭吃。

吃过午饭，来到宿舍，儿子打来了电话。从儿子的话语中听出他开学的第一天还是挺兴奋的，更感动的是儿子说老师很关心他！我随口问了一句："儿子，新学期开学的感觉和以前有什么不同吗？"儿子犹豫了一会儿，吐出几个字："感觉学校有点陌生了……""为什么？""以前都是爸爸你和我一起上学的，现在我在学校里整天都看不到你的身影。"我无言以答……

离开儿子，也许这未尝不是一件好事。有我在学校里，可能会给他造成一种依赖感、心生一种优越感。现在他和其他同学一样学习、生活，相信他会更加独立，更加成熟。

傍晚，在学校开完会，赶了几十里路，回到生活十几年的建湖县城。看着身边的车水马龙和灯红酒绿，不知为什么，我忽然产生了和儿子一样的感觉——陌生！是一下子适应不了时空的变化，还是我深埋心底的农村情结？我有一点若得若失。

成人礼

  昨天下午,参加了儿子学校组织的成人礼仪式,感触很深,儿子的变化也很大,光写给父母的信字数就有数千(成人礼之后所写,更能看出此次活动对其心灵的触动)。非常感谢高级中学的领导、老师对孩子们的良苦用心和辛勤付出,更感激高三(11)班郑钧、肖兆进、马旭东、任建林、顾赟珺五位老师对孩子的谆谆教导。

  借此机会胡乱作词一首,向建湖高级中学的领导、老师们致以崇高的敬意!祝建湖高级中学越来越辉煌!祝孩子们金榜题名,学业有成!

钗头凤·成人礼

十八岁	岁如水
成年贵	号角吹
满园青春豪情醉	誓言良训君牢记
红旗飘	目标咬
暖阳笑	杂念抛
一腔热血	锲而不舍
百日迎考	文昌高照
冲冲冲	中中中

故地重游

很多次,来盐城,都有渴求。但每次都匆匆来,匆匆回,始终有一种患得患失的感觉。这次在盐培训学习几日,同班认识的人不多,于是有了较多的个人可以独立享用的时间。

中午,和工作后20年没见过面的同窗(幼儿园同学到中学毕业)一起吃饭、叙旧,感慨很多。许多事情恍如昨日,伸手可触,但又是那样遥不可及⋯⋯

傍晚六点,吃过晚饭,从南苑宾馆步行出发,向位于沿河西路20多里外的舅爹的旧址走去。

儿时,曾两次在此度过"愉快"的暑假——也不知家人为什么把我送来,现在想来,可能是为了开阔我的眼界,可能是为了剩一点口粮,或者根本就没有为什么。说实话,除了经常独自一人,像流浪者一样逛街"开阔眼界"外,更多感受到的是内心的卑微和寄人篱下的痛楚。这是儿时真实而又肤浅的感受;现在想想,那何尝不是一种幸福?

盐师读书三年,交通不够发达,也为了节省无谓的车票钱,除了寒暑假,是极少回家的。于是,星期假日往舅爹家跑的次数就多了。每次舅奶都是再三叮嘱:星期天来吃饭,"空了"就过来! 唉,尽管离开了农村,但内心的自卑和怯弱是没有少一点。其实,真的很"空",面对桌上的红烧肉,早就偷瞄得眼红,口水咽了又咽,恨不得一人独享,至少大餐一顿,吃个尽兴! 但坐在桌边,还是伸筷子极少。现在想想,也真傻,从学校步行十来里路到此,并在此一刻不停地劳动半天,不就是为了解个"空"吗?

盐师三年,从位于解放路的学校到位于沿河西路的舅奶家,不知走了多少遍。20年后的今天,我用我的肢体,用我的五官,用我的灵魂再次重温这条路。

解放路向北,我似乎还是当年年少无知的盐师学生;到了沿河路口一左拐,我立即变成一个到亲戚家串门、打牙祭的馋猫。一路向西,现代和过去,繁华和落寂,陌生和熟悉,疑惑和坚定,痛楚和喜悦⋯⋯景、情,随着脚步一直矛盾着,对抗着,坦然着,融合着。

还好,新建正在进行,拆迁还没结束,我断断续续找到了熟悉的20年前的一幕又一幕。几个破旧不堪的小门面,镌刻着当年早晚市的繁华;虽已拆毁,但断壁上依稀可辨的"盐都区航运公司",见证着码头曾经的忙碌和身为经理的舅爹的辉煌;小小的电话亭,见证着电讯事业的发展和我的辛劳;几间矮小的平房,存蓄着漂泊的我第二个家的温暖⋯⋯

还有,许多虽不复存在,但永远流淌心底!